宝鬘庄严论

慈诚罗珠 著

西藏藏文古籍出版社

图书在版编目（CIP）数据

宝鬘庄严论：汉文 / 慈诚罗珠著 .-- 拉萨：西藏藏文古籍出版社，2020.9

ISBN 978-7-5700-0453-9

Ⅰ. ①宝… Ⅱ. ①慈… Ⅲ. ①喇嘛宗－研究－汉、藏 Ⅳ. ① B946.6

中国版本图书馆 CIP 数据核字（2020）第 170589 号

宝鬘庄严论

作　者　慈诚罗珠
责任编辑　顿珠平措　郭晓斐
特邀编辑　曹建萍
出　版　西藏藏文古籍出版社（拉萨市色拉路 4 号　邮编：850000）
电话：010-64466847　010-64462318
打击盗版：0891-6649998　13908990085
印　刷　北京盛通印刷股份有限公司
经　销　全国新华书店
开　本　16 开（710mm×1000mm）
印　张　23
字　数　254 千
印　数　1—3000
版　次　2020 年 9 月第 1 版
印　次　2020 年 12 月第 1 次印刷
标准书号　ISBN 978-7-5700-0453-9
定　价　56.00 元

序

佛教经论，源远博大、厚积深蕴。古往今来，能深入其间并通达无碍者，可谓寥寥无几。

堪布慈诚罗珠依止法王如意宝晋美彭措多年，始终视修学正法、弘法利生为己任，孜孜不倦地以闻思修、讲辩著等方式精进护持、弘扬、光大如来妙法。不仅精通显密佛理，且处事严谨，堪称佛教界公认的大智者。

不仅如此，他还极力倡导戒杀放生，在教育、养老等慈善事业方面，也有许多令人敬佩的举措。

为了度化更多的有缘众生，他又花费大量精力，刻苦研读东西方哲学、科学、心理学等论著，使自己在讲经说法与著书立说等方面，又增添了科学、翔实且适应现代人根机的论据、术语与逻辑思维的表达方式。

《慧灯之光》系列论著从佛教基础理论的环节入手，由浅入深地探讨了三乘佛法的见修行果等重大课题，并将世人感兴趣的世界观、物种起源等命题纳入视野。在引导读者如何透过表相去探寻世界的本来面目，追究意识的本原实质等方面，也提供了独特而有效的方法。且发人深省，让读者在阅读的同时，也情不自禁地自我反思：“生存的目标究竟是什么？”

在为佛教人士介绍各种实修方法的同时，也为非宗教人士丰富和深化对佛法、特别是藏传佛教的整体认知，提供了各种便利。使读者在较短的时间内，即可把握其大致脉络。

本论言之成理、持之有据——在世人无法感知的空性、光明等方面，并非教条性地灌输，而是通过毫无偏颇且无懈可击的逻辑推导来得出结论。并力求化冗而短，化“圣”而“凡”。将人们视为深奥莫测的佛教理论与实修要领，以通俗易懂、简洁明快的语言，呈现给各种层次、各个领域的有缘众生。使人不仅读之可晓佛理教法之精要，依之实修也可领略如来真如之堂奥。其深邃妙智、无缘大悲，以及真挚、朴实的情感，都充满了全论的字里行间。

尤其值得一提的是，本论还有选择地汲取和借鉴了东西方哲学、科学、心理学等理论精华，在剖析佛经理论和逻辑推理方面，具有融合中外、贯通古今，多学科、开放性的特点，使具有西方文化语境的佛教诠释方法成为本论中浓墨重彩的一笔。且不论对根机相应众生的强烈感召力，仅就打通佛教与哲学、科学等领域之间的学科壁垒，避免画地为牢、自说自话的封闭式研究，促进多学科之间的相互渗透、交叉互补，都无疑具有里程碑式的重要意义。

对于初学者，本论是一块叩开佛教宝库之敲门砖；对于实修者，本论是一把获取窍诀宝典的金钥匙；对于有志于深读细研佛法经论者，本论也堪称佛教经论之导读指南……

总而言之，因为堪布既精通古代传统的显密经论，又懂得现代科学理论知识，更能以利他心付诸实践，相信这部凝聚其多年教言精华的著作，能使每一位读者都为其不共魅力所吸引和震撼，并获得不可估量的利益！

二〇一〇年中秋佳节

索达吉书于喇荣

目　录

宝鬘庄严论

冈波巴大师，是一位非常了不起的成就者。他是噶举派的上师，也是米拉日巴尊者的大弟子。他撰写的《胜道宝鬘论》，是犹如宝鬘一般绚烂夺目的宣说殊胜之道的论典。其中有一部分是阿底峡尊者的窍诀，即噶当派的诀窍。另外一部分，是大手印的窍诀。其中既有深奥的大手印境界，也有浅显的基础法门。

从佛教徒的现状来看，基础法门学修很扎实的人，实在是少之又少。目前绝大多数佛教徒最需要的，就是基础的知识和基础的修法。

下面，我将为读者一一介绍此论所讲的二十八条内容。

第一，十大遗憾

在我们的生命旅途中，会有很多的遗憾。比如，从世俗的角度来讲，错过了接受高等教育的机会、错过了良好的商机、错过了高薪工作的好时机等，都可以算是遗憾。但这些遗憾还算不上是很大的问题，人生真正的遗憾，是以下所讲的十大遗憾。

在懂得什么是真正值得遗憾的事情以后，我们就不要再错过机会，不要在走到人生最后一步的时候，回顾自己的一生，禁不住悔恨交加，但那时已经无法弥补，最终只能抱憾而去。趁着现在还有机会，我们要尽量让自己做到死而无憾。

一、难得的这个清净人身，造不善罪业，委实可惜

所谓“清净人身”，即懂得断恶行善并具备断恶行善条件的人身。

今生能获得如此清净的人身，没有投生到地狱、饿鬼、旁生等其他道，是非常不容易的。其前提，是必须具备三个条件。如果没有这三个条件，我们绝不可能获得今天这样的人身。

第一个是受持清净的戒律。出家人受持出家人的戒律，在家人受持居士五戒或五戒中的一部分。如果一条戒都没有受，则即使做了很多善事，其果

报充其量就是下一世变成稍微快乐一点的动物或饿鬼，却不可能获得人和天人之身。因此，戒律非常重要。

第二个是除了持戒以外，还要尽量地行善。如果只有持戒，却没有行善，那也不能得人身。

第三个是时时刻刻都要发愿。最终极的心愿，是早日解脱或成佛。但在没有成佛之前，要发愿生生世世获得暇满人身，以便努力修行，快速成就。

有了这三个条件，才可以获得人身。其中一个条件不具备，就不能获得人身，所以说人身是很难得的。

我们可以看看，全世界这么多的人当中，持戒的人有多少？在持戒的基础上行善的人有多少？在前两者的基础上发愿下一世能够获得人身的人又有多少？我们又怎能不为今天所拥有的人身而深感幸运呢？

修行的第一个功课，就是修人身难得。修人身难得的目的，就是让我们明白人身的来之不易，故而充分认识到生命的价值。在茫茫无边的生命历程中，能有幸获得这样的人身，能有机会学佛、修行，寻找解脱的道路，这岂是世间的物质享受所能比拟的？

如果获得了如此珍贵的人身，却不但不持戒、不行善、不闻思修行，反而造作了数之不尽的杀盗淫妄等身语意之罪业，这就是人生当中最大的遗憾之一了。

二、难具的这个清净暇满人身，无有修行平庸死去，委实可惜

我们所拥有的人身，是非常特殊的人身。用佛教的语言来讲，叫作暇满人身。

什么叫作暇满呢？其中的“暇”，是指八种闲暇。

可能很多人会问，现在的生活节奏这么快，大家都忙忙碌碌，谁也没有闲着，怎么可能“闲暇”呢？“闲暇”的意思是说，如果我们今天没有投生为人类，那我们就根本没有学佛、修行、自利利他、追求更高目标的机会。无论我们今天生活节奏多快、生活压力多大，但还是有不少人每周有两天不需要工作，除了一些必要的应酬以外，仍然可以安排一些时间去闻思修行，所以叫作“闲暇”。

所谓“满”，意即圆满。佛教讲十种圆满，即具备修行的十个条件。

八种闲暇和十个圆满加起来，共称“十八暇满”。如果其中一些条件不具备，就不会有机会听闻、修习佛法。很多人认为，考上国际顶尖名校很不容易，但十八暇满更加来之不易。国际名校的录取比例再低，也低不过获得暇满人身的几率。其他不说，仅以地球为例，虽然地球上有无数的生命，但投生为人的名额，截至目前只有70多亿。在70多亿人口当中，能成为佛教徒的，就只有几个亿。几亿佛教徒当中，真正能闻思修行、走解脱道的，更是凤毛麟角。想进一步了解十八暇满内容的读者，可以参阅《大圆满前行引导文·普贤上师言教》、宗喀巴大师的《菩提道次第广论》或者本人的《慧灯之光》。

如果具备了这么稀有的条件，却不行善、不学习、不修行，就是生命当中的第二大遗憾。

如何避免发生这种遗憾的事情呢？首先要去修《大圆满前行引导文·普贤上师言教》当中讲的四外加行中的第一个修法——人身难得，让自己意识到生命的可贵与难得。我们千万不要认为，生而为人是一个偶然。其实，获得暇满人身，需要无比殊胜的福报因缘。

第二个修法，是寿命无常。佛告诉我们，生命不但来之不易，而且非常脆弱，随时随地都有可能消失，犹如风中之烛。生命能不能持续到明天、下一个月或者是明年，取决于各种不确定因素，谁都无法保证。佛教告诉我们，一定要做好充分准备，随时忆念死亡，该做的事情不能拖，一定要尽快去做。如果死到临头，却在解脱方面没有任何成就，那时纵有再多物质财富，一失人身，就万劫不复了。

三、浊世短暂的人生，在无义的琐事中走到尽头，委实可惜

佛教认为，现在人类的标准寿命长度是100岁左右。

尽管如此，一百年也转瞬即逝。在如此短暂的生命中，如果所做的一切，都对今生来世没有太大意义，那就非常遗憾了。

什么是有意义的事呢？自利利他，就是有意义的事情。大乘佛教认为，最有意义的事情，是对所有生命都有帮助、有利益的事。如果这种帮助和利益，不仅对今生有利，而且对生生世世都有意义，那价值就更不可思议。佛教还认为，以自私自利之心，依靠不正当手段，于其过程中，要么破坏了环境，要么伤害了其他生命，则无论创造了再多的物质财富，都是没有意义的。

任何一个虔诚的佛教徒，都可以为了生存和养家糊口而奔波，我们必须承担起社会的责任、家庭的责任，但我们也必须懂得，这一生要完成的工作中，最重要的是什么，次要的是什么。

如今很多人积累了几百年、几千年都用不完的财富，却仍然没有满足感，还在殚精竭虑，乃至不顾因果地赚钱，这未免太遗憾了。

四、自心本是无戏论的法身自性，沦陷在迷乱轮回淤泥中，委实可惜

心的本性是佛性。密宗会告诉我们，心的本性是法身。

佛有三身：化身、报身和法身。

何谓化身？两千五百多年前在印度以人的形象出世的释迦牟尼佛，就是佛的化身。当时的人们，无论是贫穷的人、富裕的人，出家人、在家人，佛教徒、外道徒，所有人都能看得见，这样的佛，就是具代表性的化身。

报身是普通人看不见的，只有一地以上的菩萨才能见到的佛身，譬如金刚萨埵、阿弥陀佛等。

佛的法身，是真正的佛。如《金刚经》云："若以色见我，以音声求我，是人行邪道，不能见如来。"具有身体、形状、颜色和面孔的佛的报身，只是法身的投影，化身又是报身的投影，实际上都不是严格意义上的佛。但因为每个众生心中有法身存在，所以一地以上的菩萨能看到报身，普通众生能看到化身。

法身到底是什么呢？

在藏传佛教中，经常称普贤王如来的像为法身。汉传佛教的密宗里面，也称大日如来、毗卢遮那佛为法身。但这些有头、有手、有面孔、有形象的佛，只是一种象征，实际上不是法身。真正的法身，是心的本性。在小乘、大乘，显宗、密宗，藏传、汉传佛教中，将心的本性诠释得最清楚的，是大圆满法。

大圆满法中，把心的本性讲得非常细致、非常透彻。大圆满的证悟方式，也简单明了。除了大圆满以外，禅宗也讲心的本性，尤其是达摩祖师的论典，将心的本性剖析得一清二楚。

虽然心的本性是法身，但以眼耳鼻舌身五种感官感知到的众生形象并不是佛，世界也不是清净的刹土，而是充满了贪嗔痴、不公平、战争、饥饿、自然灾害等各种各样的不完美。唯有以证悟的智慧，即以慧眼或者法眼来观照时，才能感知到我们不是众生，而是佛。我们所在的这个世界，也不是娑婆世界，而是像西方极乐世界、东方琉璃光世界一样清净的刹土。

为什么会感知到不完美？因为我们的感官不清净。

为什么我们的感官不清净？因为我们没有证悟，有业障，所以感官不清净，看到的东西也不清净。当经过长时间地修炼，而使感官提升，从不清净转化为清净的时候，感官所感知到的，就是清净的世界了。那是什么层次的境界呢？从显宗的角度来讲，就是八地菩萨以上的境界。在八地菩萨的眼耳鼻舌身里，没有不清净的世界，一切都是纯净无染的。佛的境界，就可想而知了。

所以，佛经会讲“境由心转”。心的清净与不清净，不是外境来决定；而外境的清净和不清净，却是以心来决定的。是我们的心，创造了这个世界。当然，这是比较深层次的意思。“境由心转”的浅层意思是指，当我们开心的时候，我们眼里所看到的任何东西，都是美好无比的；不开心的时候，即使看到完美的事物，也会觉得肮脏可恶。

“境由心转”不同于唯心主义的观点，而是要告诉我们，从心的本性当中，产生出化身和报身。心的本性，即法身。法身不会有颜色、形状，不会受到时间、空间的限制。从空性的角度来说，就像六祖惠能大师所讲的那样——“本来无一物”。它本来的源头，是不存在的。但从另外一个角度来讲，它又是光明的。

禅宗讲“明心见性”，“明”即光明、佛性或如来藏。

大圆满和禅宗都讲，在证悟以后，看山不是山，看水不是水。为什么这么说呢？在没有证悟之前，我们看到的世界，就是山川河流等物质，以及精神。除了物质和精神以外，没有其他的成分。证悟以后，山山水水都别有一番景象。尤其依照密宗的见解，在证悟以后，世界完全成了佛的坛城——中间有佛，东、南、西、北、上、下各方也有佛，层层环绕着佛的世界。密宗认为，今天我们看到的这个世界，就是佛的世界。我们不需要去创造一个新的佛的世界，也不需要去创造一个全新的佛，佛本身就存在于我们心中。如果证悟的条件齐备，现见这一切也不是很难，因为世界的本性就是这样。

但最遗憾的是，虽然佛性光明深藏在我们分别心的泥坑、垃圾当中，但因为肮脏的分别念垃圾、泥土已经把它覆盖，而使我们无法证悟它的本性，这就是人生最大的遗憾了。

奋斗一辈子，就是为了幸福。但因为没有证悟，因为欲望太多，因为习惯于攀比、嫉妒，精神浮躁，无法安静地内观，而使我们不能感受到真正的幸福，我们面对的大部分境遇，是不同程度的痛苦。要知道，所谓的幸福、快乐，都是在自由、轻松、宁静的状态下才能感受到的。我们不但不能感受到幸福，而且为了幸福，还造作了杀盗淫妄等身口意的各种罪业。

本来我们根本不需要到外面去寻找佛，心的本性就是佛。但由于内心制造的外在幻相遮盖了心的本性，让我们南辕北辙，错过了证悟的机会，这是人生中最大的遗憾。

五、在未证得菩提前，离开引导正道的殊胜上师，委实可惜

对一个初学者来说，解脱的道路完全是未知的领域，是我们从来没有走过的路。在学习、修行的过程中，我们需要一个引路人。如果缺乏了向导，就可能走弯路或误入歧途。

从解脱的角度来讲，第一个带路的人，就是释迦牟尼佛。如果没有佛陀，所有的佛教徒都无法走上解脱的道路。但佛陀指导众生的时间非常短暂，转法轮的时间只有四十多年。在佛陀示现圆寂之后，我们的领路人，就是我们的上师。

源远流长、续佛慧命的一代代传承祖师，承接着佛陀的教化之源，从达摩祖师到六祖惠能大师等。如果没有佛，就没有了源头。如果没有达摩祖师，就不可能有第一祖。如果没有第一祖，就不会有第二、第三祖。任何一个宗派，任何一个法门都是如此。我们这些没有福报亲见释迦牟尼佛，无法得到佛陀亲自指导的后学者，就是依靠这些传承上师们的指导，而一步步走上解脱道路的。哪怕今生没有证悟，也可以在解脱道路上前进一两步，并最终达成解脱、成佛的心愿。解脱以后，又把解脱的方法传授给更多的人，让更多的人也走上解脱道。所以，我们需要上师。如果没有找到上师，这是非常遗憾的事情。

虽然如今烧香、拜佛、学佛的佛教徒很多，但真正能走上解脱道的人却很少，其中最大的障碍，就是没有人引导。自己去看佛教书籍，不一定能明白其中的深奥道理。

米拉日巴大师当初依靠咒术降冰雹，打死那么多鸟类、虫类等成千上万

的生命，还杀死了几十个人。罪业如此深重，但在遇到具缘、具德的上师之后，上师想方设法地让他走上了解脱道，获得了即身成佛的果位。

我们为什么没有出生在两千五百多年前的印度，为什么不能亲聆佛陀传法？或者听了也没有证悟？因为我们自己没有福报。同样，为什么我们没有遇到具德的上师？问题还是出在自己身上。这不是佛陀偏心，也不是上师不公平，只是因为我们福报不够！

实际上，很多遗憾都是源于没有找到具德上师，没有人耐心地教导我们该怎么做。

六、戒律誓言是解脱的航船，因烦恼放逸毁坏，委实可惜

解脱的基础，从轮回苦海的此岸到达彼岸的轮船，就是戒律与密宗誓言。密宗誓言实际上也是戒律，即密宗的戒律。

戒律是禅定的基础，没有戒律很难修出禅定。禅定又是智慧的基础，从禅定的体悟当中，可以产生证悟空性的无我智慧。可见，智慧与禅定的基础，就是戒律。

出家在家有各自的戒律。在家人的戒律，也有很多层次。目前最适合大家的，是根据自己所能承受的最大限度来受戒，皈依戒、居士戒，能受五条戒就受五条戒，能受三条戒就受三条戒。然后受菩萨戒或密乘戒。

如果不依靠戒律来控制自己的欲望、控制自己的贪嗔痴烦恼以及各种散乱，不受戒，或者受戒以后破戒，又拒不忏悔，这就很遗憾了。

七、依靠上师而自得的证悟，扔在世法的稠林中，委实可惜

依靠上师的加持而开悟以后，便以为万事大吉，不再继续修行，忙碌于世间法，则初步的证悟境界会慢慢淡化，甚至消失。

大家不要以为，证悟以后就成佛了，或者以为证悟以后，一切问题当下就解决了。其实不是这样，证悟只是初步认识到心的本性，不是通过逻辑、理论去推测，而是真切地体会到心的本性。因为只是初步的境界，所以在证悟以后，要坚持修行，要通过各种方法来培养证悟的智慧，让它成长、壮大。如果证悟以后，不再继续修行，转而从事商业或其他工作，根本没有时间修行，那就像长期乌云弥漫之后，好不容易看到一点点蓝天，但转瞬即逝，很快又乌云滚滚一样。初步证悟的智慧力度很小，范围也很狭窄，若不设法保住，就会功亏一篑。

当证悟境界达到菩萨一地以后，不但永远不会退转，而且也不会因为工作或其他原因而散乱、懒惰、懈怠。在此之前，我们的证悟很有可能消失，尤其是刚刚证悟的时候，如果不坚持，就会前功尽弃。

很多人有过这种情况，在清静的地方或在上师身边开悟了，但一回到家，回到红尘当中，当初所有对空性的认识，对心的本性、光明的体悟都全部归零。如果当初能坚持下去，或许他们今生就能完成一个非常重要的转折。但一曝十寒的修行态度，又让解脱成佛的理想半途而废，成为镜花水月，这是多么大的遗憾啊！不能证悟，的确是一个遗憾。但证悟了又退转，则是更大的遗憾！

八、诸位成就者的甚深窍诀，贩卖给无缘分的俗人，委实可惜

无论是印度八十四位大成就者，还是无垢光尊者、米拉日巴大师、宗喀巴大师以及六祖惠能大师等禅师们的修法窍诀，都可以讲给真正想实修这些窍诀的人听。

但非常遗憾的是，有些人为了收费而灌顶、传法、举办各种佛事活动，不珍惜前辈上师们的珍贵窍诀，将其当成生财之道。

佛法珍贵难闻，岂能随便相传？历代祖师们一再要求，传法要传给根机成熟、信心丰足的弟子。大家都知道，当初达摩祖师到中国以后，很长时间都没有传法。是慧可大师为表诚意，把自己的胳膊都砍掉以后，他才传了窍诀，并最终将衣钵法脉倾囊相授。

传授窍诀的要求是，如果对方是像慧可大师那样可以几天几夜不吃、不喝、不睡，最后连胳膊都愿意砍掉的、具有无比强烈信心的、真正想修行的人，就可以为其讲解。佛法是饶益众生的，必须免费。

把成就者的窍诀用来做交易、做买卖，更是非常遗憾的事情。若是以传法来赚钱，实际上所谓的灌顶、传法，只是一种商业手段。这样的灌顶不能灌，这样的法也不能听，听了也没用，而且非常危险。听完以后，可能会发现很多上师的问题和缺陷，然后又开始诽谤、攻击，即使表面忍住不说，心里也无法控制，而会胡思乱想，这样对自他都不利。

当然，若是佛事活动本身所产生的费用，收取合理的场地费、水电费、食宿费，以维持道场的正常运转，这是可以的，但除了这些费用以外，再收取附加的费用，就有贩卖正法之嫌了。佛教的传播，都应该是免费的。收费

的商业化活动越来越多，是正法衰败的象征。

许多寺庙的大殿上方，都有“正法久住”四个字。当商业化的活动铺天盖地以后，正法何以久住？所以，我们不应该支持令正法衰落的事情，而应该全心全意支持正法。

支持正法的方法有两种。

一是自己加强闻思修，增上戒定慧。我们必须闻思修行，这样才有辨别能力，才知道什么是对的，什么是如法的。如果确定某个做法不对，就不要参与、支持这样的活动。

二是通过各种传媒，把我们所学到的正法广为传播。让一代又一代的人，都能在佛教里面找到一些精神支柱。为了全人类，为了我们的子孙后代能够精神不空虚，不去造更多的罪业，生生世世都获得幸福，我们有义务为传播佛法出一份力。

九、以嗔心舍弃作为大恩父母的一切有情，委实可惜

无论学大乘、小乘，显宗、密宗，大家都接受轮回的观念。只要接受了轮回的观念，那完全可以肯定，从无始以来到现在，所有的众生都曾经做过自己的母亲，只是我们不能回忆而已。所有的众生，都曾经是我们的父母，这是所有的佛教徒都不能不承认的事实。

比如，在遇到一个陌生人的时候，即使我们想不起来，但对方一定做过我们的母亲。做我们母亲的时候，就像现在的母亲一样恩重如山。懂得感恩、报恩，将所有众生作为修慈悲心的对象，是大乘佛教的核心思想。

如今绝大多数人都是功利主义者，想让他们无条件地付出，非常有难度。如果没有感恩之心，就不会有报恩之心。如果没有报恩之心，就不懂得要为了度化一切众生而成佛。

如果不颠覆过去落后、陈旧的观念或常识，就很难建立起大乘佛教的大慈大悲观。就像先进的程序无法在老旧的系统上运行一样。如果认为没有前世后世、没有因果轮回，就很难培养起把所有众生都当作父母这么先进的思想。

如果因为愚昧和嗔恨，而抛弃了曾经对我们有着大恩大德的生命，不但没有关爱他们，没有以慈悲心摄受他们，反而加害他们，这真是天大的遗憾啊！

如何避免这个遗憾呢？就是要修慈悲心。虽然之前没有接受过佛陀的教育，没有发菩提心、修慈悲心的概念，但现在还来得及。具体的修法，在许多佛教书籍里都有，广的、略的，从不同的角度都有阐释，希望大家认真修持。

学佛修行的目的，就是为了培养慈悲心、菩提心与证悟的智慧。在听闻佛法，并懂得道理之后，就要加大力度刻苦修行。如果修行不到位，则即使懂得很多佛教的世界观、人生观、价值观等，在现实生活中也用不上。解决问题的方式还是老一套，学到的东西，只是停留在纸上谈兵的阶段。当修行比较到位以后，不但能接受佛教的观点，而且在现实生活中，也能按照佛陀的要求去解决问题，面对现实。

我们不要一直都停留在烧香、拜佛的阶段，必须通过实修来超越平凡。佛教有这么多的智慧可以学习、应用。即使根本不信佛，也可以把佛教当做一个超级的心理学、幸福学或人生哲学来学。任何人都可以在佛教里面，找到关于人生、生命、世界的很多深层次的答案。

我们不能自我贬低，稍微遇到一点点困难，便认为自己业障深重，不是闻思修的根器。在从凡夫走到佛陀境界的过程中，必然会经历很多艰难坎坷、单调枯燥。“梅花香自苦寒来”，若能坚持不懈，就能抵达轻松自在的自由王国。

佛经浩如烟海，而我们的寿命和精力却十分有限，想在短暂的一生中学完所有八万四千种法门，是不太可能的。我们只能学会取舍和挑选，先学会与我们的修行有直接关系的法门。

比如《大圆满前行引导文·普贤上师言教》，就是实修必备的教材，不能不学。《入菩萨行论》也是大乘佛教非常重要的一部论典，其中讲了很多大乘佛教的菩提心修法，也非学不可。还有一些关于中观空性方面比较简单的论典，也不可或缺。至于其他更多的内容，就要看自己的时间。如果有时间，当然是学得越多越好。学了以后，就要尽快想办法超越闻思的阶段，不要浅尝辄止、停滞不前。

绝大多数人的修行，都是按照修出离心、菩提心和空性的次第来修。

修出离心，就是修人身难得、寿命无常等外加行。南传佛教、大乘显宗与密宗都有四念处的修法。而在四外加行当中，就包含了四念处的一部分修法，只是四念处当中的空性修法在此之外。

出离心修完以后，就要强调菩提心。五个内加行中，最重要的就是菩提心的修法。先把菩提心修出来，在出离心和菩提心的基础上修任何法，都是非常标准的大乘佛法。

刚开始修行时，因为证悟或修行的力度不够大，所以无法战胜烦恼。嗔恨心生起来的时候，还是会骂人、打人。但要尽早恢复觉知，意识到自己的不对，并立即调整。非修行人在吵架、打架以后，不但不懂得忏悔，反而觉得理所应当。在这一点上，修行人与非修行人还是有所差别的。

十、风华正茂的少年，三门平庸虚度，委实可惜

青年时代，是人生的黄金时代。无论做任何事情，都能保持旺盛的精力，而且效果也非比寻常。若不好好珍惜，随意蹉跎人生，等到年老再努力，因为心力和体力都会降低，所以效果也会大打折扣。因此，修行要趁早，不要等到老。

很多人喜欢说，自己现在很忙，要去学习、去赚钱，没有时间闻思修，等到退休以后，就可以到养老院里去修行了。

这种说法本身，就透露出对无常的无知。且不论自己能否活到年老，即便可以活到那个时候，你还有年轻时代的精力吗？修行是一条崎岖漫长的路。从无始以来，贪嗔痴等烦恼在我们的心中已经根深蒂固，要想在短短的时间中清除这些烦恼又谈何容易？修行不能等！工作、学习需要力气，需要健康的身体，修行也是一样。我们不要以为，学佛修行是老年人的工作。佛教智慧博大精深，等到七老八十再学佛，一般只能安排净土宗的一些简单修法，五部大论等深奥法门，今生恐怕就无缘了。学佛和修行，都越早越好。

年轻的时候，要从长计议。根据自己的情况来分配时间，一部分用来闻思修行，一部分用来工作、生活、学习和娱乐，让物质生活和精神生活双丰收。虽然精神生活包括宗教、艺术等，但佛教徒的精神生活当中的大部分，应该是闻思修行。

前面介绍的很多遗憾，其实可以归纳为三种：一、本来今生完全有机会走解脱道，但没有走；二、本来今生完全有机会发菩提心，但没有发；三、本来可以证悟心的本性光明，但没有证悟。

通过学习“十个遗憾”，可以让我们懂得一种价值观：什么是最有价值的？什么是不重要的？心的本性，是远离一切戏论的佛的法身。但它却隐埋在我们分别念的泥坑当中，被分别念的幻觉、幻相遮盖，而迟迟不得重见天日。

介绍“十个遗憾”的目的，是为了警告我们：如果自己身上有这样的遗憾，就要尽快解决和调整，否则一失机会，就千载难寻了。

我们不要以为，修行与生活、工作毫无关系。其实，修行可以与生活息息相关，要让闻思修成为生活的一部分。当我们的修行有一点点成绩以后，就可以把这些成绩，运用到生活当中。从此以后，我们的生活质量、生活品质会更高，生活也更加有意义。

第二，人生十大必须

一生当中，有很多事情要做，但有些事情可做可不做，有些事情想做却做不到。作为佛教徒，有些事情必须要做。如果不做，就无法走上解脱之路，无法解决生老病死的问题。

一、必须有自知之明，有自己的原则，不随别人言语而转

我们必须要清楚地知道自己有几斤几两，不要虚荣傲慢，自视甚高。要知道自己生命中真正需要的是什么，不能失去人生的核心目标。

每个普通人都有欲望，所求甚多，对名、利等世间八风，都患得患失。看到别人拥有车、房等，也会动心、羡慕，渴望据为己有。

这个时候要问自己，我真的需要这些吗？很多时候我们会发现，有些东西真的可有可无，并不是那么重要。

之前，因为不控制欲望，而使我们失去了辨别的能力。被欲望的绳索捆绑、牵制，付出了毕生所有的时间。从童年到老年，都没有过上轻松快乐的日子，最后只能在寂寞、孤独、空虚中含恨离世，但得到的回报，却微乎其微，没有太大价值。

我们应该制定一个准确无误的人生计划和人生目标。设定的目标和计划，也应该高远一点，不要鼠目寸光，只看到眼前的利益。作为修行人，更要展望未来，我们最究竟的目标，必须是成佛、解脱。做任何事情，都要围绕这一目标而努力。

我们不要以为有天降馅饼这样的事情，不努力闻思修行，解脱不可能从天而降。

修一栋楼，也需要规划，需要设计，需要图纸，需要预算。一个普通人想要获得佛陀的果位，想通过修行把自己的身口意转化为佛的身体、语言与智慧，怎么能没有设计与规划？总的设计师，就是释迦牟尼佛。按照释迦牟尼佛的设计方案，就能抵达解脱的彼岸。但究竟是疾步快走，还是徐徐蜗行，每天的工程量有多大，就是我们自己的选择了。

连小学老师都常常会问学生：你长大以后想做什么？学生一般都会踊跃地回答说：我想当工程师、军人、医生等。每个小学生都有自己的理想。之后老师也会说：为了实现远大的理想，你们现在应该好好学习云云。那么，每个修行人更应该做一个打算：一年当中，在闻思修方面要完成什么，明年再去做什么。如果没有计划，想修就修，不想修就不修，随随便便，毫无章法，又怎么会有效果呢？

如今的绝大多数人，却做出了截然相反的盘算，他们在追求物质享受方面，付出了沉重的代价，却不太愿意在解脱成佛方面花费半点时间。但我们可以想想，一个人的肉体真正需要的，其实非常简单，过多地付出，都是为了精神上的虚荣。

我们要问问自己：这些虚荣实际上给自己带来的是什么？我们真的为了这些，而甘愿成为车奴、房奴，到死都不能瞑目吗？

尤其是佛教徒，佛陀给我们制定的生活标准，是不能过两种极端的生活。既不能太奢侈，也不能刻意追求苦行，要走少欲知足的中道之路。不服从于欲望，不受欲望的牵制。譬如米拉日巴大师，他的生活水平低得不能再低，已经到极限了，但他的生活质量却让我们望尘莫及。开名车、穿名牌、住别墅，并不能与高水准的生活品质等同。

几年前，我曾听到两个五岁左右小孩的对话。其中的女孩子问小男孩："你喜欢喝什么茶？"小男孩说："我喜欢喝铁观音，你喜欢喝什么茶？"不料小女孩却回答说："我喜欢喝普洱茶。因为我喝普洱茶，别人会觉得我是很有钱的人。"多可怕呀！小孩本应是纯真的，说"普洱茶很好喝，味道很香，所以我喜欢喝普洱"，这才是小孩的天性啊！连五岁的小孩都被虚荣的风气污染了，这不能不说是一种教育的沦陷。

我们佛教徒要懂得自己的真实需求，带头过简单、低碳、环保的生活。这样就可以节省很多时间与能源，而且能多做一些有意义的事情——学习佛法、打坐、当义工、做慈善等。

二、必须以诚信与精进依照殊胜上师言教奉行

佛教徒的最终目标，应该是解脱、成佛和饶益众生。解脱的前提条件，是依止上师。如果没有上师，我们根本没有走解脱道的概念。

怎样依止呢？有些人以为，给上师供养大量财物、买车、买房等，就是

最好地依止上师。其实，这并不是依止上师最好的方法。依止上师，有两个非常重要的条件。

第一，信心。

如果对上师没有信心，就得不到上师的加持。

《大圆满前行引导文·普贤上师言教》中有这样一段描述："从前，阿底峡尊者的一个弟子直呼尊者的名字：'觉沃，给我加持加持。'尊者说：'坏弟子，恭敬一点吧！'可见，只有以坚定不移的不共信心与恭敬心才可能开启皈依之门，所以信心对于每个人来说都是必不可少的条件。"

大家都承认，世上没有比释迦牟尼佛更伟大的上师了，但像提婆达多这样没有信心的人，即使生在释迦牟尼佛身边，跟着佛陀几十年，也不能得到佛的加持。同样，要获得上师、佛、菩萨的加持，前提条件也是具有信心。

第二，精进。

如果不精进、不努力，依止上师也没有用，学不到任何东西。

米拉日巴尊者，就是依止上师方面的光辉典范。首先，他对玛尔巴大师有着无比强烈的信心。在依止玛尔巴大师以后，虽然上师没有给他安排什么闻思修方面的功课，一直让他修房子，但米拉日巴大师却没有因此而不满，反而将修房子当作一种修行。加上他的用功与努力，让玛尔巴大师非常满意，便将自己千辛万苦从印度学到的最珍贵的法门倾囊相授。

《大圆满前行引导文·普贤上师言教》中所讲的修法次第也非常有意思：首先讲人身难得等四个外加行，让我们深深体会到三界六道轮回都虚幻无用且充满痛苦，没有值得追求的东西。之后宣讲解脱的功德，让我们在极度的悲观失望中找到一丝光明，生起走解脱道的愿望。如何走解脱道呢？就是依止上师。

学任何东西，都需要老师，解脱更是如此。

三、必须以了知别人的功过而无误选择上师

上师的修证层次各不相同，不一定都是佛或登地菩萨。依止上师之前，必须要观察对方在戒律、禅定、智慧方面的功德，以及显现出的不足、欠缺或过失。除了佛陀以外，任何人都不是十全十美的。从功过两方面进行观察，有助于我们根据自己的喜好意乐来选择上师。

现在普遍存在的情况是，一遇到自称是活佛的人来灌顶，就根本不愿去观察，争先恐后、蜂拥而去。虽然释迦牟尼佛告诉我们，不要观察别人的过失，要观察自己的过失，但如果准备把对方当作上师，准备去接受灌顶或者听密法，就必须观察对方是否具足金刚上师的标准。如果连最低的标准都达不到，那就不能领受灌顶，也不能依止为上师。

从大乘的角度而言，最低的标准有两个：第一，必须具备非常标准的世俗菩提心；第二，必须能给自己指引出准确无误的解脱道。

哪怕对方修行再好，没有菩提心，那他的境界也不是大乘佛法，而是小乘佛法。若想学大乘佛法，就不能随学这样的人。反之，如果对方有非常标准的菩提心，却不懂得怎么教授，那也失去了依止上师的意义。

如果对方虽然有一些问题，但还不至于让我们走错路、走弯路，那还是

可以依止，只是尽量注意回避对方的缺点，只学对方的优点和功德即可。但有些严重的问题，却不能忽略。

目前非常严重的问题是，有些人对佛法非常虔诚，诚心实意地想修解脱道，但因为跟错了上师，所以十来年都没有学到任何东西，连出离心、菩提心都不懂。这些人一旦发现上师的一些问题，最后对佛法也失去了信心。

这些依止上师的方法，都是错误的。就像数学老师不能代表数学，语文老师不能代表语文一样，上师的个人行为不能代表佛法。遇到这种情况，换一个上师就行了。我们可以对上师失望，但不要对佛法失去信心。

在学佛的群体中，个人崇拜的现象也比较严重，但佛教并不提倡个人崇拜。我们之所以要崇拜佛菩萨和上师，是因为他的智慧与大慈大悲。

很多佛教徒都认为，只要在一个人面前皈依了，就是皈依了那个人。其实不是这样的，我们皈依的是佛、法、僧，而不是皈依某个人。只认自己的上师和法门，排斥其他的高僧大德或法门，都是有问题的。当然，我们可以只修学某个法门，其他的法门暂时不学，但也不能做出护己排他的事情。

对我们来说，这些基础知识比最高端的知识还重要，大家一定要重视。学佛不能急，有些过程是无法跨越的，只有一步步地走。

总之，选择上师，就等于是选择修行的前途与未来。如果上师选错了，则再用功也不会有什么结果，所以，一定要高度重视这件事。

四、必须以慎重的智慧与信心获取殊胜上师的密意

如何让上师满意？是不是供养财物就可以让上师满意呢？不是。如果闻

思修行更努力上师都不满意，而供养财物上师就显得心满意足，那就充分说明他不是标准的上师。

让上师满意的第一个条件，是要有智慧。当年玛尔巴大师就是被米拉日巴的智慧与耐心感动了，才会一再地考验他，并最终将一切和盘托出。当然，每个人先天的智慧有差异，但通过努力用功，就能提升自己的智慧。

让上师满意的第二个条件，是要有信心。就像病人要对医生有信心一样，怎么样治病，不是由病人自己安排，而是由医生来决定。同样，在依止上师的过程中，我们没有资格要求上师给自己传什么法，一切都只能由上师来安排。

这就涉及选择上师的问题了。如果遇到一个医德或医术很差的医生，或许不但不能治好病，还有可能丧了命。同样，如果跟错了上师，不但会空欢喜一场，甚至会导致严重的后果。

前面的基础修法，上师所讲有没有错误，自己看书还有可能知道，但到了最后的境界，就只有放松、不执著、光明、空性等，说来说去就这么几个词汇，该如何体悟，都要靠上师的诀窍。如果不相信上师的诀窍，不照上师所讲的去做，又如何证悟呢？

信心不是迷信。不观察而盲目崇拜，就是迷信，就是个人崇拜。

现在某些人连菩萨、瑜伽士、空行母的称谓都不屑一顾，直接说自己是佛。有人可能会示现一些特异功能或魔术，于是招来大批崇拜者和追随者。这些追随者们也像失了魂魄一般，坚定而顽固地追随其后，没有任何理由，一定要将其奉为神明，难以规劝。人的根基真是不可思议啊！

令具德上师满意的弟子，是非常用功、虔诚、有智慧并诚心实意修行的人。

此处的“智慧”，是指能够接受、消化并懂得窍诀的含义，而不是指世间的聪明。

有些别有用心的人很会察言观色，又能说会道，善于掩饰，一开始的时候，上师觉得这个人又有信心，又精进，各方面都很不错，就收他为弟子。但人心叵测，很难说将来他们的表现如何。所以，教言中也提到：在传授大圆满诀窍的过程中，如果发现对方不是真心学佛的人，上师就应该把剩下来的诀窍全都藏起来，不能继续讲。

五、必须具足正念正知不放逸使三门不染过患

正念，是不忘自己承诺过的所取所舍；正知，是清楚地知道所取所舍的事情；不放逸，是身口意的所有言行举止都小心谨慎。

佛教徒群体，应该是一个有正知正念、有智慧、有取舍的群体，不应该是搞个人崇拜的、迷信的、人云亦云的群体。正知正念，来自于闻思。如果什么都不学，就不可能有正知正念。

除了具足正知正念以外，平时做任何事情都不要太随便、太放逸，要谨慎、小心一点。无论修行、做事、受戒，都要三思而后行。

正知、正念、不放逸，是佛经中经常提到的佛教徒的三个行为准则。《入行论》中将正知正念与不放逸分别作为主题各立一品，每个主题都浓墨重彩地做了详细论述。

六、必须以坚韧的毅力和决心做到誓愿稳固不变

如果没有足够的勇气和决心，谁也无法完成生活或工作中的伟大事业。

更何况大乘佛教是要发心度化一切众生，让天下所有的众生都成佛。这是多么不容易的事情啊！即便如此，我们也必须要有决心和勇气，相信自己总有一天能够成佛。虽然我们目前离目标还很远，但心的力量，特别是菩提心的力量非常不可思议，它可以超越一切物质的力量，帮助我们完成宏伟的事业。

通过长期闻思修行的训练，我们的能力不会永远都停留在现在的层面，而会日益增长，尤其是在证得菩萨一地以后。一地到十地的阶段，更是轻而易举且突飞猛进。最艰难的，就是凡夫初发菩提心的资粮道到菩萨一地之间。尤其是五道当中的资粮道，虽然发了菩提心，开始了闻思修行，但关于解脱方面的见解与修行都很脆弱，还没有证悟空性，对空性只是理论上的了解，而此阶段的贪嗔痴、自私自利、执著，却异常强大，所以更是举步维艰。

如果意志不坚定，就会中途退转或改学小乘佛教与人天佛教。但只要有了勇气和决心，就肯定能渡过这个难关。

出离心和菩提心的本质，就是一种决心。有了出离心和菩提心，则无论面对任何诱惑，都能经得住考验。

大乘佛教徒在学佛的过程中，要学会稳重、沉着，不要人云亦云、随他而转。轻浮的人最终什么都做不好。在学佛之前，首先要做出抉择，到底是学大乘佛教、小乘佛教还是人天乘。要反复思考、权衡，一旦决定，就不能摇摆不定、虎头蛇尾或半途而废，否则会有不好的缘起，最后一无所成。

七、必须以无贪无著的行为做到不被别人牵着鼻子走

我们目前能够做到的无执著、无贪欲，和最后的无执著、无贪欲是不一

样的。不贪、不执的最高境界，是佛的境界，至少也是菩萨一地的境界。让我们今天完全不执著、无贪欲，是不可能的。但如果我们对物质享受非常贪婪，就会失去自由。自己的贪欲剥夺了自己的自由。因为喜欢面子、虚荣和攀比，所以放弃了自由，成为赚钱的机器，没有享受生活的自由。

虽然我们是在家人，不可能当下就出家修行，放弃工作、家庭去修行，但我们可以安排好时间。要从每天正常工作的八小时以外，挤出一些时间来修行。周末尽量减少应酬，在家里打坐或安排一些共修活动。有的上师会现场带领弟子打坐，其加持与功德是非常大的。当然，绝大多数时候，不可能所有人在一起共修，主要是自己在家里修。周末或节假日，可以在周边或藏地的一些比较偏僻、安静的地方或寺院，或五台山等圣地闭关，闭关三天、五天、一个星期都可以。

不要把所有的时间，都用来赚钱，这非常不划算。如果生活水平要求不高，就一定会有很多的修行时间。

八、必须以加行正行后行摄持恒常勤积二资粮

在之前的《慧灯之光》里面，具体介绍了三个殊胜。

在修行、行善之前，有一个准备阶段，这叫做加行。正式做善事，叫做正行。做完以后的工作，叫做结行。做任何善事，都不能离开三个殊胜。一旦离开三个殊胜，哪怕做得再好，也与大乘佛教没有关系。只要有三个殊胜的帮助，则哪怕表面上看似微不足道的善根，也能变成伟大的善根，而成为解脱之因。

第一，加行殊胜。要发菩提心：我要为了度化一切众生而成佛，为了成佛，我今天去听法、放生、行善等。无论做任何善事，在这之前都要先发菩提心。

第二，正行殊胜。按照佛经的要求，正行殊胜与空性有关。首先要证悟空性，并在空性的境界中没有执著地行善。但我们这些没有证悟的人做不到，我们能做的正行殊胜，就是全神贯注、心无旁骛地行善，不散乱、不厌倦。

第三，回向殊胜。自己不能独享、独吞行善的果报，而是要分享给以现在的父母、亲人为主的天下所有众生。希望所有的生命都能以此善根最终成佛，没有成佛之前，生生世世拥有人天的福报。这样的分享，叫做回向殊胜。

九、必须以慈悲心直接间接专心利益众生

如果没有出离心和慈悲心，只是为了自己今生来世的一些利益，而去做慈善，去帮助别人等，都是没有太大意义的。

大乘佛教的慈悲心，完全不考虑回报，是没有任何条件的付出。慈悲心和菩提心，是大乘佛教的精华、基础和核心。

但可悲的是，我们很多时候的慈悲心，都只停留在理论上，而在实际行动中，某些佛教徒就远远落在了其他人后面。他们有些人有组织地在许多贫穷落后的地方修医院、修养老院、修学校等，非常令人敬佩。有些人的做法也特别可敬可叹——心甘情愿地放弃像美国、欧洲那样富裕、优越的环境，在偏僻、艰苦的非洲等地帮助当地人，一辈子都不回自己的家乡。

当然，也许是因为佛教诞生于比较贫穷的亚洲，没有更好的条件去做慈善。但现在很多佛教徒也有钱了，帮助众生的机缘已经成熟，如果还袖手旁观、视而不见，只是埋头自顾自地念经、烧香、拜佛，自称大乘菩萨，会不会有一点脸红？

虽然发菩提心、回向功德也有无形的力量，但如果只是分享这些看不见、摸不着的功德，却没有任何看得见、摸得着的给予与帮助，是否有一些过于偏颇？

因此，无论是依靠个人的力量也好，或是建立慈善基金也好，都应该参与到慈善事业的队伍当中。大乘佛教经常讲六度或六波罗蜜多，其中的第一个，就是给予，即布施波罗蜜多。哪怕没有太多的钱财，也可以布施很多无需花钱的东西。比如，在大街上见到陌生人，不要像过去一样冷漠，可以笑一笑、点点头、打个招呼等。给予爱，也是一种给予，不要仅仅把慈悲挂在口头。在这些方面，佛教徒的确需要与时俱进。

十、必须以智慧与领悟对一切法不执著实有、不执著相状

了解佛法，一般指的是理论上的理解和认知，最后证悟空性的时候，则要以证悟的智慧来推翻、打破我们对物质世界的各种执著。

第三，当依之十法

一、应当依止具有证悟与悲心的殊胜上师

所依止的上师，有两个标准：

第一是要依止已经证悟了的上师。

给初学者介绍出离心、菩提心等见解与修法，没有太高的要求，即使没有开悟的人也可以宣讲。但涉及明心见性、大圆满、大手印等证悟境界的修法，则必须是证悟者才有资格宣讲。如果自己没有证悟，那就是以盲导盲，很容易让后学者误入歧途。

《达摩血脉论》中说："若不见性，即不名善知识。"如果不需要明心见性，只需要四禅八定的境界，没有再高的要求，则只需找一位修出四禅八定的上师就可以了。但四禅八定只是禅定的基础修法，大乘佛教的最终目的不是四禅八定，而是要证悟空性。能让我们开悟的上师，自己必须证悟空性。只有这样的上师，才能教我们证悟的方法，才能引领我们走向解脱。

但初步的证悟者却不能传授大圆满的修行窍诀，否则会影响自己的修证，会让自己的证悟停滞不前，乃至退失到完全找不到感觉。所以，密法要秘密地修行，不要四处张扬、八方通告。即使证悟了，也要韬光养晦、深藏不露，直至证悟稳固。

第二是要依止有菩提心的上师。

所依止的上师，必须有标准的世俗菩提心。如果没有世俗菩提心，就不一定能让其他人发起菩提心。

尽管在密宗续部中，讲了很多金刚上师的标准。但能具备所有标准的上师，却寥若晨星，不具足大福报，是很难寻觅的。退而求其次，若能具足以上两个标准，也可以依止。

密宗里面讲，观察上师需要很长时间。其间观察的标准，不是观察上师的名气、财产、寺庙、眷属等，而是菩提心与修证。

凡是想解脱的人，必须依止上师，这不是密宗独有的观点，《华严经》《佛说佛母宝德藏般若波罗蜜经》等显宗经论中也讲得很清楚。就像学生学到的知识都来自于老师一样，我们在学佛道路上所获得的出离心、菩提心、证悟空性等所有功德，都来自于我们的上师。如果没有上师，我们连出离心、解脱等名字都不可能听到。这充分说明，一切功德的源泉，就是如理如法地依止上师。

有人认为，既然心的本性就是上师，那么就不需要去依止外在的上师，只需依止心的本性就可以了。

这种说法是有问题的。《宝性论》当中讲得很清楚，心的本性也是佛、法、僧。既然如此，那我们是不是也不需要皈依佛、法、僧了？这显然不合理。心的本性，是胜义谛的上师和胜义谛的佛，并不是世俗谛的上师与佛。从世俗谛的角度来讲，这是没有用的。虽然从无始以来到今天，心的本性始终具有佛法僧的所有功德，但我们仍然会堕地狱，仍然会当动物，仍然会杀盗淫妄。

在世俗谛当中，我们仍然需要一个世俗谛的上师来指导我们，找到依靠佛陀的方法，让我们明白心的本性是佛，让我们证悟心的本性是上师。在证悟以后，我们才能依止胜义谛的上师。每一次观想佛、莲花生大师、本尊或根本上师化光融入我们的心间，观想佛的智慧和我们的心融为一体，都需要世俗谛的上师。即使不想成佛，不想成为阿罗汉，只想修人天乘，那也需要上师来为我们宣讲教法，让我们相信因果，相信轮回。

又有些人说，密宗特别强调恭敬上师，这种迷信似的个人崇拜实在大可不必。

虽然佛教里面有很多制度、约束与戒律，但对上师的恭敬与崇拜，不是教条式的制度、规矩，而是因为我们在上师那里得到了出离心、菩提心与证悟空性的智慧，自然而然就会生起一种发自内心的感恩与恭敬。

《宝鬘庄严论》的作者冈波巴大师当年在离开米拉日巴大师的时候，曾询问米拉日巴大师："我什么时候可以去度化众生呢？"米拉日巴大师回答说："当你见到心的本性的时候，就可以去度众生。在那个时候，你对老父我自然而然会产生一种像对佛一样的恭敬心。"

在小乘的《律经》中多次讲过，佛陀时代的很多阿罗汉在达到小乘佛教的最高境界——证悟阿罗汉果位的瞬间，都能觉察到佛陀的无比恩德与不可思议的功德。他们深深地体会到，所有生老病死的结束，所有烦恼的烟消云散，所有痛苦的土崩瓦解，都来源于佛陀的恩典，所以会发自内心地对佛陀感激不已。

认为没有必要恭敬佛陀的人，一定还没有证悟，还没有感受到佛陀的恩德。

二、应当依止幽静悦意有加持的寂静处

刚刚开始修行的时候，面对外界的各种干扰，由于缺乏定力，环境的选择就非常重要。最好找一个比较安静、合意、有加持的地方，诸如五台山等佛教四大名山，莲花生大师加持过的神山之类的寂静处等。但现在这些地方也许到处都是游客，想找一个比较安静的处所，会有一定的难度。

有些地方一开始的时候会非常喜欢，可一两个月以后，就越来越不喜欢，这种地方就不适合闭关，否则会进步很慢乃至没有进步。有些地方刚开始的时候不喜欢，但逐渐适应以后，却会流连忘返。其实只要自己有决心和勇气，任何环境都会慢慢适应、慢慢喜欢，人的适应性是很强的。

如果暂时没有条件去静处，则找一个自己喜欢的地方，或者在城市里选一个闹中取静的地方也可以。比如，在自己居住的城市里面，建一个小规模的禅修中心，布置好佛像、佛经、佛塔，环境弄得舒适一点，几十个人在里面共修，是比较可行的。

当修行力度达到不受外界干扰的时候，就没有太大问题了，在什么地方都可以修。

三、应当依止见行一致、忠实可靠的友伴

依止什么样的道友呢？

第一是见解、修法与自己相合的。如果见解不同，观念差异太大，每天都在辩论，各执己见、互不相让，还是不在一起比较好，以避免发生不必要的争执。

第二是行为一致的人。如果生活习惯、修行方法等差异太大，就很难相互融合，容易发生各种分歧。

第三是可靠的人。如果对方不可靠，也会产生一些不必要的烦恼与矛盾，最后会给修行带来不好的影响。

像米拉日巴大师那样的个别修行好的上等根机者不需要道友，除了上师以外，不需要谁的帮助。他自己修的进度很快，没有人干扰他的修行，反而对解脱有利。但对大多数刚刚学佛的人来说，道友的作用还是不可忽视的，不但相互之间可以起到监督的作用，同时还有一种团体感、归属感。在父母去世、家人生病、离婚、失恋、伤心绝望到快要得抑郁症或有重大事情的时候，可以相互安慰，互相帮助。

有时候道友之间的感情，可以超过亲戚、朋友，可以超越血缘关系。在现代社会，人与人之间的关系越来越冷漠，有一个温暖的团体，是非常有必要的。建立佛友群，设立闹中取静的禅修中心等，都意义重大。

四、应当忆念维生资具的过失，依止适度的生活

想想物质过剩的过患。比如，衣服太多了，就会为明天穿什么衣服，配什么鞋子而伤脑筋。电器设备太多了，就会变成电子垃圾等。

过去的上师们都说，除了自己的基本需求以外，其他东西最好当天就处理，中等的不能超过一个月，最下等的也不要超过一年。无论吃的、穿的、用的都是一样，尽量用于上供下施。物质过剩，也是一种痛苦。有些人经常买大量不需要的东西，这也是一种精神上的疾病，有可能是抑郁性购物。当精神

空虚、焦虑到一定程度的时候，就会买很多东西来填补自己内心的空虚。快得抑郁症的前兆，就是暴饮暴食、疯狂购物。大家一定要观察一下自己，有没有这种抑郁性购物的倾向。

少欲知足，是佛陀给我们佛教徒制定的生活原则，也符合极简主义和低碳生活的准则。填补心灵空虚的最好方法，是修行，而不是购物和饮食。

五、应当无偏依止诸位成就者传下的窍诀

虽然一个人不可能修完所有的诀窍，但对自己的修行有帮助的窍诀都应该不偏不倚地吸收，小乘和大乘、显宗或密宗，凡是正法都不能排斥。

六、应当依止有益自他之物、妙药、咒语与甚深缘起法

只要对众生没有损害，且对自己和众生有利的物质和方法，佛教徒都可以接受。比如，生病的时候，应该去看病、吃药。当年佛陀也会示现生病、吃药，就是为了给以后的佛教徒做一种示范。

佛法里的咒语很多，忏悔的、积累福报的、避免生病的、祈求长寿发财的……林林总总，不一而足。为了回避生活、修行当中的逆缘与灾难，可以借助于这些物质和咒语的力量。但最理想的是在出离心和菩提心的基础上念诵。

缘起法当中，包括了看风水、观日期等，譬如哪天可以剃头发，哪天可以外出，哪天不能搬家等，这里面也有一定的道理，其中包含了很多凡人看不见、摸不着的无形、细微的因果。虽然科学仪器测不出来，但它却是存在的。在麦彭仁波切的著作里，讲了很多类似的缘起法。佛教徒在做一些决定的时候，可以依靠这些缘起法。

再比如，闭关处的风水，闭关和出关的日子等，都有一定的讲究。虽然从胜义谛的角度来讲，这些都不存在，但从世俗谛的角度来讲，这些都是一种隐蔽的因果。有些风水不对，就可能会导致公司倒闭、破产，员工生病等一系列的不顺。不是所有的事情都可以用迷信、巧合来解释，许多神奇的缘起的确存在，佛教也不会否认这一点。

我们不能说因为自己是成就者，很了不起，所以可以不吃不喝，不穿衣服，生病不需要看病，风水也可以忽略。虽然在修行达到一定程度的时候，可以超越这些缘起的影响，但在修行刚刚起步的时候，这些缘起法都需要遵循。

七、应当依止有益身体的食物与方法

佛教徒要重视自己的身体健康，因此饮食、卫生等方面的取舍也很重要。暇满人身非常难得，我们不能刻意去损害自己的身体，而应该保护自己的身体，要加强锻炼，做一些适当的运动。饮食方面，也要少吃或不吃肉、蛋等对身体有害的食物。

八、应当依止有利觉受证悟的法行与威仪

在没有证悟之前，除了修出离心和菩提心以外，为了积累资粮，磕头、供曼荼罗、念咒、放生、烧香等善法的辅助也很重要，这些善法都有助于我们尽快证悟。在证悟以后，则是以打坐修禅为主。什么时候该做什么样的善法，也是有讲究的。

大家不要在没有证悟的时候，就误以为自己已经证悟，迫不及待地放弃磕头、念咒等加行，一直停留在这个境界当中，以致失去了真正证悟的机会。

这些人以为的证悟是什么？就是心静下来的时候，有一种语言无法表达的状态。

证悟与否必须要分清楚。显宗中观的空性修法，一般不会有太多的误区。但修大圆满、大手印和禅宗的人，就很容易走错路。修行人必须要由经验非常丰富，并且已经证悟的上师引路。弟子向上师汇报自己的修行感悟与体会，并由上师来确认、印证，以确定自己的境界究竟是证悟还是单纯的寂止。

修寂止的时候也要注意，在修禅期间，哪怕已经从禅定当中出来，在坐间吃饭、休息等时，也不能思考太多，不能有比较剧烈的身体运动，否则会影响打坐时内心的平静。

修什么法的时候，打坐间也应该以相应的行为来配合。比如，打坐的时候修菩提心，出坐以后，就应该多了解屠宰场、菜市场、养鸡场等可怜众生的惨状，了解众生的痛苦，这对慈悲心的培养有帮助。打坐的时候修出离心，出坐以后，就到医院去看看病人的病苦，到养老院去看看衰老的痛苦，多了解生老病死，对出离心的增上有帮助。修上师瑜伽的时候，要多看看《米拉日巴传》之类的前辈上师们的传记，看看过去的成就者们是如何依止上师，如何苦行，如何精进，以及他们的戒定慧功德等。

九、应当依止具足虔诚信心、恭敬心的有缘弟子

这一条是针对上师、善知识们讲的，不是给当弟子的普通人讲的。

只有信心坚定、根机成熟的弟子，才能成为对众生有利的人。就像玛尔巴尊者的弟子米拉日巴尊者，米拉日巴尊者的弟子冈波巴大师那样。

对上师没有信心的弟子，不但培养不出来，甚至日后会对上师生起各种邪见，与上师发生矛盾，造作更严重的罪业。因此，一旦发现弟子没有信心，就要远离，不能摄受。

根机不成熟，大乘佛教称之为“断根”，意即断绝慧根。大乘佛教认为，所有的众生，最终都要成佛。断根只是暂时的，没有永久的断根。暂时的断根，是指根本不愿意学佛，不愿意接受佛教的因果轮回等理念，出离心、菩提心、空性就更不接受，甚至根本不想做善事，杀盗淫妄，野蛮粗鲁。摄受这种人为弟子不会有意义，因此就不能摄受。

佛教不会认为不学佛的人都会堕地狱。学佛当然好，不学佛，只是做一个善良的好人，尽量做好事也可以。因果是公正不虚的，“善有善报，恶有恶报”是颠扑不灭的真理。即使没有学佛，也不一定是断根。

十、行走坐卧四种威仪中应当常常依止正念与正知

行走坐卧，即佛教的四个行为。在周边行动叫“行”，出远门叫“走”，“坐”“卧”都好理解。

所谓“正念”，是指在行走坐卧的时候，不忘掉自己该做和不该做的界限。比如，受了居士五戒，就不能杀盗淫妄；受了菩萨戒，就不能违背菩萨戒的

二十个戒条；如果灌了顶，就不能犯失密乘十四条根本戒。所谓“正知”，是清楚地知道自己行走坐卧的当下在做什么，有没有违背戒律、道德与文明的行为。

有些人会认为，只要内心虔诚、心地善良就可以，身体上、语言上的这些约束与形式都大可不必，约束太多，就没人敢学佛了。对过去的人可以这样要求，对现代人可以开放一点。

当修行境界达到一定程度时，就可以不受这些戒律的限制与约束，因为在超越了善与不善，好与不好等凡夫分别念以后，一切都是完全平等的。但因为我们还没有达到这样的境界，所以必须依靠这些约束来规范自己的行为，这也符合世间的伦理道德。

我们的贪嗔痴烦恼都非常严重，如果不加以管束，随心所欲，肆无忌惮，就根本无法学佛，不但自己堕入恶趣，也会伤害其他众生。通过戒律来约束自己，可以少造罪业，多做善事。

大乘佛教非常开放且人性化，不会硬性地制定许多条款。大乘佛教的绝大多数戒律与发心有关。一切戒律的要求，都以当事人发心和当时当地的情景为标准。

平时在生活与工作中，要注意自己的行为。尽量以佛陀的要求来约束自己，既不要太紧张，也不要太随意，要张弛有度。

第四，人生十项远离

一、应当舍离所行杂有世间八法的上师

近朱者赤，近墨者黑。能不能成为真正的修行人，都依赖于上师。依止有菩提心的人，久而久之也会染上慈悲菩提心。跟随证悟的上师，慢慢就可以证悟。反之，如果依止了一个没有慈悲心并且贪得无厌的人，自己无形当中也会变得斤斤计较、功利自私。

如果发现上师的所作所为都是以世间八法为准则，那就要设法远离。

世间八法包括：

（一）利，即钱财。如果上师非常贪财，一定不能依止。

（二）衰，即衰败、损坏。如果自己的财产受到损失，就长呼短吁、怨天尤人，总是想方设法保全自己的财产，就不是标准的上师。以上两条都与钱财有关。

（三）誉，即名誉。非常在乎名声，一切所作所为都是为了自己的名声。

（四）毁，即毁谤。如果遭人毁谤，无论是否符合事实，都会非常不开心。

（五）称，即称赞。非常喜欢别人的称颂和赞扬。心里有出离心、菩提心和证悟智慧的人，不会在乎远处的名声、近处的称赞。

（六）讥，即讥讽、嘲笑。异常害怕别人的嘲笑，极力保护自己的名声，非常在乎别人的评价。

（七）苦，即痛苦。非常在乎自己的痛苦，毫不在乎众生的痛苦。这种人再好，也只能算是小乘的上师。

（八）乐，即快乐。非常注重自己的享乐，尤其是现实生活当中的人天福报等快乐。

特别看重这八个字的上师，根本无法培养任何标准的修行人，所以不能依止。

现在有些人就遇到这样的问题，开始的时候没有观察，或者是观察了，自己以为可以依止，中途却发现有问题，继而不知所措，甚至痛苦不堪。《慧灯之光》里面再三讲过，遇到此类问题的时候，应该断然远离。如果不远离，会有更严重的后果。但在远离之后，尽量不要诽谤，不要有邪见，并消除不恭敬的想法。这是对自己最好的保护。

有些人很容易出现两个极端：一个极端，是明明发现上师有问题，却因为世俗的感情等原因而不愿意离开；第二个极端，是一旦发现问题，就公然诽谤自己的上师，对上师产生各种各样的邪见，以至于退失学佛的发心，或造成密乘戒的缺失。

上师有问题，并不表示佛法有问题，更不表明自己不需要解脱了。上师有问题，可以换一个，佛法还是要学。这就像在医院治病，如果遇到一个缺乏职业道德或不懂医术的医生，我们也不能放弃治疗一样。病还是要治，只是换一个医生而已。

真正地依止上师，就是闻思修。人生十分短暂，如果不远离这种上师，我们就学不到真正的法。远离以后，再重新找一位上师。哪怕实在找不到，也可以在网络上听音频、看视频、看书等，这是最保险的措施。

二、应当舍离有害于心和觉受的眷属与恶友

要远离与自己观点、想法不一致，或因为其他原因，而经常让自己不开心的道友。

有些人会想：当年阿底峡尊者不就专门从印度带了一个经常惹他生气的侍者，以便于修忍辱吗，那我们为什么要远离这种人呢？

修忍辱是有过程的，像阿底峡尊者这样的成就者，本来并不需要修忍辱，他这样示现，是为了教育后学者。但我们目前修忍辱的能力还有限，对这种人，还是要以回避为主。

本来现代人就压力重重、不堪重负，如果旁边再多一位经常讲是非的道友，让自己徒增烦恼，负面情绪一定会影响禅定，这样就会让修行之路变得更加艰难。

当忍耐力达到一定程度的时候，才能靠近这种人。尝试着去迎接挑战，战胜负能量。在那个时候，来自对方的是非，不但不会是修行的违缘，而且可以成为修行的顺缘。

为什么初学者在打坐修行的时候，要到比较安静的地方去，都是这个原因。初学者的修行力度非常微弱，任何风吹草动，都可能会变成修行的障碍。远离负能量的道友，也是保护自己。

另外，如果经常接触一些对学佛根本没有兴趣，只喜欢吃喝玩乐的人，自己也会在不知不觉间变得放逸散乱，经常去娱乐场合、时常去逛街等，原有的一点点出离心和菩提心也开始淡化，直至最后消失。

与这种朋友交往，要把握好分寸。即使做不到根本不接触，但不是同路人，就不要深交。

佛教一直都强调，在闻思之后，就要把自己封闭起来强化训练，从没说过在初学之始，立即就要投入到度化众生的行列当中。

我们身处红尘，没有办法长期闭关，若与任何人都不联系，与社会格格不入，这样会被所有人当作怪物或异类。表面上，我们还是要随顺世间，只是在随顺当中要有原则，至少每天必须有一段时间的封闭式训练。

三、应当舍离过于散乱及多恼害的住所与寺院

娱乐场所、商场等散乱、吵闹之地，充满了各种诱惑。初学佛者很难经得起考验。同时，自然灾害频发，随时有猛兽攻击或强盗抢劫的荒郊野外又太没有安全感，这种地方也不能待。尤其针对女修行人，佛陀在律经里面也讲得非常清楚，这种地方不能停留，更不能独自居住，否则后果可能比不安静的喧嚣之地还可怕，要远离。

四、应当舍离以偷盗、强抢、狡诈手段谋求的生计

佛教徒不能做与杀盗淫妄有关的事情，必须远离偷盗、抢劫、诈骗等谋生手段，也不能经营海鲜、点杀的餐饮行业与不正当的娱乐场所。像炸鸡类

这种杀生非常严重的企业，佛教徒就不能经营。总而言之，凡是与恶业有直接关系的工作，佛教徒都应该远离。

“南阎浮提众生，起心动念，无不是业，无不是罪”，世俗的很多工作，都或多或少与罪业有着千丝万缕的联系。要找个与罪业完全没有关系的工作，可能也有一定的难度，但至少要远离与罪业有直接关系的行业。

有人会说：即使我不做，也还是有人做，这不是一样吗？

不一样！哪怕我们无法让天下所有人都不杀生，但要从我做起，至少自己不应该杀生。如果有能力让天下人都不杀生，那当然很好，但这是不现实的。其实，这样说话，只是在找一种借口而已。

五、应当舍离有害于心和觉受的事与所作

很多工作会让人不开心，但为了生存，人们也不得不硬着头皮上。但禅定的基础，是要有好的心情。对刚刚学佛的人来说，远离不开心的工作也是有必要的。除非已经证悟了空性，在心情不好的时候，不但可以用证悟空性的智慧去面对，而且对修行也大有裨益。

菩萨的选择，往往是到环境最糟糕的世界，到贫穷、落后的偏僻地，到众生烦恼炽盛的地方去。地藏王菩萨的发愿，就是到三恶道或人间最苦的地方去度化众生。

在修行的最后阶段，则可以不受任何限制。无论在任何环境，都能获得心灵的绝对自由。

针对三种不同阶段的修行人，会有不同的环境要求。我们这样的初学者，则要远离对心情有很大影响的工作环境。

另外，工作压力太大，工作量太多，每天需要加班，让自己没有时间修行，从而影响修行的工作，也要尽量回避。

只要我们对物质生活的要求不是太高，在基本的物质生活需求满足以后，就可以将填补虚荣的追求放下，给自己一点时间、空间和自由用于修行。

修行是内在的进步，是内在精神生活的丰富，远远超过丰富的物质生活所带来的幸福。有一天我们会发现，这样的取舍是值得的。

六、应当舍离有害身体的食物与举止

虽然佛教认为，人的身体是不净物的聚集，是无常、无我、空性的，但实际上身体对修行与解脱非常重要。大家都知道，四外加行的第一堂课，就是修人身难得。虽然我们有很多的痛苦，但在六道轮回中，我们的这个暇满人身，却是非常难得的。

《中观四百论》当中也讲过："虽见身如怨，然应保护身。具戒久存活，能作大福德！"虽然发现身体像仇人一样，给我们带来了许多痛苦，但我们还是要保护它。具有戒体的修行人若能健康长寿，就可以积累大量资粮，可以完成很多伟大的工作。

有人喜欢说："我的时间是以黄金来计算的。"但实际上我们的时间比黄金还宝贵，因为我们的时间，是以生命来计算的。我们不能错过暇满人身，一定要好好珍惜。

即使不能即身成就，最低限度也要了解自己，树立起远大的人生目标。当我们离开这个世界的时候，应该完成两件事情：第一要有非常标准的世俗菩提心；第二是一定要证悟，要明心见性。

虽然对初学者来说，菩提心有一定的距离，但如果具足勇气，依靠慈、悲、喜、舍四无量心的训练，就一定可以做到。

证悟有很多层次，最高的证悟，是释迦牟尼佛的果位。菩萨一地，也是非常殊胜的证悟境界。对我们来说，达到这两种境界都有一定的难度，但我们至少可以有一个初步的证悟。初步的证悟，是对空性有一定的体会，不是理论上的了解，也不是逻辑推理的结论，而是切身的体验。达到这一点，并不算太难。如果把外加行和内加行修得比较好，就很容易得到这样的体验。

要完成这一系列伟大的工作，就需要一个健康的身体。虽然我们讲了“如何面对病痛”等许多面对痛苦的方式，这些方法虽然也行之有效，但如果没有任何训练，把疾病和痛苦转为道用也有一定的难度，所以最好不要生病。要注意饮食卫生，要重视身体的健康，要锻炼身体。

如果修行修得好，则身体稍稍有一点病痛也没有问题，甚至可以把它转化为一种力量和动力。

现在的食品问题相当严重，与肉食相比，蔬菜相对比较健康，但还是要注意饮食卫生。同时，抽烟、熬夜、极限运动等对生命和健康有害的行为，也最好不要做。暇满人身来之不易，要懂得珍惜。

七、应当舍离被欲望吝啬所束缚的贪执

现代人往往蓄积了太多的衣服等生活用品，自己用不上，也舍不得捐出来，浪费大量资源，这都是错误的生活方式。

除了基本的日常用品以外，不要囤积太多的东西，要断除欲望与吝啬。如果过度吝啬，就会堕饿鬼道。饿鬼众生缺吃少穿、饥渴难耐。即使有些特殊的饿鬼众生拥有庞大的财富，也舍不得吃，舍不得用，更舍不得送给其他人，只能当一辈子守财奴。

这不是现在有些人的真实写照吗？拥有几辈子都用不完的钱，平时却处处克扣、时时计较，连自己用都舍不得，活脱脱的葛朗台、严监生。

当然，舍不得有两种情况，一种舍不得，是节约、不浪费，这是非常好的舍不得。释迦牟尼佛也极力倡导要节约粮食，尤其在小乘佛教的戒律里面讲得非常细致，不能浪费粮食、水等资源。小乘佛教的出家人，一般允许有三套衣服，穿一套，洗一套，留一套备用。对在家人的要求则要宽松得多。但无论如何，衣服和其他日用品都不能累积太多，积攒到一定程度，就要捐出去。也许我们暂时用不上的东西，对其他人来说非常有用，要尽量做到物尽其用。

有些人总是担心自己老的时候会很穷，会没有人照顾自己，所以要多存点钱。但发生这种情况的几率是很低的，我们的许多焦虑，都是杞人忧天。

心理学家曾有一个调查：将自己焦虑、担心未来一段时间内可能会发生的问题写在纸条上，然后装在箱子里锁着。等过了这段时间后再打开，会发现曾经焦虑、担心的事情 70% 都没有发生，只是自己徒增烦恼而已。我们大可不必为之忧愁不安。

八、应当舍离令他人不起信心之因——放逸行为

作为佛教徒，起码应该是真诚的，不骗人，不撒谎，相信因果、尊重因果，坚信善有善报、恶有恶报。

如果佛教徒毫无顾忌地杀、盗、淫、妄，随意点杀、吃海鲜等活物，其他人看到这种情况，就会对佛教徒失去信心。

八万四千法门的核心，就是不伤害任何生命。不伤害有两个含义：

第一是不许做对任何生命有害的事情。

第二是不仅不伤害众生，而且还要尽量地利益众生。

其中第一条的要求主要是：不杀生、不偷盗、不抢劫、不诈骗、不破坏别人家庭等。佛教戒律中最根本的五戒，都非常有道理。从释迦牟尼佛出世到现在，乃至几千、几万年以后，这五条戒律都永远不会过时。

但有些人却没有这种概念，他们往往认为：地球的所有生命中，人类享有至高无上的权力，其他的生命一文不值。人类有任意践踏、折磨、奴役、杀害其他生命的自由，不违背任何法律。但他们却忽略了一个自然的、非人为的法律，那就是因果。

世间的法律都是人制定的，自然建立在人的利益之上，以人为主。但佛教讲的因果，却是所有生命必须共同遵循的，公正客观的自然法则。释迦牟尼佛不是因果的创造者与制定者，只是因果的发现者。作为释迦牟尼佛的后学者，我们都应该相信因果、尊重因果。

不杀生，是五戒当中的第一条。为什么第一条是不杀生呢？因为对所有生命来说，最重要的都是自己的生命。佛教历来强调生命的平等，从整个生

命的立场来看，不仅是杀人不对，杀动物也是不对的。同时，抢劫、偷盗、欺骗、邪淫，都是不符合世间伦理道德法则的行为。

在杀盗淫妄的基础上，居士五戒还加了一条不喝酒。因为一个神智正常的人在喝酒以后，很可能精神失控，做出杀盗淫妄的罪业，所以要加上不喝酒这一条。

虽然佛教徒不可能在学佛的第二天，就把所有的杀盗淫妄都放弃，但应根据自己的情况，尽量不杀盗淫妄。

现在社会上有些人对佛教徒要求太高，认为佛教徒除了烧香、拜佛、念经以外，什么都不应该拥有。一看到佛教徒戴金银珠宝、穿名牌、开名车，就会指指点点说：佛教徒怎么可以这样呢？

其实，释迦牟尼佛并没有要求佛教徒一定要清心寡欲，只要内心没有伤害其他生命的念头，只要吃喝穿戴不是通过不正当的手段获得的，佛教徒都可以享用。佛陀对我们的要求是，生活不要走太奢侈或者太贫穷两个极端就可以了。

九、应当舍离无有意义的住行之事与所作

对自己和他人、现世与来世都没有太大意义的活动，要尽量减少，尽量远离。

当然，因为工作压力太大，通过旅游去放松一下，也是有必要的，但如果过度了，整天都在四处云游，那就是浪费时间、浪费金钱，内心也会变得散乱放逸。

很多人喜欢逛街，不需要买什么东西，也要到商场去看一看，东游西逛、讨价还价是他们的最大乐趣，这都是毫无意义的行为。至于那些不正当的娱乐场所、赌场等，佛教徒就更不能去。

不要把钱和时间花在没有意义的事情上，暇满人身非常珍贵，为这些事情费钱费时，非常不划算。

十、应当舍离隐藏自己过失、宣扬别人过失之举

绝大多数人都有这种问题，虽然自己在人格、思想、说话方式、待人接物上存在着很多缺陷，却深藏不露，害怕被人知道。但一听到别人有什么过错，就根本不思考、不观察，迫不及待地四处揭发、八方张扬，恨不得告知全世界。

如果受了菩萨戒，这就是犯菩萨戒。身为发心菩萨，任何事情，都要为别人着想。宣传别人的缺点，甚至是不确定的缺点，是人格低劣的做法。如果受了密乘戒，又恶意宣讲道友的缺陷，就可能会犯密乘戒。密乘戒对道友之间的和合非常重视，恶意攻击道友，一定会犯失密乘戒。

佛经要求，要尽量披露自己的缺点，要尽量地谦虚。当然，也不能一概而论，身处现代社会，太过谦虚显得不合常理。该谦虚的时候要谦虚，不该谦虚的时候，也要毛遂自荐、当仁不让。是否宣讲自己的缺陷，还是要把握好时机与场合，但对别人，永远不能说长道短。

第五，人生十项不拒绝

十项不拒绝当中的前几项，是较高级别的境界，不是人人都可以对照而行的，此处讲清楚，以免误导读者。

一、不要舍弃利他根本的悲心

因为慈悲心是饶益众生最基本的条件，所以，我们一定要努力修慈悲心，不能轻言放弃。一旦没有慈悲心，就丧失了饶益众生的动力，以致无法进入大乘佛教之门。

二、不要舍弃本是心之自光的现相

在讲不舍弃或不拒绝现象之前，大家首先要了解世俗谛和胜义谛。《慧灯之光》中的《二谛》一文，就专讲世俗谛和胜义谛的区别，大家可以参阅。

什么是世俗谛呢?

我们的感官所感知到的物质世界或精神世界，佛教称之为世俗谛。无论是动物、人类或其他生命，其感官所获得的信息与结论，比如眼睛所看到的光，耳朵听到的声波等，都叫做世俗，也叫做现象。在第一转法轮和第二转法轮中所讲的“现象”，就是这个世俗谛。

“谛”的意思，是指真实。眼耳鼻舌身所感觉到的世界，都不会超越五种感官的感受及其组合。组合这些感受的作者，是我们的第六意识。

虽然佛教认为万法由心造，但佛教并不是唯心主义。从世俗谛的角度来讲，物质和精神都存在。

什么是胜义谛呢?

不是凡夫感官的结论，而是佛的智慧行境。

现在通过高科技，我们已经知道，有些动物与人类所看到的世界不同。自以为是高等动物的人类，也只能看到光谱上很小一部分的光，绝大多数的光，我们的眼睛无法感知，但它们却一直存在着。

所以，世界是什么样，取决于我们的感官，而并不是由它的本质来决定。我们的感官是这样，所以看到的世界也是这样。当感官发生巨大变化的时候，世界也一定会有翻天覆地的变化。

小乘佛教告诉我们：世界是痛苦的、变化无常的、靠不住的。看得到、摸得着的宏观世界是并不存在的，而微观的基本物质单位却是存在的，这比较接近于经典物理学的观点。

大乘显宗告诉我们：虽然在我们的感官看来，世界非常真实，但实际上它却是不真实的虚幻世界。这个虚幻的世界同时也是痛苦且变化无常的，但它的本质，是虚幻的。如《金刚经》最后所说：“一切有为法，如梦幻泡影，如露亦如电，应作如是观。”

这就像做梦，对做梦的人来说，梦境中的景象非常真实，与现实生活完全没有区别，但实际上却是虚幻的。如果一直在梦里，就无法否定它的真实性。

只有梦醒之后，才知道虚幻的本质。

大乘佛教第二转法轮特别重视空性，而不太强调现象。因为它所讲的现象本身是虚幻的、靠不住的，所以不必重视。藏传佛教将第三转法轮的主要内容称为他空中观，实际上就是汉传佛教禅宗讲的明心见性或者佛性。佛性有两种：光明的部分，叫作“现象”；空性的部分，就是本质。禅宗讲的佛性，实际上就是胜义谛。因为佛陀三次转法轮的层次或高度不一样，所以，对“现象”的理解也不一样，第三转法轮和密法的现象中，包含了如来藏与坛城。

此处讲的舍弃现象，是站在密宗或第三转法轮的立场上讲的。密法认为，我们根本没有看到世界的真实相貌，我们的眼耳鼻舌身也永远无法感知世界的真正面目。

就像用一个落后、淘汰的天文望远镜，无法识别宇宙最深层次的现象一样，我们的肉眼，无法感知高速运动的物体；我们的眼睛，无法看到不可见的光；我们的耳朵，无法听到过高或过低的声波……我们的感官，实在是太落后了。

密法告诉我们：世界的真实面目，唯有八地以上的菩萨与佛才能看到。以我们的感官来看，山就是山，水就是水。但佛或八地以上菩萨所感知到的真实世界，就像西方极乐世界一样清净胜妙，被称为佛的坛城。因此，我们不必排斥和舍弃现象，虽然它看似痛苦不堪、变化多端，实际上它已经超越了痛苦、变化、无常的领域。

大家可以看看《维摩诘所说经》的第一品《佛国品》，虽然这是显宗的佛经，但对世界的清净本质表述得一清二楚。我在《慧灯之光》某些文章里面也曾引用了《维摩诘所说经》中的有关章节，大家也可以略做参考。

现象是心的投影，这个世界是我们的内心投射出来的现象。现象和空性，是同一物质的两面，我们不能欢迎一者而排斥另一者，不能走到空的极端。现象之所以看似不清净，不是现象的问题，而是我们自己的感官有问题。如果我们的感官可以提升到佛的级别，我们今天看到的世界与众生，还会像我们现在看到的这么不清净吗？不可能。

当然，小乘佛教永远不会这么认为。小乘佛教认为，这个世界永远都是痛苦、无常的。一般的大乘显宗也不喜欢这个世界的现象，也认为这个世界是无常痛苦的。

但密法认为，要解决外境不清净的问题，不是到外面去解决，而在于内在的修行。心清净了，投射出来的现象自然会清净，这是密宗见解之精髓。

很多密宗修法会让我们把自己观想为某一尊佛或菩萨。以我们现在的观点会认为，怎么能把自己观想为佛呢？我应该观想佛在自己前面，自己向佛磕头、供养才对啊！

但实际上我们就是佛，把自己观想为释迦牟尼佛、金刚萨埵或某一尊佛菩萨根本不过分，完全符合事实。学密法的人，必须要有较高的见解与承受力，否则很难接受如此高的境界。有些人之所以诽谤密法，原因也在于此。

从藏传佛教的角度来讲，大乘显宗也分为两个层次。一个是普通显宗，只讲空性，不强调佛性、如来藏、光明。《般若波罗蜜多心经》《金刚经》等佛经就属于这一类的经典。另外一个是更高级别的显宗，以第三转法轮的经典为主。《大涅槃经》《楞伽经》就属于这类佛经，这些佛经中虽然也讲空性，但强调的是佛性。

禅宗就非常重视修佛性。当然，禅宗也讲空性，六祖惠能大师讲的“本来无一物”，就是在讲空性，但佛性、明心见性讲得更多。禅宗虽然属于显宗，但与普通显宗不一样。藏传佛教宁玛派大德麦彭仁波切认为：三转法轮经典属于半显半密的，其见解介于显宗和密宗之间，只是清净观不像密法讲得这么清楚，也没有提供更多的关于光明的修法而已。

“身是菩提树，心如明镜台”，心怎么会像明镜台？就是因为心的现象是光明，所以叫作明镜台。我们不能只要空性不要现象、光明，这种观点属于单空。单空是最初步的见解，是最低层次的空性。在八地菩萨的时候，就能现见清净的现象。在成佛的时候，有形有色的世界也不成立，存在的唯有心的本性光明。

目前我们最重要的工作，是尽量地行善断恶，好好修加行，培养出离心和菩提心。出离心和菩提心修完以后，对我们来说，单空还是比较重要。有一种方法叫“以毒攻毒”，以单空也可以推翻我们的很多执著，暂时还是有一定帮助。

今生我们一定要证悟心的本性。证悟以后，就能突破愚昧的层面、更深层次地了解自己，减少我执、烦恼、自私自利与过度的欲望等一切伤害我们的观念。而慈悲心、菩提心、出离心却不但不会受到影响，反而会增长。以后所有的命运、业力等，都完全可以自我掌控。

仅仅靠理论，不可能证悟。还是要脚踏实地去修行，要靠自己去体悟。即使今生没有成佛，没有证得菩萨一地也没关系，只要今生能够证悟，也是很大的收获了。

三、不要舍弃本是心性游舞的分别念

念头本来就是法性的游舞。“游舞”这两个字，在密宗里讲得比较频繁，其含义，即投射、投影。

游舞的意思，就像一个演员利用各种道具和戏服，表演各种舞蹈或戏剧，一会儿演天人，一会儿演魔鬼，一会儿演平民，一会儿又演皇帝……观众能看到的，只是被道具和衣服包裹的角色，却看不见演员的真面目。这样千变万化的姿态和表演，叫作游舞。

其中的演员，好比是心的本性如来藏；演员饰演的角色，则好比世俗的种种显现。

今天我们能够看见的世界，叫作人间；如果投生到饿鬼道，就变成了饿鬼的身体，看到的也是饿鬼的世界；如果投生为天人，看到的世界，就是天界。饿鬼、天堂、人间三者，是表面的游舞；真正的演员，是心的本性如来藏。内心投射出来的种种世界，叫作游舞。

包括我们所有的念头——贪嗔痴等烦恼、负面情绪，以及慈悲心等正面的念头，都是心的本性如来藏投射出来的现象。无论是善的念头、恶的念头，还是无记的念头，实际上都是心的本性光明如来藏的投影，都是一回事。所以，我们不需要拒绝这些念头。

因为有心的本性如来藏，所以在证悟的时候，可以看到清净的现象。

这里有一个误区，我想可能很多人会被误导，这时候一定要注意。不拒绝现象与念头，都是针对已经证悟，而且证悟境界比较高的人讲的，并不是对初学者讲的。初学者一定要拒绝贪嗔痴，一定要知道轮回是痛苦的，不能再堕入轮回，要从轮回中解脱。如果没有这种决心，就等于是没有出离心了。同时，初学者在打坐的时候不能有各种念头，否则无法修禅定。没有禅定，也不能证悟。对没有什么证悟境界的人来说，念头就是禅定的障碍，所以要拒绝念头，要清理、控制杂念，不让它们产生。但对已经证悟的人来说，所有的念头都没有问题。于他们而言，每一个念头都是光明法性或法身，所以不需要拒绝念头。拒绝与否的界线，一定要分清楚，不能一概而论。

密法里虽说讲了很多对我们来说是不可思议的境界，但对高境界的人来说，这都是稀松平常的事。

平时，当我们的心里冒出一个念头的时候，要去识别它。其中的识别，要求不是很高，只是立即感觉到了，发现了，就可以叫作识别。这个“识别”有什么用呢？比如，当我们内心产生一种嗔恨心的时候，如果不加识别，它就会慢慢发展壮大，最后有可能升级到打人、骂人的程度。如果能够识别或者观照，初生的嗔恨心就会失去力量，慢慢减弱直至消退。高境界的识别，是指证悟者在冒出一个念头的时候，立即能认识到它的本性。

四、不要舍弃本是智慧之启示的烦恼

贪、嗔、痴、慢、疑，叫作五毒，它们是所有烦恼的根源。而这五个烦恼的本质，却是佛的五种智慧。显现在外面，就是五方佛，因此，对已经证悟的人来说，贪、嗔、痴、慢、疑实际上是五方佛。当然，对没有证悟的人来说，那就不是五方佛了。这个界线如果不明确，我们一定会走错路。如果没有证悟的人不控制烦恼，让贪、嗔、痴、慢、疑随意生起，就一定会造业，继而堕入地狱等恶道。不拒绝烦恼，不是针对普通人而言的，而是针对证悟者而言的。

我们必须知道，今天我们看到的任何外在事物，包括金钱、权利等，都既不好，也不坏，而是中性的，是我们自己的心态，决定了对境的好与坏。

比如金钱，有人以为，佛教把金钱视为修行的障碍，其实也不一定。如果善用金钱，可以做很多与解脱有关的善事；如果用金钱去吃喝嫖赌，其果报也十分可怕。金钱本身没有好坏，对待它的态度，决定了金钱的好坏。

同样，当我们没有证悟的时候，烦恼会引起杀盗淫妄等恶业；但如果证悟了，烦恼反而是解脱之因。贪嗔痴究竟是好是坏，是以我们的境界来决定的。

这样的说法，只有密法才有。一般的显宗会告诉我们，贪嗔痴是邪恶的，一定要远离。在我们还没有证悟的时候，显宗讲的完全正确。在此阶段，一定要远离、回避、控制烦恼，否则它一定会让我们受苦，一定会折磨我们。但如果有一天我们证悟了，外在的世界发生了变化，烦恼也会有所变化，不会永远都是邪恶的。

对证悟了一地、二地的菩萨来说，有些时候是念头，有些时候是智慧，还处于半智慧半念头的阶段，八地以上是没有念头的。但在我们这种没有证悟的人眼里，绝大多数念头是负面的，这都是由内心的状态决定的。

现实生活中也可以感觉到，当我们心情愉悦的时候，无论看到任何一个人的面孔，还是看到大自然等任何景象，都和悦安详、魅力无限，让自己生起无比的欢喜心；当我们心情烦躁的时候，整个世界都变得狰狞丑陋、恐怖凶残，更让自己心神焦虑。

《维摩诘所说经》中也讲过：盲人看不见日月的存在，并不表明日月不存在，只是盲人自己的眼睛有问题。同样，世界的本质永远都是清净的，但凡夫却看不到清净的世界。即使看不见，清净却始终存在。

密宗的本尊修法或生起次第修法，就是修清净观。显宗只讲了一部分理论，却没有讲清净的具体修法。只告诉我们修无常、痛苦、无我等四念处，修到菩萨八地的时候，因为心清净了，世界自然就会清净。但这种修法要花很长时间，修法的路途遥远而崎岖。

密法却与此不同，它是直接把自己观想为金刚萨埵或其他本尊，把周边观想为佛的刹土。这些修法非常直接，所以进步比较快。但前提条件是必须让自己的根机与之相配，如果根机跟不上，密法再快也没有用。如果不需要根机相匹配，任何人都可以直接修密法，当初释迦牟尼佛也不会有第一转法轮和第二转法轮，直接就转第三转法轮或者传密法即可。佛陀之所以很晚才转第三次法轮，在圆寂的前一年才传了《时轮金刚》等密法，其原因也在于此。

五、不要舍弃能增上觉受证悟的妙欲

妙欲，就是物质享受。不用刻意地舍弃物质，也是第三转法轮或密宗的甚深见解。

虽然刚刚开始学佛的时候，过分追求物质，就会忽略精神的提升，一定会影响我们的修行，所以要适当地调整，要少欲知足。但这也是阶段性的，在证悟以后，物质就不再会对修行构成障碍。

当年悉达多太子出家以后，苦行了六年。其间很长时间才喝一滴水，吃一粒米，甚至不吃不喝地修行，修成了四禅八定当中的第四禅，却一直没有成佛，最后身体也十分虚弱。后来，有一位放牧的女孩向悉达多太子供养了乳糜。他喝了乳糜以后，身体得以恢复。太子意识到，不吃不喝地苦行与修四禅八定，都不能让人解脱成佛。必须找到真正的境界，才能获得解脱。悉达多太子于是决定离开当地，去到菩提迦耶，并最终证得无上正等觉的果位。

佛陀的这一切示现都说明，佛教徒不需要刻意做苦行僧，也不需要太看重四禅八定，这些都不能彻底解决内在的贪嗔痴，这两条路都不能让人解脱。要解脱，需要内在的证悟智慧。没有智慧的苦行，仅仅是让身体白白受折磨而已；没有智慧的内心平静，也只不过像动物的冬眠或者发呆，都与解脱无关。解脱成佛需要的，是智慧。关于这些道理，密宗里讲过很多。

佛陀住世时期，曾有一个印度国王，他在给释迦牟尼佛供斋的时候告诉佛陀："如果要我放弃王位、皇后、财富、眷属以及其他的一切去修解脱道，我宁可待在城市里面变成一只狐狸！有没有一种不需要放弃这一切的解脱方法呢？如果有，那我愿意接受这个解脱道。"释迦牟尼佛立即给他示现了密集金刚的坛城，然后给他灌顶传密法。

这些事例都说明，美食、金钱、地位等，并不绝对是解脱的阻碍。对待它们的态度，才是最重要的。

按照小乘的戒律，比丘托钵化缘的时候，不能看女施主的脸；同样，比丘尼也不能看男施主的脸，只能看着自己的钵盂，到现在也是这样，这都是避免产生贪心的措施。但如果有一天，这些比丘、比丘尼证得了阿罗汉果位，则哪怕有成千上万个英俊貌美的异性去勾引他们，也不会让他们的内心有任何动摇。那时他们的境界，已经完全超越了一切物质与外境的奴役。

律经中讲过，普通比丘尼只要故意接触男人的身体，就会犯根本戒。但女阿罗汉即使遭遇到强奸，也不会犯戒，因为她们已经断除了贪心。

但现在却有很多人以此为幌子，自称是什么了不起的成就者、瑜伽士、空行母等，宣称自己不需要守戒，不需要断除烦恼，可以随心所欲。引得很多追随者也以此为借口，放弃基础的修行与善法，招摇撞骗、自以为是。

密法有记载，以解脱为借口而造作恶业，比杀盗淫妄与普通的五无间罪还要严重。哪怕造了五无间罪，也不会堕入金刚地狱，而这些人却会堕金刚地狱。

我们万万不能盲目相信这些人的把戏。现在的社会有些人非常混乱的现象，我们要用佛的理论去观察。只有再三观察，最后觉得完全没有问题以后，才可以相信，这叫作智信。唯物论者批判迷信，佛教更反对迷信。

不管别人怎么说自己是佛菩萨的化身，我们都要去看看他在做什么。如果对方真的是在一心一意地无私奉献，在以爱心帮助众生，那他是不是佛已经不重要了，我们完全可以崇拜他。如果一个人自称是活佛，但他的所言所行，却都是为了追求金钱、地位与名声，那他绝对是假的。一个人的身份并不重要，他做的事情才更重要。判断一个人的真假好坏，不是看他怎么说，而是看他怎么做，这是唯一的标准。

特蕾莎修女虽然不是佛教徒，更不是什么活佛，但她的无私爱心，她的所作所为已经证明，她就像一位菩萨再来，值得我们佩服、崇敬与爱戴。

我们不能相信任何神神秘秘的东西，必须保持清醒的头脑，要学会反复地思考。

以上的几个不拒绝，离我们尚有很远的距离。下面讲的这些不拒绝，是针对我们普通人讲的，对我们很有帮助。

六、不要舍弃本是善知识的病痛

虽说肉体上的病痛与精神上的痛苦，会给我们带来很不舒服的感受，但却可以促使修行的进步，提高修行的境界，所以不要拒绝。如果身体健康、心情愉悦，那当然更好。但万一体弱多病、心烦意乱，就需要换一种心态来面对。

现在很多富二代就是最好的例子，从一出生开始，就含着金钥匙，吃穿受用样样齐全，什么都不缺，任何事情都不需要自己去处理，可谓“饭来张口，衣来伸手”。但长期依赖别人的伺候，长期习惯于物质的丰厚，会滋养出脆弱不堪的个性，继而丧失了承担的勇气。如果有一天遇到一点点意外与打击，就根本没有承受能力。

常言道：苦难是一笔财富。痛苦可以让我们认清轮回的本质，从而生起出离之心。若从未经历任何痛苦，则很容易落入幸福的陷阱，井底之蛙般地沉迷在眼前的小幸福中，不知天高地厚，不问前程归途。

现在有些人，别人劝他念阿弥陀佛，祈愿往生西方极乐世界。他们会不屑一顾：我为什么要往生极乐世界？我现在就在极乐世界！

但今天的幸福，并不一定能延续到明天。很多人在面临突如其来的病痛折磨与精神打击之后，才如梦初醒，彻底改头换面，再也没有过去那种目空一切的口气，乖乖地开始学佛、念佛了。因此，痛苦成了他们扭转人生轨道的最佳机遇。

同时，当我们生病的时候，本来就有肉体的痛苦，如果精神再去抗拒，不但不能解决痛苦，反而会苦上加苦。若能以开放的心胸接纳痛苦，反而有助于减轻乃至化解痛苦，让我们的心智逐渐增强，在突破痛苦的过程中，修行境界也会慢慢提升。

修行的境界越高，面对痛苦的能力越强。阿罗汉不会有精神上的痛苦，却会有肉体上的痛苦。刀、枪等武器可以对阿罗汉的身体构成伤害，阿罗汉也可以被杀死；在没有食物的时候，阿罗汉也会饿死；生病的时候，阿罗汉也会病死。所以，在无间罪当中，就有一条是杀死阿罗汉。而一地菩萨则连任何肉体上的痛苦都不会再有了，无论肉体还是精神，都完全不受任何影响。

佛陀圆寂的时候，身边的弟子当中，只有阿难一个人痛苦万分，其他人都如如不动，甚至还在谈论“现在释迦牟尼佛应该进入了第四禅”“现在应该进入灭定”等。为什么释迦牟尼佛圆寂这么大的事情，他们都不痛苦？这不是因为其他人不在乎释迦牟尼佛，而是他们已经断除了痛苦。因为只有阿难还没有证悟，所以会难过哭泣。

虽说肉体上的痛苦我们还没有足够的定力来应对，但要尝试学会接纳精神上的痛苦。

当然，这是针对我们这种人而言的，高境界的修行人已经不需要这些方式了。

七、不要舍弃本是法性鞭策的怨魔

魔障、仇敌的袭击和阻碍，会变成修行的动力，让我们意识到修行的珍贵，从而激励我们更加努力地修行。如果一辈子都待在风调雨顺的温室里，反而会让我们变得弱不禁风。稍稍遇到一点挫折，不知反思己过，反而怨天尤人：我明明给佛烧了高香，为什么还会不顺利？为什么佛祖不保佑我？然后就开始抱怨他人、抱怨佛陀。

其实，这不是佛不保佑我们。佛如果可以保佑大家不痛苦，可以保佑大家成佛，那六道轮回不会留下一个生命。无比慈悲的佛陀一定不会让我们流转轮回，一定会让我们解脱。但佛陀不是万能的，他不能改变众生的业力，当我们自己业力成熟的时候，佛也没有办法。佛唯一的办法，是事先教育我们：尊重因果，断恶行善，闻思修行，解脱成佛。

有一句话说得非常准确——“圣者惧因，凡夫畏果”。圣者非常害怕杀盗淫妄，因为他们知道杀盗淫妄一定会导致严重的后果。凡夫不愿意贫穷、饥渴、生病，却不害怕杀盗淫妄。既然种了罪业的种子，哪怕再畏惧，痛苦的果报也一定会成熟。所以，如果害怕贫穷，害怕生病，就不要造罪。但如《入菩萨行论》所云：“众生欲除苦，反行痛苦因；愚人虽求乐，毁乐如灭仇。”凡夫的行为，恰恰是反其道而行之。所以，我们的所有痛苦，都是自己造成的。

八、不要舍弃本是悉地的应运而生之事

自然而然所得的财富源于前世的福报，让我们无需辛辛苦苦地打工、做生意，却能自然而然聚集很多钱财。有人认为，使用这些钱会折福报，其实也不是。如果是以不正当的手段赚得的钱，那一定会折福报。但自然而然所得的财产，则不需要拒绝。

九、不要舍弃作为智慧道梯的方便道

修行的方法很多，中观是以逻辑思维来证明空性，并长期串习；一般的密法，是依靠气脉明点的修法来证悟空性；大圆满则是修直断、顿超等修法来证悟空性。无论哪种方法，我们都不要拒绝，因为任何方法都能殊途同归，有异曲同工之妙。

佛陀也讲过，就像牛车、马车、羊车行走的速度各不相同一样，八万四千法门千差万别，学佛的方式各有千秋，修行的速度快慢各异，但目的地只有一个。

虽然我们不一定要用所有的方法，但至少应该不排斥、不诽谤、不拒绝。

十、不要舍弃能身体力行的一切法行

因为我们是初学者，对我们来说，任何善事和功德，都非常重要。只要身体和语言能够担当和胜任，都不要拒绝。有了这些功德善法的力量，才能支撑我们走向解脱。无论是语言能够承受的念咒、念经、讲经说法等，还是身体能够承受的磕头、修曼茶、当义工等，都不要拒绝。

古人云："不以善小而不为。"如果有了这样的心态，就随时随地能做很多善事。比如，看到公路上有一个垃圾，便以清净心或利他心把垃圾放到垃圾桶里。下雨的时候，发现有些小虫子、小蚂蚁快被淹死了，就赶快把他们移到安全的地方。这是每个人都可以顺手修得的功德，但我们很多时候却忽略了这些触手可及的功德，把自己的着眼点，放在了惊天动地的大事情上面。"一屋不扫，何以扫天下？"不从微不足道的善事做起，又怎能担负起普度众生的大业？所以，凡是对众生、对社会有利的事情，哪怕微乎其微，都不要拒绝。

但发心的程度，也不要超出自己的承受范围，比如，发心今年既要念完五十万金刚萨埵，又要念完一百万观音心咒，还有各种各样的功课；生病的人发愿磕若干长头等，最后却无法完成。因为没有那么多的时间和精力，我们的语言和身体承受不了。既尽力而为，又量力而行，才是理智的行为。

十一、不要舍弃尽微薄之力也利他的意乐

虽然我们目前利他的能力非常微弱，却应该胸怀远大志向，不要妄自菲薄，不要总是说“我连自己都度不了，还度什么众生”等。虽然我们的现状与发心之间，有很大的差距，但只要有这个心，差距会越来越小。我们千万不要拒绝利益众生、让天下所有生命成佛的伟大发心。这种发心，是全世界无与伦比的思想。只要有了这样的发心，哪怕再难，也总有一天可以实现。

当然，要实现这一远大理想，绝非一朝一夕之功。但世上无难事，只怕有心人。只要有了这个心，就能马到成功。

第六，人生十项所知

十项所知，即佛教徒必须要了解和知道的十个问题。

一、外在的现象是迷乱，应当了知它无有真实性

这个观念，决定了我们对待世界、面对物质的态度。

在西方几千年的历史中，唯心主义与唯物主义，都分别对物质与宇宙有着不同的解读，固执己见、争论不休。但佛陀却认为，世界既有物质的成分，也有精神的成分。外面的世界既不是唯物，也不是唯心，而是一种幻觉。并劝告他们说：别吵啦，没有什么好吵的，都是一种错觉而已，根本就不存在什么唯心、唯物。

也许刚刚进入佛门的人很难理解：外面的一切如此真实，怎么可能是幻觉呢？佛教会不会把我们带到另一个玄乎其玄的世界，让我们离开正常人的生活，去过一种不食人间烟火的生活呢？

不，这样的担忧大可不必。佛教不会让我们离开现有的生活，只是让我们改变对世界的态度，即要知道，我们今天所生活的世界，是一个庞大的虚幻世界。

很多人因为不了解佛法，更没有深入学习佛法，所以对佛教有很多误解。

一听说佛教讲无我、空性，就理解为一无所有，认为佛教否定现实生活中自我的存在，否定世界的存在。其实，佛陀从不会否定感官世界中自我假象的存在。

有很多人一听禅宗里讲放下，就误认为什么都不能执著，都要放下，包括家庭、物质、烧香、拜佛、念经、磕头都要放下。还有一些人又走入另一个极端，什么都不愿意放下，只知道以功利的心态去烧香、拜佛，祈求佛的保佑。这两种极端的观念，都是不对的。

虽然最后成佛的时候，要放下一切，我们现阶段不可或缺的一切，都会被更好的东西所替代。但这只是将来的事情，目前我们需要放下的，是杀盗淫妄等罪业，是对其他众生有害的行为，却不能放下闻思修，不能放下对解脱的追求。

对字面词句的误解，往往会导致一系列的问题。有些人一看到“欲望是发展的动力”这句话，就认为不能控制欲望，一定要让欲望引领世界。但目前的事实是，很多人已经被欲望的绳索缠裹得气喘吁吁甚至奄奄一息，缺乏智慧的欲望无限膨胀，已经让人类南辕北辙，奔往另一个方向。

佛教徒并不是穷人的代名词，更不一定要过艰苦的日子。闻思修、戒定慧、智慧和慈悲，才是衡量佛教徒的标准。

在没有开悟的时候，世界非常真实。此时的我们不可能放下欲望，但一定要尊重因果，该有的欲望要有，不该有的欲望绝不能有。如果不尊重因果规律，一定会感受痛苦。

但从更高的层次来讲，就像六祖惠能大师讲的“本来无一物”，世上的任何东西都从来不存在。就像梦中赚了一百万，又输了一百万，赚钱的时候欢喜若狂，输钱的时候痛苦万状，但这大喜大悲的一切，都从来不存在，一切都是幻觉。

不要过度执著世间的一切，要知道世界是虚幻的。因为我们的感官出了问题，所以才会认为它是真实的。

二、内在心性是无我，应当了知它是空性

所谓的精神，包括我们的眼耳鼻舌身感知到光、声波等的感受，以及我们的第六意识所做出的判断、思维，以及最深层次的意识。

比如，在深度昏迷的时候，虽然眼耳鼻舌身意层面的精神都不存在了，但有一个最基本的深度精神，却不会离开我们的身体，所以这时候身体不叫尸体。当我们死亡的时候，连最深层次的精神也走了，这时候我们的身体就被称为尸体。生死，就是以精神是否存在来区别的。

佛陀告诉我们，精神也是虚幻的、无我的，尽管在不思考、不观察的时候，有一个自我的感觉。我们从小到大，也已经默认了自我的存在。但如果去观察，却找不到所谓的“我”。

虽然我们会说，“我的头”“我的手”“我的腿”“我的心脏”“我的肺”“我的大脑”“我的精神”……但这些都只是“我”所拥有的，“我”自己究竟是什么呢？

尽管有些时候，我们头痛的时候会说“我痛”，心脏痛和手痛的时候，也会说“我很痛”，但这只是把头、心脏、手当作了“我”而已。

这样一观察，会发现“我”的存在有漏洞。但自古以来，我们却习惯于

这种约定俗成，任何人都不会去想“我”是否存在这个问题。

佛陀却告诉我们，如果不想出离轮回，不想挣脱六道的藩篱，就不要观察，当做有一个“我”的存在，然后尽量断恶行善。你现在所拥有的一切，是你自己过去福德的果报，你有权利享受这一切，只是不要忘记继续创造这样的美好幸福。这在佛教里面，叫做人天乘。

有些人说，我不想成佛，不想往生西方极乐世界，不想成为阿罗汉，不想离开轮回，只想生生世世都过上幸福的日子。这种人，就可以修学人天乘。

如果不满足于现状，一定要知道“我”为什么要生老病死，“我”为什么生生世世都在轮回中流转等，就可以设法突破陈旧的固有观念，找到最终极究竟的答案——空性，并为之奋斗不懈。

三、中间的分别念依缘而生，应当了知它是骤然性

无论好的念头，不好的念头，都是从因缘而产生。凡是有因有缘而产生的，都是短暂且变化无常的。

我们不要以为：自己今天找到了一个对世界、对自我最准确的价值观与定义，这就是人类对世界的顶尖认知，它就永远都不会被淘汰。

其实，今天自以为是的心念，总有一天会遭到自己的否定。人类就是这样不断建立，又不断打破。当有一天我们脱离了感官的窠臼，用另一种方法去感知世界的时候，我们的所有价值观都将退出历史的舞台。

比如，当人类还没有显微镜的时候，我们会认为，砖头、楼房、石头等物体是静止的。当人类拥有显微镜以后，就会知道过去的判断是错误自落伍的。

在修行的过程中，随着心灵的提升，我们的感官也会不断进步。佛教虽不追求神通，但禅定好的修行人，却能改变眼睛的结构，能看到平常人看不到的东西，这叫做天眼。

我们今天的很多观念，都是愚昧无知的。佛教讲这些的目的，不仅仅是让我们学会一种知识，而是让我们通过这些知识与方法，来减少乃至最终消灭我们的烦恼与痛苦。

佛教认为，精神上的痛苦，来自于自己的愚昧；从长远的角度来讲，肉体之苦的源头也是愚昧。因为我们把所有东西都看得非常真实，所以会紧抓不放，深执不渝。其后果就是，越是让我们执著的事物或人，越会给我们带来痛苦。

这些痛苦，不是来源于事物或人本身，而是来源于我们的心态。佛教讲“境随心转”，最简单的解释就是，当我们心情很好的时候，会看到每一个人都很可爱，每一个地方都很美好。哪怕是陌生人，也可以莫名其妙地给自己带来快乐的感受。这时候就算发生一些违缘，也不会给自己带来创伤。反之，当我们不开心的时候，则即使自己最爱的亲朋好友也不能给我们带来幸福快乐，每一个人都很可恶、很可憎，都让自己心生不快。哪怕别人没有说自己，也会认为别人在说自己的坏话。别人无心的一句话或一个动作，都认为是在讽刺和侮辱自己。多疑、猜忌、怨恨、不满，这都与自己的心态有关。

当我们深深体会到幸福不在外面，就在自己的内心，并掌握了寻找幸福的方式以后，无论贫富贵贱，无论顺逆盛衰，都不会动摇内心的轻松自在、自由逍遥。有了这种内在的自由以后，随时随地都能开开心心、快快乐乐。这，才是真正永久的幸福。

佛陀的人生哲理，可以运用于我们的生活、工作等任何地方，这就是佛法融入生活。其前提，就是长期的打坐修行，训练我们现在这颗不自在的心。

如果内心不自在，则哪怕是拥有几百亿、几千亿身价的全球首富，也是怨气重重、焦虑不安。即使在走到生命尽头，咽下最后一口气的时候，也是怀着对世界的强烈不满与抱怨，甚至是在刻骨的仇恨中告别这个世界的。

佛教经常提醒我们，学佛、信佛，有机会追求永久幸福与内在自由的生命来之不易，我们不能当一个享乐主义者，不能沉迷在眼前一点点的幸福当中。如果不懂得珍惜和感恩，傲慢心就会无限膨胀，贡高我慢、自以为是，继而开始侮辱、诽谤其他人，这是让福报疾速下降的不智之举。一方面不去创造新的幸福因素，同时又迅速地消耗着过去的幸福因素，等待我们的，必然是一片黑暗。

四、大种的身语是有为法，应当了知它是无常性

什么叫做有为法？即因缘和合而产生的东西。

我们的身体、语言，以及我们所拥有的财产、名誉、地位等所有的一切，都是有为法，都是变化无常的。比如，我们今天之所以开心，是因为开心的因缘都具备了。如果明天这些开心的因缘中的大部分或某个比较关键的因缘不具备，我们明天就不会开心。

不要以为自己永远都会有名声、有财富。这些都是因缘产生的，任何人都无法掌控因缘的发展趋势。在每一天的报纸、电视等新闻中，我们都会看到各种巨大的变化和无常。既然无法抗拒，就要学会接受。

很多人不愿意接受自己的衰老，每年会花费十多万乃至几十万元钱去打针、拉皮、除皱、染发……这都是在跟自然规律作对。但在自然规律面前，人的能力非常渺小，哪怕竭尽全力，也难以与之抗衡。

无论家庭破碎，还是生意失败，都要顺其自然，要学会提得起、放得下，要接受现实和主观之间的矛盾。这些道理不仅要知道，还要反复训练。

四加行的第二个修法，就是死亡无常。大小乘的基础修法是四念处。四念处其中之一，也是无常。

佛陀讲过：所有的脚印中，大象的脚印最殊胜；所有的观念当中，无常的观念最殊胜。

有一种大象走路非常小心翼翼，绝不会走到悬崖、险滩或其他危险的地方。如果循着这种大象的足迹走，一定非常安全。同样，如果对无常有所准备，一旦无常来临，就不会过于痛苦。

无常随时都会来袭击我们，生命结束的时候，钱财、名声都无法陪伴我们，唯有精神层面的贪嗔痴、出离心、菩提心、证悟空性的智慧才会与我们同在。

五、众生的所有苦乐是由业所生，应当了知业果无欺

对我们普通人来说，认知善恶因果特别重要。很多人本来很善良，却因为不明事理，不知取舍，因而造罪无数。很多人因为命运造化，受到家庭、教育、社会的影响，大部分慢慢失去了天生的良知，走向了邪恶的深渊。而另一些人却变得人格越来越完善，心地越来越善良，最终变成一个大菩萨或一个好修行人。这一切的变化，都源于自己的福报因缘。

我们要知道，因果规律不是人为的，只是大自然变化的一部分。世界的一切，都不是什么万能神创造的，而是万物自身的因缘产生的。

尊重因果，是尊重大自然的规律，而并不是尊重释迦牟尼佛。我们最大的毛病，就是会找各种各样的理由去否定自己不知道的东西，这都是因为我们的愚昧，佛教称之为无明。因为无明，而导致了各种烦恼与痛苦。所以，即便我们不学佛，不相信佛陀，也应该相信因果。

如果这些最基本的要求都不重视，又何谈顿悟、证悟大圆满、即身成佛？凡夫都好高骛远，但如果失去了立足之本，一切的目标都只是空谈。

当然，既然身为凡夫，必然会有各种各样的缺陷与不如法。就像按照达尔文的生物进化论，在猿猴慢慢进化为人的过程中，有一个阶段既不是人，也不完全是猴子。（不过，如今达尔文的进化论也开始遭到了质疑。）我们现在也是这样，既不是佛菩萨，也不是根本没有学佛的人，而是介于二者之间的修行人。我们有好的一面，也有不好的一面，这是很正常的情况，但起码要断除杀盗淫妄方面的严重罪业，特别是杀害其他生命的罪业。

如果彻底无视因果，肆意杀戮动物，最后人类必将丧心病狂到以对待动物的方式，来对待人类自己，并冠之以各种冠冕堂皇的借口。

在大自然的规律面前，所有的生命都是平等的。我们应该对自然规律心生敬畏。有毒食品、腐败贪污、世风日下等现代社会的很多问题，都是因为对自然缺乏敬畏而造成的。

如果懂得因果，却又经不起诱惑，就需要修四个外加行当中的人身难得、死亡无常、因果不虚和轮回是苦。

若能在因果取舍上慎重一点，就不会做贼心虚，就不会心怀歉疚，就可以坦坦荡荡、光明正大地过日子。即使遇到一些不公正待遇，也会从因果上找原因，而不会责怪、抱怨或仇视他人。这不是阿Q式的自我安慰，而是生起智慧后的明智之举。

六、痛苦是出离的因，应当了知它是善知识

生活过得一帆风顺的人，很难产生出离心，容易把生活过于理想化，天天都自鸣得意地说："明天会更好，我将来一定会成功，我的前途永远都是光明的。"其实，再过若干年以后，我们不愿意看到的很多场景都会出现，白发苍苍、牙齿脱落、满脸皱纹，甚至生活都无法自理……这个是光明吗？再往后走，人都不存在了，当然更不是光明。

虽然乐观是一种力量，但如果乐观过度，到了自欺欺人、掩耳盗铃的程度，不作任何思想准备，没有丝毫危机感，负面的作用就会日益凸显。当遭遇自然灾害、亲人离世或倒闭破产等重大变故的时候，就会一蹶不振、绝望至极，甚至失去继续生活的勇气。这时候才能深深体会到，未来的前途并不是光明，人生、轮回并不幸福，世界并不完美。之前的一帆风顺，只是因为运气使然，总有一天，人生会走下坡路，接踵而至的麻烦正在前面等着我们。有些人因此而彻底对红尘失去了信心，选择了出家或修行的路。

正因为如此，所以很多人对佛教产生了一种印象，认为出家是在社会上实在混不下去了，走投无路之际的选择。其实二者之间并没有必然联系。当然，如果在人生的低谷选择了出家的路，并一直坚持下去，那对当事人来说，

此时的失败和打击就成了好老师，胜过了平时天天的说教。

很多人深有体会，平时上师说成千上万次，不如一次打击刻骨铭心。亲历无常和痛苦，反而成了进步的阶梯，成了生命旅途中的重要里程碑与转折点。痛苦给我们的教育，远远超过了一生在学校当中所受的教育。

如果想拒绝痛苦，就要去拒绝它的因，而不要去拒绝它本身。实际上，当我们勇敢地面对痛苦的时候，它已经不再是痛苦了。如果能勇敢地面对痛苦，会有两个好处：首先可以降低痛苦的程度；其次可以在痛苦中学会认识轮回的真相，并让自己变得更加坚强。

虽然佛教说轮回痛苦，但这种观念一点也不消极，因为我们有办法解决这个问题。解决的前提，是要了知痛苦，就像医生首先告诉我们，你有病，必须接受治疗。我们也要承认自己有病，并积极配合医生完成下一步的治疗，我们的病才能治愈。积极治病、恢复健康，不但不是消极的人生态度，而且应该是积极乐观向上的。如果病人讳疾忌医，不积极配合，等到病入膏肓，无药可救，那才是真的消极悲观。佛教首先让我们了解痛苦的现状，然后教给我们正确的解决方法，让我们突破、超越痛苦，哪怕是普通人，都完全有机会成为像释迦牟尼佛那样伟大的人，这难道不是一种非常积极、乐观的人生态度吗？

但仅仅从理论上知道还不够，还需要长期的修行。其训练方法，就是四加行中的轮回痛苦与四念处的修法。具体的修法，在《大圆满前行引导文·普贤上师言教》与《慧灯之光》里讲得很清楚，希望大家能静下来仔细思考这些问题。我们要抓紧时间修行，不能一拖再拖，变成拖延症患者，最后一无所成。

生命不仅仅是今生的几十年，而是找不到开始，也看不见结束的漫漫长途。生命的力量，已经超过了宇宙间的万事万物。哪怕到了耄耋之年，我们也不能放弃希望与追求。生而为人，有思考的能力，是千载难逢的机会。如果白白蹉跎，等到来世换了一个身体以后，就不一定有这样的思考能力了。我们务必抓住这次机会，扭转生命的方向，结束自己的痛苦，同时还要转变别人的人生方向，让更多的人学佛、修行、成佛，是我们来此世间的伟大使命。

七、快乐是轮回的根源，应当了知贪恋它是魔

幸福也可以变成魔障，如何理解这句话呢？幸福是所有生命共同追求的目标，难道佛教徒一定要远离幸福、远离快乐吗？

不是这样。前面介绍过，幸福、痛苦、金钱等既不是善也不是恶，善恶的界定，取决于心态。普通人容易沉迷在当前的短暂幸福中，消耗着过去的福报，不懂得进一步去创造幸福的因素，更不懂得超越幸福，去追求更高的境界——无漏之大乐。

所谓无漏之大乐，密宗经常用“大乐”这个词，来形容佛菩萨境界中的超级快乐。在佛的境界中，没有痛苦和幸福的分别与感受，因为它已经超越了感官所能感受到的快乐，人类的语言无法直接表达，所以在“乐”的前面加了一个“大”字来描述。其实这也是不准确的，因为“大”和“小”都是我们的分别念，而佛菩萨的快乐，已经超越了感知的范畴，人类的语言已经无法表述。

所有人类的语言，都只是为了方便沟通而创造的工具而已。

魔障有广义和狭义之分：凡是对解脱有障碍的东西，无论是物质还是精神，都属于广义的魔障，这种魔障不一定是生命，也不一定是鬼。狭义的魔障，则专指我们平时讲的妖魔鬼怪，这种魔鬼，就是一种生命。

幸福是魔障，是指当我们面对幸福或快乐的时候，忘乎所以，变成极端享乐主义者，只追求物质享受，放弃了其他的理想和目标，此时的幸福，就变成魔障了。

但具有讽刺意味的是，许多极端享乐主义者，最后会对物质失去信心，变得失望和绝望。因为他们之前高估了物质的价值，当他们真正拥有的时候，才发现物质并没有给他们带来想象中的满足感。灰心丧气之余，有些人只有靠吸毒等方式来刺激、麻痹自己，有些人最后变成了精神病人。所以，不重视意识的提升，是非常可怕的。

快乐本身并不是魔障，是我们面对快乐的方式出了问题，快乐才变成了魔障。若能将幸福和修行二者圆融，一边享受人类的幸福，一边修持慈悲心和智慧，此时的幸福，就不但不是魔障，反而是修行的顺缘。

当然，要让幸福和修行二者不矛盾，且能相辅相成，需要比较好的修行境界。普通人往往会偏于物质的一端，故而将幸福变成了魔障。

佛教的一切修行，都是为了调伏自己的心，而不是为了追求形式。比如，释迦牟尼佛住世的时候，本来不允许比丘的房间用香。但有一位比丘打坐的时候如果没有香味，他的心就静不下来，所以佛陀就特意开许他用香。很多出家人对此十分不解，佛陀解释说，他前世是天人，非常喜欢洁净与物质享受，只有在舒适的环境里，心才能静得下来，这是过去的习气使然。这个例子说明，佛教的一切规矩，都是为提升心灵而设计的方案，只要对提升心灵有帮助，外在表象都不是很重要。

人的欲望是无限的，而感官的接受能力却有一个尺度。如果超过了这个尺度，反而感觉不到幸福。听从无限膨胀的欲望驱使，去寻找更多的物质来刺激自己的感官，感官就会开始排斥。这时候，我们更需要的是安静。

为什么许多城市里面的人喜欢到乡下去，就是因为他们需要的不是刺激而是安静。佛陀的方法，就可以化解欲望与感官的矛盾。

八、散乱愦闹是修行正法的逆缘，应当了知福报是障碍

因为忙碌是修行的障碍，所以财富也是障碍。为什么这么讲呢？因为要拥有巨大的财富，必然会付出很多精力去赚钱，赚到钱以后，又害怕失去财富，又要用更多的时间去保护财富。

按照现在的价值观，所有的有钱人都是成功人士，无论人格再低下，钱的来路再如何不正，都可以忽略不计。

但佛陀告诉我们，物质财富的福报未必是好事，有些时候福报反而会变成障碍，让自己忙碌不堪。而忙碌，却正好是修行的障碍和天敌。

如果因过去的福报，而让我们轻轻松松地有了钱，这样的钱财不一定是修行的障碍。但假如为了钱要付出大量时间，或者因为有了钱，就肆意啖食生猛海鲜等无数生命，这样财富就成了造罪的因。

所以，调整好自己的心态，在基本需求解决以后，就不要为了虚荣而去攀比，以便空出更多的时间，来提升自己的心灵。

有些人会说，追求财富的过程是幸福的。其实不是这样，只是因为追求财富的过程中不会感到空虚无聊，所以被误认为是幸福。

佛教徒必须要有正确的价值观，要知道物质和心灵的提升哪个更重要，要保持清醒头脑。如果今生走错路，什么时候再有这样的机会就很难说了。

有些人在事业巅峰的时候，毅然决然地放下一切去学佛修行，多数朋友不会认同，觉得这个人精神有毛病。而佛教徒又认为，把所有的时间都用来赚钱，整个人变成一部赚钱的机器，没有任何其他追求，实在是太可惜了。佛教徒不是完全不需要赚钱，但在赚钱的同时，也要提升自己的心灵。如果企业家放下生意以后，员工们都无法维持生计，那他就不能选择放弃一切去修行，而应该选择赚钱，帮助员工及家人的生活。但如果员工完全有能力找到其他工作，家人的生活也不会受影响，企业家选择修行不但可以提升自己的心灵，还有希望让更多的人走上解脱之路，那即使企业赚钱方面有一定损失，还是不应该放弃修行。

出家人在受完比丘戒以后，他的老师会给他讲十一句忠告和窍诀。其中一个，就是生活不要走两个极端。如果因为福报而让你无须付出太多时间，就能拥有优越的生活，你不需要拒绝，而故意去过苦行僧的生活。你可以享用现有的财富，只是不要过度沉迷；同时，也不要刻意去过纸醉金迷的奢侈生活。

这不仅是对出家人的教言，也是对所有佛教徒的生活要求。佛陀对我们的要求，都是非常开放，非常人性化的。

其实只要把握好尺度和分寸，我们完全可以既赚钱又修行，完全不必放下一个，而选择另一个。

九、违缘是行善的鞭策，应当了知怨魔是上师

在修行的时候生病或心情不愉快，或者是在工作、生活当中遇到各种不顺利，都可以让我们发现轮回的丑陋真相，从而鼓励我们修行，鼓励我们走上解脱之路。仇人和魔障，都能够像上师一样让我们走向解脱。

当然，也不是所有人都会将痛苦化为动力，有些信心不稳定的人反而被彻底打垮，崩溃、绝望，最终走上极端的路。

任何事情都有正面和负面的作用，当我们遇到障碍的时候，应该往好的一面去思考，让障碍变成课堂或老师，给我们带来积极向上的力量。

现代人拥有的物质享受远远超过了祖先，但却比祖先多了更多的压力、焦虑和不安，我们非常需要精神上的补给与扶持，需要更多的正能量。在精神世界的领域中，佛陀给人类贡献了取之不尽的礼物，我们有义务和责任，把这些礼物传递到全人类的手里。即使有些人不愿意信佛，而选择相信其他宗教，相信唯物论都没问题，我们要传递的不仅仅是信仰，而是佛陀的人生哲理，以帮助所有人走出人生的困境。

消除内心的痛苦，是人的本能，只要方法得当，无论任何信仰，都可以借鉴。我们不是企图让全世界所有人都信佛、学佛，这是不可能的。但让他们学到一些方法以后，或许对解决人生的难题有一定的帮助。

《贤愚经》中说过，佛法就像水，可以利益万物。万物都需要水，无论是人、动物还是植物。同样，佛法也可以利益所有的生命，无论高低贵贱、无论贫富强弱，佛法不是贵族的特权，也不是穷人的专利，它是全人类乃至所有生命共同的财富。当家人、同事、同学等身边的人遇到问题时，我们应该将佛

教的方法告诉他们，帮助他们一起去解决生活中的问题，让他们尝到幸福的滋味。不但是自己的亲朋好友，全世界所有的生命，都是我们修菩提心的对象。懂得佛教教义的人，更懂得关爱所有生命。无论是天上的鸟，还是河里的鱼，都能感受到佛法的利益。

无论环保、慈善还是弘扬佛法，都要从我做起。弘扬佛法不是出家人的专利，而是所有佛教徒共同的使命。弘扬佛法的前提，是提升自己的修行境界。

十、胜义中万法无有自性，应当了知一切都具平等性

最后证悟的时候，才知道什么叫作真正的平等。在证悟之前，我们无法感受到平等性，但没有关系，先秉持世俗生活中人与人之间、生命与生命之间、种族与种族之间的平等，最后在证悟了胜义谛佛的境界之后，万事万物都同样地成为空性和光明，除了空性和光明以外，没有别的事物，所以都是大平等。

第七，实修之十法

一、进入佛门后不要再步入世法群体，而要如法实修

学佛、皈依、发心之初，我们不可能一下子放下所有的世俗观念，但要尽量通过闻、思、修、行往解脱的路上走，不要再回头进入轮回。

放下世俗，也不能一蹴而就，但可以先放下一部分，比如放下虚荣心。现代人之所以活得辛苦，不是因为物质的缺乏，就是因为虚荣心。仅仅满足肉体的需求并不难，因为肉体对物质的需求很有限，不会无限膨胀。但精神对物质的需求，却是永远填不满的无底洞。为了满足虚荣心，我们不择手段、不计代价，愚蠢地付出了一切，最终却一无所有。

虽然在某些特殊场合，或为了完成某件事情，可能需要一点点虚荣。但很多大可不必的虚荣、攀比和炫耀，会让我们穿上永不停歇的红舞鞋，既会耗费我们毕生的精力，还会给我们带来无穷的痛苦。适当地放下虚荣心，是通往幸福前程的必经之路。虚荣心降低一点，我们就可以轻松一点，多腾出一些时间来修行、学习或做一些有意义的事情。

很多人会说，道理我都知道，但我做不到啊！

是呀，就是做不到。为什么做不到？因为没有修行。虚荣心在我们心里，

已经盘踞了多生累劫，要放下当然并非一朝一夕之功，但也不是完全没有办法，修外加行，就可以放下虚荣心。当我们深深体会到人身的宝贵、生命的价值、死亡的无常以后，就再也不愿意为了虚荣心而付出太多时间。修了轮回痛苦与因果不虚以后，就能知道自己最迫切的需求是什么，这样一来，就可以与虚荣心一刀两断。

二、远离故土后不要再于他乡安家，而要无贪实修

远离家乡，到寂静地去修行的人，不要以在新的地方安家、囤积物质等来满足虚荣。

既然已经放弃工作与家庭，远离家乡，前往寺院等寂静地去实修，就要全力以赴地闻思修，不要把时间浪费在追求享乐的事情上，否则一开始就不必离开城市。

三、依止殊胜上师后要断除我慢，依教实修

依止善知识以后，首先要放下傲慢心，然后按照上师的教言一步步地学修。依止上师的目的就是为了正确地学习和修行。

傲慢的山顶，留不住功德的清泉。傲慢心是发菩提心与证悟的最大阻碍。作为佛陀的后学者，我们应放下世间的身份、地位，放下傲慢心。不能因为自己是领导、是高知，就放不下面子，不愿磕头，不想念咒，认为只有没文化的人才会念阿弥陀佛，这样永远无法证悟空性。

在佛教团体中，我们无需知道别人的身份地位，这样也可以防止傲慢心

的生起。无论是妇孺皆知的巨星、重权在握的高官、学富五车的学者，还是富可敌国的大亨，如果真正想解脱，首先要忘掉自己的世间辉煌，低调内敛地进入课堂，谦虚谨慎地从头学起。在消灭贪嗔痴、生起无上智的道路上，世俗的荣誉一文不值。

历代上师们在培养弟子的时候，会通过各种方式去打磨有培养价值，将来堪负弘法利生重任的弟子。表面上看起来很残忍，实际上是为了打破他们的傲慢心，让他们堪为法器，增上修行的功德。但对一般的弟子，就会用大众化的方式，让大家好好学习，能解决自己的问题就可以了。

四、潜心闻思后不要空口虚谈，而要解义实修

超越闻思阶段以后，应立即去修行。

闻思固然非常重要，却不能从根本上解决问题。我们不能把一辈子的精力，都投入到闻思当中。现在有些佛教徒在学五部大论，这本来非常好，但每个人的时间都非常有限，如果不实修，就永远都是纸上谈兵，只懂得道理，行为上却力不从心。夸夸其谈，却从不付诸实践，就是我们经常讲的“法油子”。

学佛的目的，是为了解决烦恼和压力。如果学了很长时间，却没有解决压力、痛苦或焦虑，很多人就会对佛法丧失兴趣，并从学佛的队伍中退失。

闻思需要多长时间呢？就像做饭和吃饭，做完一顿的分量，吃完以后再去做。如果一下子做了很多饭菜，吃不完就会变质、浪费，最好现吃现做。修行也是一样，最好现学现修。修人身难得的时候，当所有的思维方法都了然于心以后，此阶段的闻思就已经到位了。等到修寿命无常的时候，再继续

闻思，之后继续修行。就这样一步步交替学修，才是最好的修行方式。

五、相续中显现证悟后不要放任自流，而要无散乱实修

初步开悟以后，必须认真修行。

在没有开悟的时候，大家都很期待开悟，然而，当我们对空性、光明、明心见性稍稍有一点体悟的时候，反而开始懈怠。

很多人对证悟的理解不是很准确，以为证悟就是成佛，可以万事大吉。其实，除了极少数根机上乘的人会在特殊情况下一证悟就直接成佛或证悟菩萨一地以外，普通人初步的证悟不但不是成佛，连菩萨一地都没有证得，只能算是加行道。从禅定的角度来讲，还不一定能达到加行道的水平。

初步证悟不是很难，但这种证悟还不稳定，证悟以后还任重而道远，还有很长的路要走，需要更加努力地用功，否则证悟的境界有可能完全退失。尤其是没有修加行的人，由于基础不扎实，根基不牢固，即使偶尔少数人修寂止或正行开悟了，也可能功亏一篑。

很多处于加行阶段的修行人就是这样，虽然在出离心、菩提心方面有一些体会和进步，但因为还没有证悟，不知道空性是什么，所以许多烦恼无法解决。在面对破产、离婚、失恋等意外的时候，仅仅依靠出离心和世俗菩提心，效果不会太明显。

即使在刚刚证悟的时候，修行的力量仍然比较薄弱。此时面对生活当中的巨大痛苦，还是有一定的难度。随着证悟境界的逐步提升，就可以在生起一个痛苦念头的时候，立即在第二刹那间把它化解。此时痛苦已经无法在自

己心里立足，我们已经可以轻松自如地解决各种问题，不再像以前一样脆弱不堪，开始变得坚强自在，不由得法喜充满。

如果再乘胜追击，进一步加强修行的力度，修行的力量也会越来越强。此时就可以把自己体悟空性的方法告诉其他人，让其他人也通过这种方法去证悟。因为感觉到有了把握，已经稳操胜券，所以怡然自得。

此时虽然不是菩萨一地，但因为发现自己有了前所未有的力量，已经接近于菩萨一地，所以会更加精进地修行。修到菩萨一地的时候，叫做极喜地——发现自己已经证悟了空性，从此再也不会因为杀盗淫妄之业与贪嗔痴烦恼而流转轮回，达到了饶益自己的目的，所以喜不可言，这是自利的角度。同时，因为发现自己真正有了度化众生的力量，就可以将这种方法告诉大家，让其他人也依此而脱离轮回痛苦。此时，度化众生不再是虚无的口号与心愿，所以更是欢天喜地，这是利他的角度。

问题出在开悟之初，此时的证悟还非常模糊，还不能得心应手地化解痛苦，如果不持续修行，就会一直停留在这个阶段。所以，证悟以后要继续打坐，祈祷上师三宝，积累更多资粮，阅读大圆满的书籍，精进地修持上师瑜伽，这样证悟境界会从模糊到清晰，直至手到擒来。

人类大多数的痛苦，来自于精神。解决精神痛苦的最好方法，就是证悟的智慧。修各种禅定，只能暂时减少一点痛苦，却治标不治本，不能解决根本性的问题。如果要根治痛苦，唯有智慧。

没有智慧的禅定，就像动物的冬眠或发呆，不能解决生死问题，我们不要追求这些感受。即使有一些特殊的喜悦感受，也只是感受而已。这个感受叫做禅悦，外道修行人就喜欢追求这种感受。但这只是五蕴当中受蕴的一部分，不能让我们照见心的本性，所以没有用。佛教徒修禅定，不是为了这种感受，而是要断除所有的烦恼，最后解脱成佛。

有人会问：既然痛苦无法击退我们，不能给我们造成伤害，那证悟之后的我们是不是变成像石头、木头一样全然死寂呢？答案是我们不但不会变成麻木不仁的石头、木头，精神的灵敏度甚至会比过去强几十倍。之前，我们对轮回痛苦的认识，对众生的同情心、悲悯心都微不足道，证悟以后，我们对众生的慈悲心会比证悟之前强烈成千上万倍。

六、相续中生起修行境界后不要趋入喧嚣的红尘，而要坚持实修

当开始对出离心、菩提心稍稍有一点体会，或是对空性有一点点模糊的体悟之后，就要尽量回避世俗琐事，甚至包括念咒、绕塔、当义工等善法类的琐事，把所有的力量都用到修行上。哪怕是闻思，也可以适当地放弃一部分。当然，此处并不是说要永久地放弃闻思，连三地菩萨为了听一句佛法，都宁可放弃自己的生命，更何况才疏学浅的我们？此时只是暂时放下，不要学太多，全力以赴地修法，让体悟快速成长。

当修行方面没有任何体悟，只是停留在理论上的认知时，不要失望，要有耐心。

做任何事情，包括工作、生意都是一样，不可能当即见效。赚钱、播种，都需要一个等待的过程，当机缘成熟的时候，才可以享受果实。

修行更是如此，需要有高瞻远瞩的胸怀与眼光，不能鼠目寸光。世俗人

最大的毛病，就是缺乏远见，只盯着眼前的蝇头小利，对长远的目标兴味索然。

修了很长时间都没有感觉以后，就不知所措、灰心丧气，有些人就认为，一定是自己业障太深重，与这个法没有因缘，继而断然退失。退失以后，就一辈子都没有勇气再去修行，直至临终，都只能抱憾而去。

现在很多学佛的人也是急功近利，只要拿了一点钱到寺院去念经，或刚刚做了一件善事，就想立竿见影地看到效果，否则就会大失所望，认为因果不存在，这是凡夫最大的毛病——功利主义。

功利主义会让我们不愿意修前行等基础修法，妄想直接就修大圆满、修禅宗。其结果可想而知，要不就是迟迟不会开悟，即使开悟了，境界也会稍纵即逝。这反而让他们对禅宗的明心见性，对大圆满等修法产生怀疑。

所以，修行要有耐心与恒常心，否则将一无所成。只要方法没有错，早晚会有回报。时间的长短，取决于修行的力度。

对追求解脱的修行人来说，此处说的几个问题都相当重要，我们一定要引起重视。

七、承诺立誓后三门不要放逸无度，而要实修三学

受居士戒、菩萨戒、密乘戒等，是一种承诺；发愿闻思修行，念多少遍经或咒等，也是一种承诺；如果做不到，就不要轻易承诺。一旦承诺了，就要言出必行。

现在很多人因为承诺太多，变得压力重重，兑现承诺的时候，已经没有积极喜悦的心态，而变得勉强和被动，这样已经没有多大的功德和意义了。

无论做任何善事，只有在法喜充满的情况下欢欣鼓舞地做，才能叫做精进。勉为其难地行善，都不敢判断究竟是不是善，因为内心已经播下一个厌恶行善的种子，其影响可能是很长时间无法遇到佛法，所以其后果相当严重。

区分善与恶的标准，不是外在的行为，而是内在的发心。如果闻法的时候，因为讲课时间比较长，心里或身体受不了，一直希望讲课快点结束，心里十分厌烦和抗拒，这是非常不好的心态，会造作不善的罪业。如果发现自己有了这种心态，应该立刻离开现场。虽然闻思半途而废有点遗憾，但也没有厌倦、反感闻思所造的罪业严重。

八、发殊胜菩提心后不要自私自利，所作所为要实践利他

发了菩提心以后，我们的所作所为，都必须为众生着想。真正的菩提心生起以后，不需要提醒，我们一定会主动、积极、自然而然地利益众生。但如果是勉强发的菩提心，可能在自己的利益与他人的利益有所冲突的时候，我们还是会站在自己的立场去应对。还有一个毛病，是从不责怪自己，喜欢责怪别人，总是推卸责任。一旦发现同门师兄有一点点自私自利的行为，就四处宣扬别人的错误，从不揭露自己的短处。

我们都是走在菩提道上的同伴，都有自己的不足，虽然精神上愿意接受众生的痛苦，但落实到实际行动中，就有一定的难度，因为我们的修行力度还不够，还需要一段时间的培养。我们应该学会换位思考，不能对别人求全责备，对自己宽容开放。

当然，这并不是说，从发菩提心的第一天开始，就一定要把菩提心落实

到所有的生活、工作等实际行动当中，这有一定的难度。但至少要往这个方向努力。譬如，放生做功德的时候，除了想到自己和家人，同时也要想到天下所有的众生，这样回向也有一定的功德。经过精神上的长期训练，就能逐步落实到生活当中。如果坚持不懈地努力，所有人都有机会在今生成为菩萨。

九、入密宗门后三门不要处于平庸状态，而要实修三坛城

学习密法以后，要把自己的身口意与佛的身语意坛城融为一体专修行。

密法认为，我们今天看到的这个世界本来不是这样的，只是因为我们的阿赖耶识上面有着罄竹难书的罪业或业障，所以深度地污染了我们的视觉、听觉等五种感官，才让我们看不到世界的真实面貌，而只能看到一种幻觉。

世界的真正面貌，在显宗《维摩诘所说经》的《佛国品》中讲得很清楚。其实，显宗讲到八地菩萨境界的时候，已经与密宗的见解完全一致了。只是普通显宗认为，是在修到八地的时候，世界才变成了清净的世界，而不是本来清净的。但《维摩诘所说经》这样的显宗经典，却与普通显宗的观点有所区别，认为并不是通过修行把世界转化为清净，而是它本来就是清净的，只是因为众生的业力而不能看见。当业障清净以后，就能看到世界的真相，所以，八地以上叫作清净地。这个观点，就与密宗无二无别了。在达到甚深高妙的境界以后，佛的八万四千法门已经融为一体，无二无别。我们不要以为显密是水火不容的，持此观点的人，一定是既不了解密法，也不了解显宗。

密法不需要等到八地以后，只要灌了顶，修完前行以后，就会让我们去修生起次第，即把世界观想为像极乐世界一样清净的世界，把自己观想为像

阿弥陀佛或金刚萨埵一样的佛。念本尊咒语或观想咒轮的目的，也是把我们的语言转换为佛的清净语言。实际上我们就是佛，现在让我们这样观想，不但与实情不矛盾，而且更符合本来面目，能快速摧毁不清净的执著，现见本来真相。当我们证悟空性的时候会发现，贪、嗔、痴、慢、疑五种根本烦恼的本质，是佛的五种智慧。修生起次第的目的，是让我们快速成就八地菩萨的智慧，快速拥有八地菩萨的见解。

现实生活是无明的幻觉，在无明的幻觉中，我们当然不是佛，而是众生。通过学佛突破了幻觉以后的境界，就是究竟的真实面目，这叫做胜义谛。在这个境界中，我们不是众生而是佛。

在我们心里，佛永远都是伟大圣洁的，众生永远都是龌龊肮脏的；西方极乐世界永远都是清净庄严的，娑婆世界永远都是乌七八糟的。密宗里的五肉、五甘露等，是印度最肮脏的东西。为什么学密的人要去接受呢？就是为了以强制性的方式，让我们放下清净与不清净的执著。用现代的语言来讲，这叫做“魔鬼式的训练”。

但像我们这种刚刚灌了顶，连密法基本常识都一窍不通的人，就不但不能接受五肉、五甘露，而且应严格禁止，我们只需知道它们的本质是清净的就可以了。就像素食者只需将苍蝇腿般大小的肉放在自己嘴里，以表示接受荟供里的肉一样，这只是一种接受一切都是佛的坛城、一切都是清净的表态，但不需要真正接受，因为我们现在还没有接受的能力。

作为修行人，即使是在可以接受五肉、五甘露以后，平时还是要坚持吃素，这是密法最赞叹的行为。我们不要以为密乘行者可以随意吃肉、喝酒，现在有些人就是借这些由头故意攻击密法，这可以理解。就像很多小乘行人攻击大乘佛教，认为唯有小乘佛教才是佛法，没有超越小乘的佛法，小乘之外也没有佛法，这都是因为见解层次不一样造成的。一旦发现号称比它高级的佛法横空出世，就会群起而攻之，这种心态是屡见不鲜的。同样，密法受到某些显宗行人的攻击，也是可以理解的。

当然，也有一些人是因为某些不可告人的目的，而故意找茬，吹毛求疵地找出某些密乘修行人的错误来大肆攻击密法。如果发心不良，不但自己会堕地狱，而且还会让更多的人产生邪见，从而让他们深堕地狱。

密法的要求非常客观，但有很多人不理解密法里的五肉、五甘露、双修等，还有一些人把密法的双身佛像与世俗生活中的色情混在一起，这是更大的误解。

在初步开悟一段时间以后，心里一产生烦恼，立即可以化解。那时可以初步发现，众生的烦恼实际上是佛的智慧。正因为“众生本来是佛”的说法非常给力，再加上密宗的修法也很大胆猛厉，所以密法成就的速度比较迅捷。

当年玛尔巴大师调伏米拉日巴的方式看起来与修行一点关系都没有，但对米拉日巴来说，却是最有用的方法。六祖惠能大师目不识丁，五祖弘忍也没有教他太多的佛法，机缘成熟的时候，一句金刚经，就让他恍然大悟。

如果今生能够证悟，就解决了生生世世的问题。在此基础上再不断努力，就能彻底断除贪嗔痴，从而解脱成佛。

我们不要以为藏传佛教都是密宗，藏传佛教并不等同于密宗，它包罗万象、横跨显密。藏传佛教的经典大部分是显宗，我们过去学习的论典，也大部分属于显宗。

依照显宗的见解，成佛真的是遥不可及，至少需要三个无数大劫。但密法却非常清楚地告诉我们，成佛不需要这么麻烦。真正的上等根机，可以即身成佛；中等根机，中阴身成佛；即使中阴身没有成佛，则在十六世之内，也可以实现成佛的目标。只要清除了最关键的愚昧，成佛指日可待。

十、年轻时不要无意义地云游四海，而要在殊胜上师前苦行实修

青年时代，是人生的黄金时代。如果把年轻时的大好光阴都用来赚钱与玩耍，企图等到老了以后再修行，简直是大错特错。试想，心力不足、体力不支的老年人往往连生活自理都成问题，又如何能担当起闻思修行、度化众生的重任？所以，趁着年轻的时候，首先要依止一位好上师，然后认认真真、踏踏实实地闻思修，这才是佛教徒的本分。当然，如果是到处参学的云游僧，那另当别论。如果不是为了参学，只是为了朝山、拜佛，还是收敛节制一点为妙。

现在学佛的人越来越年轻化，这是好现象。早点学佛，具有正知正见，懂得遵循因果规律，就可以避免造很多罪业。若能努力用功，虔诚精进，则有可能很快证悟。

依止上师之前，一定要观察。藏传佛教有不计其数的卓越上师，尤其很多年纪比较大的老上师，虽然表面看似普通人，没有什么名气与财产，但其内心的境界，却高深莫测。

判定上师的好坏，不是以外表、名气来判断，更不是以财产和社会地位来判断，而是要看对方是否具备出离心、菩提心与证悟空性的智慧。最低的限度，是要有标准的世俗菩提心。在没有确定之前，不要随便依止，以免遗患无穷。

第八，精勤之十法

一、初学者应当精勤闻思

就像在上班工作之前，需要十几年的学习，学习且实习完毕以后，才能进入岗位一样，初学者像一张白纸，什么都茫然无知，只有一颗虔诚的心。此时需要认真去做的，是闻思——学习佛教的人生观、世界观、价值观与方法论，而不是修行。

一些佛教徒喜欢走极端的路，要么只闻思不实修，要么号称自己是实修者，极力排斥、抵触闻思。自以为是实修，其他一律否定。根本不懂修行方法，连佛教的基础常识都一问三不知，只是道听途说地抓来几个修法，甚至将迷信与佛法混为一谈，这样必然会在修行过程中衍生很多自己无法解决的疑问。把佛法看得越来越神秘，自己也变得茫然无措。

当然，如果能长年累月做到一心不乱地念佛，那是再好不过，念佛法门是往生极乐的最佳捷径。尤其是对没有文化或年纪比较大的人来说，学净土念佛是非常好的选择。但念佛仍然需要一定的闻思，否则根本不知道真正的念佛、真正的净土是什么，这样念佛要不就是心猿意马，要不就是没有自信，很容易产生怀疑，最后即便能往生，也五百年不能花开见佛，即在五百年中无法成为菩萨、阿罗汉，只是普通的凡夫。其他法门本来就没有那么简单易学，就更需要闻思了。

现在很多寺院里面虽然供奉着金光闪闪的佛像，汗牛充栋的佛经，但究竟有没有佛法也不好说。虽然出家人的戒律属于戒定慧之一，也算是证法，但仅仅让佛法隐藏在自己心中，没有广为传播，不能让其他人懂得佛教的义理，如何延续佛陀慧命？弘扬佛法不是简单地劝人向善、做慈善、当义工，而是需要高智慧的人才。如果不闻思修行，智慧从何而来？如果没有智慧，佛经也只能成为供养的摆设，而起不到实际的作用。这样一来，佛法的前途将岌岌可危。仅仅上一个早晚课虽然很好，却不能解决所有的问题，因此，寺院里的出家人也必须重视闻思修。

读懂佛经以后，不但对生生世世有利，而且与现实生活也能相得益彰。虽然闻思以后不一定马上就能显现出善于创造物质财富的能力，但在精神领域，自己所听闻的佛法就能大大地施展拳脚了。

如今，随着物质的日渐丰富，人类的精神却开始走向贫瘠、空虚的荒野。当物质与精神严重失去平衡以后，物质不但不能给我们带来幸福，反倒给我们带来更多的压力、焦虑与不安。当我们无法控制自己的情绪时，必将迎来抑郁症等更多精神上的问题。此时，佛教就有了用武之地。

我们的头号敌人与最大问题，就是内心的欲望。因为有了欲望，无论有钱没钱，不满、仇恨、抱怨等负面情绪都会络绎不绝而来。欲望不但不让我们解脱，连今生今世，都不让我们过上比较幸福的生活。

比如，当人类发明了电脑等机械化、现代化的使用工具以后，本来可以大大提高工作效率，一台机器可以代替过去成千上万人的工作，按理来说，我们应该过得更自由、更轻松——不需要工作八个小时，只需一两个小时就够了。可事实却适得其反，如今的很多人除了工作八个小时，还要加班加点，仍觉得事情多得理不出头绪。这一切，都是欲望在作怪。

如何解决？首先必须树立起正确的价值观，要有正知正见，知道自己真正需要的东西是什么，可有可无的是什么，画蛇添足的是什么。在很多问题上，佛陀的智慧都可以对治。尤其是在心灵的问题上，佛陀的方法更是恰到好处。若能适当地调整物质和精神的关系，就有机会过上开心、幸福的生活。一方面可以修行，另一方面也可以幸福且有意义地生活，同时还可以帮助别的生命。

所以，在学佛之初，先不要盲修瞎练，也不要搞个人崇拜。在闻思以后，就能懂得什么样的上师是可以依止的，什么样的上师是应该远离的。

现在网络传播的力量很强大，好坏难辨、鱼龙混杂，如果没有辨别的能力，很容易走偏走错。

佛陀的智慧不专属于某一个教派，也不单单是佛教徒的专利，无论汉传、藏传，显宗、密宗，佛教徒和非佛教徒，都可以学习、借鉴。佛教尊重别人的信仰，但在机缘成熟的时候，也不能放过传播佛法的机会，因为佛法能让人们变得更加健康、快乐和平安。

二、生起觉受后，应当精勤修行

即使我们按照大乘佛教的方法，经年累月地修持诸如知母、念恩、报恩等菩提心修法，也不一定会有明显的感受。大家应该知道，无著菩萨为面见弥勒菩萨而在鸡足山苦修了十二年，但结果连一个吉祥的梦都没有做过，多次地伤心失望，又多次地因为某些契机而获得鼓舞，进进退退多少次，才最终获得了成就。既然无著菩萨都有这样的显现，我们又怎能三天打鱼两天晒网？又怎能轻言放弃？又怎能为自己的懒惰、懈怠找各种借口？

世间法是这样，佛法也不例外。没有任何法门不需要精进用功，可以守株待兔地混一混便坐享其成。要记住，即使在相当长的一段时间中没有什么感受，也一定要坚持不懈，这样成功才会向我们招手。

在修了一段时间以后，开始有一点点与过去不一样的感受，比如感恩心不再是勉强、被动的，而是积极、主动的，能发自内心地将天下所有的众生当作自己的父母。就像黎明前的曙光一样，能感受到菩提心苗头的萌生。此时一定要抓紧时机培养、灌溉，让它快速成长。若此时放弃修持菩提心，转而去做其他事情，就有可能前功尽弃，而让得之不易的菩提心慢慢淡化。

证悟空性也是这样，在修了一段时间以后，能发自内心地体会到一切都是虚幻、空性，无论是外在的物质，还是内在的精神，都虚无不实。这种感受不是来自于文字或推理，而是切身的体悟，此时至少在短时间内不要做别的功课，要尽力培植这种千载难逢的感觉，把能用的所有时间，都投入到修行当中，抓住这得之不易的机会，千万不要让它消失。此时不需要读太多的书，念佛号、念咒、磕头、当义工等都不重要了，都可以暂时放弃，把所有的力量集中起来，让修行的境界趋于稳固。

这些都是窍诀，是几千年来成千上万的修行人积累下来的经验，我们一定要高度重视，并沿着这条正确的道路，一直走到底。

如果没有什么感觉，那也不要着急。只要路没有错，感受到来是早晚的事情。正确的着急，是多投入一些精力，多用功、多精进、多努力；错误的着急，是不按照次第，不修加行，直接去修破瓦、修大圆满等高深之法，欲速则不达，这样做反而会让修行的进度变得更慢。

当然，如果方法错了，就要及时调整、挽救。否则在错误的路上越下功夫，离解脱就越远。

三、修行未得稳固之前，应当精勤居于静处

在修行境界尚未稳固的时候，我们要认真寻找一个安静的地方去修行。

在修行之初，我们的定力很差，很容易受到外来干扰的影响，此时依止静处十分重要。但这并不是意味着要辞去工作、离开家庭，到山里去出家，而应设法在城市里找一个相对来说闹中取静的地方，每天腾出一些时间，把自己封闭起来修行。

什么叫做稳固呢？就是在进入修行状态时，哪怕周围人声鼎沸、噪声不断，也不太受影响，同时也不受世俗名利的动摇，基本上能保持自己的状态，这时候修行就相对比较稳固了。之后，我们就可以将修行的感觉，运用在工作、生活当中，最后让修行与生活彻底相融，修行就是生活，生活也是修行。

当然，对初学者来说，这只是一种口号，落实起来，困难重重。

四、过度外散掉举时，应当精勤守住自心

掉举的时候，要努力地把心收回来，并让它继续修行。这个主题，涉及一个具体的修心方法。

“禅修”一词，可以覆盖所有的修行。从小乘佛教的四念处，到人身难得、死亡无常等外加行，再到密宗的生起次第、圆满次第，都叫做禅修。

此处要介绍的，是任何禅修都需要的修法。比如，修人身难得的时候，因为要将所有的注意力，都高度集中地专注于一个焦点——人身难得，其他所有的杂念全部摒除，所以也叫做禅。

大乘和小乘都认为，禅定有两个当下的障碍：第一个是掉举，第二个就是昏沉。修任何禅定，如果有了掉举和昏沉，就不可能一心不乱了。

什么是掉举呢？任何修行，都需要事先设定所修的目标，无论是空性、出离心还是慈悲心都可以。让意识专注于此目标，就是修行。但一般来说，刚开始的时候还可以做到注意力集中，稍稍一放松，一两分钟以后，心就会走神。身体做毗卢七法，心早已不在目标上了，天南海北，胡思乱想。这种情况，佛教称之为掉举、放逸之心。

昏沉虽然没有散乱，但也不能专注于目标，因此也是离开了目标，只是离开的方式不同而已。掉举离开目标的方式非常明显、清楚，昏沉却显得模模糊糊，有时候甚至与禅定分不清，可实际上已经不在目标上了，修着修着就慢慢没有了感觉，这就是昏沉。

如何解决呢？这时候，就需要用到小乘、大乘、显宗和密宗都在讲的九住心。凡是修禅的人，都需要九住心中一系列的安住方法，来护持、保任禅

定状态，这就是正念。正念的意思就是，在修无常的时候，能很清晰地忆念或感受无常，并不离开这种感受。正知的意思，是指在走神的时候，能够立即发现，并把心拉回来继续专注。

除了禅定的调整方式以外，还有几种行为上的有助于禅修的方式。比如，念咒容易散乱，就不要发出声音，或者声音小一点，衣服厚一点，室内温度高一点，光线暗一点。有些寺院的禅房光线非常暗，太暗了还是不好，应该有一个可以根据心境调节的光线。比如，禅房有可以伸缩开闭的窗帘，可以随时调节室内亮度。观看唐卡时，如果眼睛往前看或往高处看，就容易走神，注意力无法集中。如果让眼睛处于半闭的状态，不是完全闭着眼睛，而是半睁半闭，往鼻尖看，不往高处或前面看，就可以收摄自心，回归平静，因为内心的走神与视觉有着一定的关系。

心静不下来，可能跟身体的气有关。打坐的饮食与环境，也很有讲究。春夏秋冬四季，不同的心境，都有不同的要求。容易掉举的人，要吃比较有营养的食物。

如果这些方法试了都无济于事，就暂时不要修了。勉强地修行，会出问题的。有些人特别专注、用功，却因为没有诀窍，或者错误地理解了诀窍，也会出问题——心口很痛、很堵，严重的甚至会发疯。密法认为，这些问题与气脉明点有关。

现在很多人会说，打坐的时候心静不下来，甚至觉得比没有修行之前还更糟糕，故而为此苦恼忧愁。其实这都是很正常的，不是杂念变得更多，只是之前没有发现而已。我们的意识刚刚开始接受这些训练，不可能马上见效，必须要下功夫，要用功，要有耐心，要坚持，要突破难关。有些修行人因为过不了这个关，就认为自己与禅定或修行没有缘分，继而放弃打坐，选择念佛、念咒、磕头等修法。但念佛最终还是要让心静下来，心静不下来，念佛也徒劳无功。我们必须要心中有数，做好充分的思想准备，蓄积足够的力量，去超越这个关卡。

在走神的时候，立即要察觉到。《慧灯之光》里讲过很多次，这是一种自我监视的方法，我们的意识有这种功能，可以自知自明。自知自明有多层含义，明心见性叫做自知自明，生活当中自己想什么自己很清楚，也叫做自知自明。在禅定的状态中，一方面在修禅，另一方面知道自己在干什么，可以自我监视，看自己有没有安住在修行的境界当中，有没有走神，也叫做自知自明。实际上是它自己监视自己，没有其他的第二意识来监视，否则就有两种意识，就变成两个人了，这是不可能的。

修行是有诀窍的，没有诀窍的修行很难成功。这就像体育运动员的训练，也必须要依靠经验丰富的教练。如果是国际一流的教练，教出来的学生就比较容易拿到国际金牌。禅宗道场里的禅师，就是修禅的教练员；密法的上师，也是心灵训练的教练员。

初学者禅修的时间不能太长，感觉非常好的时候，立即要中断，之后再重新去找感觉。修的次数要多，时间越短越好。为什么在感觉非常好的时候反而要去破坏它？平静的时间不是越延长越好吗？因为我们的能力非常有限，如果不主动间断，它也会自己间断，这样会让我们总是在挫败感中结束，反而不利于修行。

到了修行中期，因为有了一点定力，可以让好的感觉稍微延长一点。在修行后期，可能一进入禅定，就能连续几个小时处于禅定当中，完全没有任何杂念。冈波巴大师就有连续 13 天处于定中的示现。但如果没有证悟，仍然不能解决问题，只是内心平静，没有烦恼而已，出定之后，还是烦恼重重。这是藏传佛教所有上师们的经验。

心非常平静的状态，有时候与中观讲的空性、大圆满的境界，尤其是《六祖坛经》里面讲的“不可思、不可言”表面上非常相似，没有经验的人完全分不出来。但大家要知道，这是寂止，不是证悟，属于无记的状态。大圆满和大手印都讲过这种无记。

过去有些禅师真的非常厉害，他们是真正的开悟者。这些真正有修证的人说出来的话，与大圆满、大手印有着惊人的相似。他们也清楚地说过，这不是禅定。这也说明，不同的方法与渠道，都能找到同样的东西。净土宗说的“念佛者是谁”，禅宗的参话头，与大圆满的一部分有着异曲同工之妙，只是大圆满在此基础上有所超越。

修完五加行，就可以开始修寂止的修法，至少要修一年。在此之后，密法还有一些稍稍与气脉明点有关的寂止修法。寂止修完以后，可以修空性。空性的修法很多，《慧灯之光》中的《四法印的见解与修法》《人无我的修法》《法无我的修法》及《修心七要》中胜义菩提心的修法，已经讲得很清楚，大家可以参考、借鉴。

开悟的因缘，可谓千差万别。有些人开悟的时机，只在一些看似毫无关联的瞬间。

禅宗的香严智闲禅师，就是这样的例子。他虽然聪慧机敏，懂得很多教理，每逢辩答询问，都能侃侃而谈，却一直没有开悟。一次，他的师兄沩山灵佑禅师问他一个书上找不到答案的问题时，他竟茫然无对，一时羞愧难当，不禁感叹道："画饼不可充饥。"于是将所有经书付之一炬，去到一个地方，一边种地，一边修禅。两年以后，当他有一天在种地的时候，挖到了一块瓦砾。他拿出瓦砾随手一扔，瓦砾打到后面的竹子上，发出"啪"的一声，他当下恍然大悟。

在一些大圆满的修行处，时常会听到"啪"的声音。为什么大圆满法要用"啪"的这样的声音？就像平地一声雷，会让人大吃一惊。在忽然间专注于一个猛厉的声音时，所有的杂念会戛然而止。平时修禅的人，头脑已经非常敏感。在这个短短的空白期，就可以进入状态。

但开悟的前提，是前行基础非常成熟。香严智闲禅师虽然没有修五加行，可他用功了很长时间，根机已经非常成熟了。我们不要徒看其表面而随意效仿，应该一步一步走上去。没有修完加行，就不要修这些法，这是无法动摇的死规律。当有一天根机成熟的时候，可能是种地的时候"啪"的一声，也可能是打坐的时候忘了关手机，当手机铃声一响，当即开悟。根机成熟了，不需要嘴巴讲很多，大道不在别处，只在眼前。根机不成熟，讲得再多也没有什么用。修行是用心去参，不沉溺于文字，更不能逞口舌之快。禅宗也是一样，因为没有什么可讲的，所以禅师们都说"不可思、不可言"。如果前行修得非常好，并且对大圆满法，对上师有很强烈的信心，即使没有人讲大圆满，也有可能自己证悟。机会是平等的，每个人都有，但如果不修加行，直接就修大圆满，或只修上师瑜伽，就很可能荒废时日、坐失良机。

五、过度沉陷昏愦时，应当精勤清醒自心

掉举的时候很明显，很容易发现，但昏沉却没有那么明显，而且和修寂止的状态有点相似。昏沉和禅定最大的区别在于，禅定状态的心非常平静，头脑非常清醒，并伴随着一种轻安和禅悦。此处说的禅定不是证悟大圆满，与空性也没有关系，这种状态，仅仅是阿赖耶识的特征。昏沉却没有一个确定的目标，因为头脑不清醒，所以是一种迷迷糊糊、似睡非睡、半梦半醒的状态。

如果晚餐吃得太多，晚上打坐的时候就会感到昏沉。一旦昏沉，一定要当下觉察，继而提起精神，恢复清醒。平时打坐的时候，眼睛是往下看或者往前看，此时往高处看会有帮助。在身体不离开禅垫的情况下，可以稍稍活动一下。如果在念咒语或祈祷文，就让念诵的声音大一点。室内光线调亮一点，温度调低一点，衣服薄一点，还可以用凉水洗洗脸。如果这些方法都用了还不能奏效，就暂时不要修了，强迫是没有用的。此时可以去磕头、念经等，去做一些有相的身语之行。

对治昏沉，必须要有正知正见，要有侧面的监视，并立即采取措施，重新专注于目标。在感觉比较好的时候，要停下来。

六、自心尚未稳固前，应当精勤禅修

什么叫做稳固呢？当自己与别人聊天或做事的时候，空性的境界与慈悲心完全和打坐时修的一样，没有任何区别。座上修的境界，完全可以延伸到座下的日常生活中，就算是比较稳固了。

在大圆满里，有好几种专门训练动中禅的方式。禅宗的跑香，也有一点这样的目的。就是将打坐中的境界，慢慢引入座间与生活当中。但我们现在连座上都修不好，又遑论座下？我们不要在禅宗或大圆满里看到一句话，就认为可以放之四海而皆准。修行是有次第的，老虎跳过的山崖，青蛙就不能尝试，否则会送命。某个阶段杜绝的方法，在另一个阶段却要提倡，走到哪个坡，才唱哪首歌。我们要根据自己的情况，来选择最适合的修法。

开始的时候，要认真地去打坐，要把自己封闭起来强化训练。训练好以后，便不需要再封闭，就可以把修行的感觉运用到生活当中。

七、应当依靠入定境界而精勤护持后得位

当座上的修行修得非常好，外界的声音、现象等都不会干扰自己的时候，自然而然地，座上的境界便可以引入座下的生活当中，这就是所谓的佛法融入生活。

在座下训练的初期，为了让内心保持寂止的状态，走路、说话、吃饭的所有动作，都要轻柔、舒缓。在稍稍稳定以后，就可以模仿各种忿怒金刚的样子，包括说话的腔调、身体的姿势等。此时可以在肢体上有剧烈的运动，还要大声地说话，看看内在的寂止有没有动摇。经过持之以恒地训练，就可以达到如如不动的境界。

八、遭遇众多不顺逆缘时，应当精勤行持三种安忍

逆缘层出不穷的时候，要认认真真地修安忍，要坚持不懈。

比如，学佛以后，家庭、婚姻、工作等各方面，都出现了很多挑战。其中有些与我们的修行有直接关系，有些与修行根本毫无瓜葛，无论如何，在遇到各种外在、内在的干扰、逆缘时，要特别认真地修忍辱。要知道，这正是考验我们忍耐力的时候，坚持就是胜利。

《入菩萨行论》中专门有一品是讲安忍。什么叫做安忍呢？比如，当有人对自己不好，或者是打自己、骂自己的时候，首先心里没有不高兴，没有生起嗔恨心；其次是在被打被骂的当下，能做到打不还手、骂不还口；第三是在事后，能立即放下，不抱怨，不记仇，了无痕迹。能做到这三点，就叫做安忍。

六祖惠能大师曾在好几年中，终日与猎人在一起同吃同住，期间受尽了欺辱与折磨，但他一直默默忍受，从未后悔退却，直至左右逢源、游刃有余的境地。

作为后学者，我们在遇到一些吃不吃素、磕不磕头、支持或反对等小小的挑战时，要尽量让全家人满意、舒服，这是最成功的学佛。如果一个人学佛，全家人痛苦，这样的学佛是否有意义，就很难说了。当然，我们不能因为家人的反对、攻击，就放弃学佛，这是原则性的问题，绝不能放弃，但要尽量回避矛盾，照顾家人的情绪。

比如，有些人在吃素方面非常执著，每次吃饭，都弄得家人不开心。家人吃了一点肉菜，就拍桌子瞪眼睛，最后弄得不欢而散。其实，我们真的不必对家人太过严苛，只要不点杀，不吃活物，尽量减少伤害，就已经不错了。惠能大师在很多年当中，都只能吃肉边菜，我们又何必太过强求呢？

再比如，如果家人反对磕头、念咒，就不要在他们看得到的地方做这些事情。如果有条件，可以在外面合伙租一个简单的道场，到道场里去磕头、念咒。当然，如果天天呆在道场里面，半夜三更也不回家，那也会出问题。我们要考虑周全，要把握好尺度，不要让家里人生烦恼。如果自己的学佛没有影响到家庭生活，我想大多数家人还是可以容忍的。当然，最好的方法，不是与家人计较、辩论，而是让他们发现自己学佛以后的改变和进步，感化家人，并带动他们一起学佛。

试想，如果你学佛之前，在家里常常因为鸡毛蒜皮的事情斤斤计较，动不动就大发雷霆，疑心重重、嫉妒攀比、争强好斗；学佛以后，却变得温顺调柔、心胸开阔、脾气又好、懂得容忍，家里人说学佛不好，你天天都笑眯眯的，久而久之，他们也不好意思说了。时间长了，即使你不去游说，周围人看到你身上越来越多的优点，也会纷纷效仿。

我们习惯于贪吃贪玩，因此在刚开始修加行的时候，是比较艰苦、枯燥。感觉坚持不下去的时候，可以看看过去的修行人是怎样学佛、怎样用功、怎样吃苦的。

九、欲望贪恋过猛时，应当精勤强制遮止贪著

欲望炽盛的时候，要依靠强制性的方法，去励力断除。

有些欲望与环境有关，在某些环境、某些人群当中，欲望会变得异常炽烈且难以自制。在这种情况下，如果有条件，就暂时离开所处的环境，以强制性的方法来回避一下，这对欲望的控制有一定帮助。

另外，不净观的修法、生起次第的修法、空性的修法，都对控制欲望有帮助。当然，身为凡夫，我们不可能一下子断除所有的欲望。但过度的欲望却很危险，有可能伤及自他。

十、慈悲心薄弱时，应当精勤修菩提心

当发现自己没有慈悲心或慈悲心减弱的时候，立即要放下其他事情，认真去修慈悲心。

第九，鞭策之十法

十项鞭策，即十项激励或十项鼓励。通过这十项鞭策，可以激励我们更加努力、认真地学习和修行。

一、思维暇满难得可以鞭策行持妙法

任何事情，包括工作、家庭、亲人、朋友、物品都是一样，如果不觉得其来之不易，不了解其价值，那么无论再稀有、再罕见，都会被我们忽略。同样，如果不知道人身有这么难得，我们也不会珍惜。

在漫漫的轮回旅途中，得到现在这样一个有足够的智慧和能力去了解佛法，同时也有一些时间去闻思修行的人身，是非常难得的。

虽然佛陀有八万四千法门，有数之不尽的观点、方法与思想，但藏传佛教的所有教派，无论宁玛、格鲁还是萨迦，入道的第一门功课，就是修人身难得。

如果不懂得生命的价值，就会将所有的目标，锁定在非常狭隘的范围中，变得鼠目寸光，看不到生命的真相，不会有什么崇高的理想。误以为人生就是享受生活，会将吃喝玩乐误认为是人生的价值、最大的幸福、无上的快乐。如果没有思考人身难得，就不会把生命当回事，就会以“人生苦短，要及时行乐”

为宗旨。因为追求的方向已经南辕北辙，所以永远都不会走上解脱的道路。了解、思维生命的价值以后，才会懂得珍惜，才会去追求物质以外的精神富足。

藏传佛教过去的高僧大德们一致认为，八万四千法门当中，有很多重要的价值观，但其中最重要的，就是要懂得生命的价值。只有奠定了这样的基石，才涉及到该做什么与不该做什么。

很多修行人爱说自己很散乱，不用功，不知道该怎么办，念什么咒可以解决。其实，这不是念咒能解决的。这是我们的价值观出了问题，虽然心里有一种要学佛、要修行的想法，但这个念头的力量弱不禁风，远远抗不过吃喝玩乐的诱惑。人身难得修好以后，就能放长视线，就不会终日散乱，就能改正陋习，一心修行。

佛教是一个非常完整的方法论。其他文化都不可能把一个自私、功利的人，蜕变成一个无条件奉献、发大慈大悲菩提心的人。唯有佛教，不仅会告诉我们应该做什么，而且手把手地教给我们各种方法。在《大圆满前行引导文·普贤上师言教》、宗喀巴大师的《菩提道次第广论》、噶举派的《解脱庄严论》等典籍中，已经将具体的思维方式讲得非常清楚。

千百年来，无数智慧卓越的精英们，都将全副的精力，投入到闻思修行上。孜孜不倦、夜以继日，最终成就了清净自在、安如泰山的境界。

二、思维死亡无常可以鞭策精进行善

有些人认为，人身难得、寿命无常，是外加行的基础修法，像幼儿园学生的课程一样低层、浅显，所以不屑一顾。自认为可以连跳三级，直接晋级高端课程。

生命如此来之不易，而且还如此转瞬即逝，不可依靠，我们没有太多的时间可以挥霍。在认识到生命的价值以后，已经会有奋力精进的紧迫感。如果再加上对无常的深刻认识，就会如虎添翼，会更加心无旁骛、孤注一掷地闻思修行。

我们经常在讲要节省能源、节约粮食，却很少有人意识到要节约生命。实际上，节约时间就等于是节省生命。每天上班 8 小时，就是付出了生命中一昼夜的三分之一。

假设一个人能活 100 岁，就有 36500 天或 876000 个小时。其中每一个小时，都是他的身体和意识二者在一起的时间，这就是他的生命。除了肉体与精神在一起以外，没有独立存在的生命。

做任何事情都是一样，凡是需要花时间的，都是用生命在完成。无常学好以后，就知道一失人身万劫不复的现实，就会不顾一切地去做该做的事情，再也不会耽延拖沓。

人的生命非常有限，每一分钟，都失不再来。对有钱人来说，有可能会有多余的物质财富，但对任何人来说，都不可能有多余的时间。每一秒钟，都稀有珍贵，都没有资格浪费。

即使内心无比虔诚，但如果缺乏了闻思修，烧香、拜佛、朝圣等都不一定能让自己的内心发生转变。人身难得、寿命无常看起来似乎很普通，却是我们修行的巨大动力。假如外加行的基础没有打牢，其他的修法是修不出来的。不少人学佛很长时间没有什么满意结果的根本原因，都在于此。有些人之所以学佛不成功，吃大亏、走弯路的主要症结，不是因为没有证悟大圆满和大手印，也不是因为没有修本尊法，就是因为没有修好加行，基础不牢靠。

过去的修行者已经在学佛的道路上取得了巨大的成功，他们非常清楚，在通往解脱的这条路上，什么是最重要的，什么是次要的。他们给我们安排的课程，是合理且对症下药的。这里面没有复杂的逻辑，没有高深的见解，道理很简单，方法也很简单，就是静下来去思考。我们应该致力于此，并狠下功夫。

三、思维业因果不虚可以鞭策断除恶业

因果不虚，是四加行当中的第三个。思考因果不虚，可以鼓励我们谨慎取舍因果、行善断恶。

虽然凡夫不可能在因果取舍上做得十全十美，毫厘不差，但至少要小心翼翼、战战兢兢，尽量不越雷池，即使有了差池，也要懂得忏悔。

很多人知道因果，懂得善有善报、恶有恶报，这与传统文化的浸润有关。但因为相信因果的深度不够，所以往往明知故犯，并找很多借口来自我开脱。我们相信因果的程度，是很表面、很肤浅的，只是书面上的认识，根本无法超越我们的欲望。

修因果不虚，不仅仅要懂得杀盗淫妄等的后果，而且要反复思维，让因果观念在内心扎根。当因果理念根深蒂固的时候，我们一定会放弃杀盗淫妄等严重罪业，即使偶有违犯，也一定会后悔、内疚，并设法忏悔清净。

当我们停留在听闻阶段的时候，虽然也知道轮回是痛苦的，但在想起地

狱的痛苦，饿鬼的痛苦时，并不会立即产生出离心。只有在思维比较到位以后，才会觉得轮回中的快乐是不完美的。

菩提心也是一样。在看到某个众生受苦的时候，虽然觉得对方很可怜，却不一定会有菩提心。只有在思维比较深入的时候，才能随时随地生起菩提心，希望对方永离痛苦，获得安乐。听闻的力量犹如水面的波纹，短暂微弱，不堪一击。静下心来思考，是任何修行人都不能忽略的过程。

没有证悟大圆满，并不影响我们变成真正标准的菩萨。只要有了标准的世俗菩提心，就成为菩萨了。但如果基础出了问题，出离心、菩提心都没有修好，则永远无法往上走。不但没有机会成为成就者，连做普通菩萨的机会都没有。如果没有出离心，连修行人都算不上。

一般来说，初期表现不错的修行人，后面也会更有成就。就像读小学的时候成绩比较好，一般读中学的时候成绩也不会太差一样。修完加行的标准，不是表面的数量。数量只能代表功德，无论心是否专注，念咒都有功德，只是散乱的时候功德要打折扣。功德的结果，是来世健康长寿、一帆风顺等，却并不能从轮回当中获得解脱。

我们必须要知道自己的问题，要学会自我反省。

就像读博士之前，必须经过层层考试，达到相当的水平，才有资格听博士生的课，若不计后果地把小学生、中学生等学历参差不齐的学生集中起来，随随便便讲一通博士生的课程，结果只会是对牛弹琴、枉费气力一样，引导弟子最负责任的做法是，首先要了解对方的修行达到了什么样的程度，应该传什么法，进而应机施教，才是最科学、最适合的。如果真的想将一个根本不懂得什么是解脱的人引导到解脱的路上，最关键的，就是要抓基础。

四、思维轮回过患可以鞭策修行解脱

思考轮回痛苦以后，一定会鼓励我们希求解脱。

没有信仰的人不想解脱可以理解，而很多学佛的人也没有想到要修行、要解脱。他们自以为婚姻、家庭和和美美，工作、收入称心如意，身体暂时没有问题，故而不觉得人生有痛苦，一切都十分满意，为什么要去解脱？解脱大可不必！这都是视野狭窄、缺乏远见的表现。因为对轮回的了解非常肤浅皮毛，只看到眼前，却没有考虑幸福背后的无常。

这种人的想法，就像不愿意给汽车买保险。认为汽车现在好好的，没有发生交通事故，可明天、后天会不会出问题，下一个月会不会出问题，你能保证吗？

我们普通人最大的毛病，就是认为明天一定是今天的延续。今天是什么样的，明天也一定是什么样。今天婚姻美满、收入稳定、家庭和睦、身体健康，明天也一定是这样，明年也是如此。认识不到世事变化无常，因果循环变幻莫测的事实。要知道，在未来的每一分钟，乃至每一秒钟，世界都会发生变化。变化的方向，不是按照任何人的臆想和要求，而是由它自身的因缘来决定的。在因缘当中，又有很多不确定因素，其过程纷繁复杂。谁知道明天家庭是什么样，身体又如何？

还有另一种人也是不到黄河心不死，尽管他的婚姻、工作、家庭都不顺利，但他仍然对轮回充满了希望：虽然我今年不顺利，可我明年一定会顺利的；只要自己不放弃，一定会成功。我们的教育也一直在给我们灌输这样的东西，并美其名曰励志。可生命如此短暂，很多人坚持了一辈子，走的时候结果更惨。即使获得了成功，又有多少时间能享受成功呢？事情往往是这样，当我们成功的时候，身体已经迈入亚健康的状态，甚至糟糕到已经丧失了享受物质的功能、对感官刺激心生厌烦的程度。

成功在哪里？下一辈子会不会成功，还要看我们今天所做的事情。如果我们今天所做的一切，就是为了吃、喝、玩、乐、钱财、名声、地位等，就是杀盗淫妄等恶行，那我们的来世一定不会是成功的，肯定是失败的。

除了解脱，任何事物都离不开因缘的约束。为什么解脱不受因果的约束？因为解脱是无为法，已经超离了因缘的范畴，是永恒不变的，所以不受因缘的制约。

现在没有痛苦，的确值得随喜。这肯定是因为你前世让很多人高兴、满意，或者是消除了很多人的心灵恐慌与痛苦，所以今生你的心灵状态非常好。这是自己的福报，应该好好珍惜。但在生老病死面前，你还能继续逞强吗？

我们今天看到的，只是整个六道轮回当中的冰山一角。要看到轮回的全景，必须跳出自己的局限，站在佛陀智慧的高度去洞察。

如果已经明白轮回是痛苦的，却只是像一个旁观者看戏一样，根本没有意识到自己的危险处境，没有想要赶快脱离轮回的决心，就是缺乏再三思维的表现。只有在一想到轮回，就立即感到毛骨悚然，发誓一定要尽快从轮回中解脱时，才是有了出离心。没有达到这种地步，就还需要修外加行。

如果基础不牢，以后就有可能退失。在比较顺利的时候，看到大家都在学佛，自己为了好玩、社交或赶时髦，便加入了学佛的队伍。可真正有一天面临痛苦或挫折的时候，就会无比失望，甚至抱怨佛法：我学佛学了这么久，为什么还要遇到这些困难呢？不是说学佛可以解决痛苦吗？看来学佛不会给我带来什么利益，我不想再学了！

这不是佛法的问题，而是因为自己没有锻炼，所以佛法起不到作用。万丈高楼平地起，解脱的大厦，也必须要有出离心的支撑。

很多人说思考很枯燥，这都是因为没有深入思维，将思维当成形式，只是程序化地过一遍，所以内心没有任何感受的结果。任何修法都是一样，只要进入状态，它一定会给我们带来内心的感悟与震动。有了感悟以后，不但不会认为思维很枯燥，反而会法喜充满。我们不要以为，两三天就可以修出出离心。要知道，世间的成功都是这样，除了个别有福报的人以外，大多数人想要成功，必须付出代价。解脱的道路更是崎岖漫长、曲折艰辛，只有狠下功夫，不断挑战自己，才会有比较理想的结果。两三天就想见效，完全是痴心妄想。

但如果害怕艰难困苦，不愿走解脱道，等待我们的，将是轮回苦海。坚持走下去，虽然开始的时候有一点枯燥、艰难，但总会守得云开雾散，得见天日，那时就能体会到远远超过吃喝玩乐的至高无上的享受。

以上四项鞭策，是大家很熟悉的四外加行。藏传佛教的所有教派，都以此为基础，并将其视为最重要的基石。修持四个修法的结果，就是生起出离心。

若是一辈子只修四加行，而没有来得及修其他法，也没有问题。有了出离心，就有了非常好的基础，下一世再坏，也坏不到什么程度了。若是出离心没有修好，又去修菩提心；菩提心没有修好，又去修空性等，最终只会竹篮打水一场空，来世的命运也只能每况愈下。

无论修行还是工作，都要循序渐进、扎扎实实。做好一件事，再做下一件事，这才是稳操胜券的修法。

五、思维轮回众生的痛苦可以鞭策修菩提心

现在为什么有这么多人患有焦虑症、抑郁症？不是因为思维别人的痛苦，而是过于操心自己的痛苦，担心自己工作不稳定、婚姻不安全、身体不健康、老了没人照顾等。其实这都有可能不会发生，但因为我们的爱我执过于强大，所以抑制不住地要去担忧，从而产生负面情绪，最后搞成抑郁症。

佛陀没有得过抑郁症，文殊菩萨以及我们的传承上师们都没有得过抑郁症。如果我们为了其他众生能如此操心，我们早就是菩萨了。《入菩萨行论》里面说得非常清楚，佛陀放下自己的一切去服务众生、利益众生，最终他自己成就了。而我们却因为从不考虑别人的感受和痛苦，全心全意为自己操持，所以流转轮回至今。我们一直不成功的原因，就在于爱我执太厉害。

普通人会认为，只要处处为自己考虑，自己就会安全。放下自己、考虑别人，自己的幸福就不会有着落。事实恰恰相反，如果真的能放下自己，一心一意为别人着想，自己所有的事情，都会在无意间水到渠成。

思维其他众生的痛苦，就是修慈悲心。用我们世俗的话说，考虑其他众生就是换位思考。佛教称之为自他相换、自他平等。尽可能少考虑自己、多

考虑众生，这样我们就会慢慢变成菩萨。反之，我们不但变不成菩萨，反而有可能会变成抑郁症患者。

几乎全世界的宗教都会讲不同程度上的爱心、付出与慈悲，但因为缺少了方法，所以很难把一个骨子里面都非常自私的人，转变成一个完全无条件奉献的人。

思考众生痛苦的具体方法，佛教讲得详尽且周全。菩提心的修法、四无量心的修法都可以。只有当全方位地了解到所有众生的痛苦之后，我们才开始懂得爱，才有可能发慈悲心。

当自私在心里根深蒂固以后，不但会伤害其他人，也会让自己不开心。想要的东西得不到，就会对社会、对家庭极度不满，报复、仇恨、抱怨之心油然而生。因为人类太自私，从不考虑其他众生的感受，所以世界上才会发生那么多过激、极端的恐怖与暴力事件。

真正让我们不开心的缘由，不是别人给我们的不公平待遇，也不是外在的任何事物，而是我们自己的不满。

菩萨或经过大乘训练的人在遭遇不公平待遇的时候，会懂得理解对方，会告诉自己，是贪嗔痴等烦恼病毒扰乱、损害了他的大脑程序，让他的大脑无法正常工作，才会让他做出伤害自己的事情，对方不是故意要伤害自己，他也是被动无助的。

《入菩萨行论》中讲得很清楚：一个人拿石头扔我们，我们不会对石头生气，因为我们知道石头不是自由的，是人把石头扔向我们的。害我的不是石头，而是人。

如果这个逻辑成立，我们也可以这么说：人也是被动的、不自由的，因为人也被内心的烦恼控制了。由于他有嗔恨心，才会打我们。如果他没有嗔恨心，绝不会打骂我们。如果要消灭敌人，那应该是针对他的嗔恨心等烦恼。

如何消灭嗔恨心？如果我们也睚眦必报、以牙还牙，对方的嗔恨心不但不能消灭，反而会更加增长。以仇恨无法泯灭仇恨，能消除仇恨的，是善良的心。若能对待对方更好一点，对方心里的嗔恨心就会土崩瓦解，我们就能非常成功地消灭对方的嗔恨心。

佛陀即将成道的时候，成千上万的魔军前来阻挠。魔军不曾料到，他们扔出的所有刀剑等武器，在佛那里全都变成了鲜花。这都是因为魔军有嗔恨心，而佛陀没有嗔恨心，只有慈悲心。慈悲心的力量，能将凶器化为鲜花。化解仇恨、消灭魔军的殊胜武器不是暴力，而是慈悲。

贪心和嗔恨心的来源，实际上就是愚痴心。通过以上分析与公案可以知道，我们以前的做法真的很愚昧。以怨报怨，冤冤相报何时了？唯有大乘佛法，才能彻底根除怨敌，不会留任何后遗症。

经常会听到有人说，为什么是我得了绝症？为什么这件倒霉事会轮到我头上？其言下之意是说，除了自己以外，全世界任何人都可以倒霉，反正不能是自己。这种心态多么的自私和病态啊！很多人会有体验，遭遇不公平待遇本身所带来的痛苦，只占痛苦的一小部分。由此而衍生的抱怨、仇恨、不满等负能量，早已远远超过了事情本身给我们带来的痛苦。

嗔恨心不但不能解决问题，而且会让我们造作恶业，同时还会对我们的身体造成危害。

遗憾的是，现在很多人从各种环境中能学到的就是自私，自上幼儿园开始就被一步步培养成自私自利、虚荣攀比的人。所有的能源、资源，都应该属于自己。所有的便宜，都应该自己占尽。所有的亏损，都应该属于别人。当自私的人集中在一起，就是勾心斗角、相互倾轧。

在日常生活中，也是斤斤计较、处处占先，哪怕坐车、坐船等，也要让自己坐在最舒服、最安全的位置，绝不让自己吃一点点亏。试想，如果每一个家庭成员都是这样，就没有人会关心整个家庭，家庭会失去温暖和谐的氛围。如果全社会的每一个人都这么想，每一个人都缺乏公德心，整个社会必将变得冷酷无情。如果每个人都不择手段地占据资源、权力等，饥荒、战争、斗争将此起彼伏，人间也会变成活地狱。

现代人的精神极其脆弱，一辈子学的，都是如何让物质生活更丰富，却没有考虑心灵的成长。所以，佛陀会让我们换位思考，学会考虑别人的感受。如果受到不公正待遇，也可以用因果报应、慈悲心、菩提心或空性正见来化解。当有人骂自己的时候，不要立即试图还击，而要想想对方为什么要这样，对方的需求是否合理，自己做得是否不尽如人意。如果可以弥补，就尽量弥补，并在以后的生活中尽量杜绝同类事件的再次发生。如果对方的要求太过分，或者如果满足了对方，会伤害更多的人等，就尽量解释，大事化小，小事化了。不要把鸡毛蒜皮的事情无限放大，最后到了不可收拾的地步，搞得大家不欢而散。

就像冬天的雪花，如果落在冰冷的石头上，就会很快变成厚厚的积雪。如果石头是热的，则无论雪下得再大，一靠近石头，就会彻底融化，不留一丝痕迹。同样，如果我们的心不再冷酷无情，带有爱与慈悲的温度，任何的风刀霜剑，都将转化为修行的正能量。当我们的心胸足够宽广的时候，任何障碍，都不再是问题。慈悲心、菩提心，也会油然而生。

六、思维众生的颠倒迷乱心态可以鞭策广泛闻思

如果不学习，凡夫的很多观点都是错误的。把没有的当做有，把不正确的当做正确，把不幸福当做幸福。在这些错误理念之上，产生了更多无法达到的不合理要求，种种不开心也随之而来。

比如，本来轮回是痛苦的，可很多人却对轮回很乐观，过高地评估了轮回的价值，对轮回有不切实际的期望，以致于心智娇嫩，不堪一击。最愚昧的做法，是为了自己的幸福，而去剥夺其他生命生存的权利，剥夺别人合法的私有财产，从而也葬送了自己将来的幸福。

为什么有那么多人胆敢做出伤天害理的事情？为什么地狱饿鬼道的众生要承受那么多的痛苦？这都是因为愚昧。在看到这些错误观念导致的严重后果时，就能深深地体会到，我必须学习人生智慧，改变自他的命运。

从哪里可以学到这样的人生智慧呢？虽然科学可以给我们带来很多生活上的方便，却无法提供心灵的滋养。虽然西方心理学有一些解决方法，但却因为过于简单、粗糙与表面，所以无法依靠它来给我们指出一条真正的出路。而宗教也是鱼龙混杂，一些邪教甚至把人引向极端，给自己和他人带来不可弥补的危害，此类事例不可枚举。希望在哪里？此时，很多人的眼光，都转向了佛法。

在释迦牟尼佛的人生智慧中，的确有许多既不会让人很痛苦，又能活得比较有意义的方法。我们应该尽快加入到学习佛陀智慧的行列中，尽早树立

起正确的人生观。并进一步将正能量传递给家人、同事、亲戚、朋友等，发出自己的光和热，让社会变得越来越有希望。

悲哀的是，在世界人口中，佛教徒只占了很小的比例。据二十年前的统计数据表明，全世界的佛教徒只有三亿人，而基督教徒有十七亿人，伊斯兰教徒有十一亿人，印度教徒有七亿人。二十年过去了，或许佛教徒的比例会增加一点，但也不会多到哪里去。因为佛教十分尊重别人的信仰，从不会用强制性或不正当的手段去推广自己的思想。即使在佛教内部，菩萨戒也规定，不许强迫小乘佛教徒改信大乘佛教，要随顺每个人的根机。有些人暂时更适合学小乘佛教，学小乘佛教更有利于他的进步。如果一味强求，一旦对方产生反感，就会在无形当中造罪，这样不但对他没有好处，而且起到了负面的作用。既然佛教内部都这样规定，对外道徒更不允许用强制、欺骗的手段招揽、收买和发展。因此，佛教的势力一直不可能爆发性地扩张。

一般来说，如果谁能把自己所有的工资全部分给众人，大家会觉得他很了不起、很伟大，但谁要做法布施，大家却觉得稀松平常，不以为意，这都是价值观出了问题。但在因缘和合的情况下，我们还是应该把学到的佛教知识与从中得到的利益分享给大家，让大家获得佛法甘霖的滋润，这叫做法布施，是最珍贵的分享。

七、末法时代，众生内心烦恼猖狂，我们更需要对治烦恼的方法

在物欲横流的当今时代，很多人的道德底线已经下滑到无底的深渊。满街充斥着有毒的食品、无效的药物，电影、电视、互联网上，色情与暴力横

行霸道。本来我们就烦恼炽盛，这些外在负能量的火上浇油，更让我们的烦恼升级到前所未有的顶峰。

虽然佛法可以解决这些烦恼，但在很多人眼里，真理与谬误已经相互错乱。他们认为，佛法都是胡编乱造，唯有自私才是硬道理。在烦恼、欲望、嗔恨心无限猖獗的时代，让我们生起慈悲心、爱心等正能量的因素已经太少太少。佛法在我们心里，已经丧失了对治的力量。我们现在最迫在眉睫的，就是寻找对治、控制、消灭烦恼的方法。

现代文明有一个非常严重的自相矛盾的地方，就是在大力提倡简单生活、低碳生活、节约能源等的同时，各种信息却刺激着我们的五欲。譬如，通过大众媒体，让我们看到很多有钱人奢靡无度的生活方式，从而心生羡慕，并立誓奋起直追。就像前面有一堵玻璃墙挡着，后面却有几万人在往前推，玻璃墙根本支撑不了背后的强大力量一样，此时，简单生活、少欲知足就成了一种空谈。

我们拥有极丰富的物质财富，我们获得的信息量，也是爆炸到空前的程度。过去我们的祖先对这个世界以及自身的认知都很有限，而我们的知识面，已经达到让祖辈们望尘莫及的地步，但我们的烦恼却有增无减，幸福也离我们越来越远。欲望的绳索，已经让疲惫不堪的我们濒临窒息。

欲望像一台高速运转且越来越快的跑步机，物质发展的脚步，已经越来越跟不上它的速度。如果不把欲望这台跑步机的速度调慢，欲望与物质之间的差距就会越来越大，内心堆积的不满就会越来越多，幸福就会离我们而去。

若能控制欲望，就能把握物质与欲望之间的平衡。不需要付出太多，工作压力也不是很大，可以有一点多余的时间，既可以学佛，也可以拥有丰富的精神生活。此时，才能感受到生活中应有的幸福。

现代人已经不懂得如何去创造让未来幸福的因素，还让自己的欲望毁掉了眼前应有的幸福。最后真是白来世上走一遭了，多可惜呀！所以，寻找控制烦恼的方法十分重要。

八、烦恼与轮回的习气已经在我们心里根深蒂固，仅仅懂一点道理，并不能推翻我们的不合理观念，所以必须实修

首先要懂得道理，懂了以后要去修，这样才能消灭烦恼。如果不修，只懂理论，就永远都是一纸空谈。遇到问题的时候，起不到作用。就像懂法的人也会犯法，不是所有的罪犯都是法盲一样，懂因果的人，也会做出违背因果的事情。因为欲望的力量太过强大，在它面前，知识已经无能为力。

如何让知识与智慧变得更有力量呢？那就是实修。

如今很多佛教徒非常功利，供佛、烧头香、烧高香，都是有条件的——一定要让儿女考上更好的学校，自己一定要过优越的生活等，其实这根本不是学佛。

学佛，就是学释迦牟尼佛的智慧与慈悲，而不是与释迦牟尼佛谈条件、做交换。学佛的人数不在多，学佛者的素质与心态尤为重要。即使全世界的七十亿人都在学佛，可里面没有一个是有智慧的，全都是功利主义者，这样学佛对社会有用吗？对人类有用吗？会给人类造福吗？不可能的！所以，这

样的学佛，学不学都一样。

反之，哪怕七十亿人当中，有一亿的佛教徒非常有智慧、有爱心、有慈悲心，他们也可以改变七十亿人未来发展的方向，也可以给人类造福。当然，如果有五亿、十亿这样的人，那就更好了。他们可以利用佛陀的智慧，来主导人类发展的方向，创造更多幸福的因素。不过度地破坏环境、消耗能源，不过度使用没有必要的奢侈消费品等。

佛教不会说世界是释迦牟尼佛创造的，释迦牟尼佛在主宰这个世界。释迦牟尼佛高兴，大家就有好日子；只要释迦牟尼佛不高兴，人类就会倒霉。佛教历来认为：因果自负，一切的痛苦，都是咎由自取。如果释迦牟尼佛可以让我们工作顺利、幸福美满、免遭痛苦，我们根本不需要和他谈条件，以佛的慈悲心，他会主动给我们安排好一切，世上不再会有穷人、病人、灾难和瘟疫。但释迦牟尼佛没有这个能力，佛陀能做的，是以教育挽救人类。他告诉我们各种道理，假如我们在明白道理之后却不去实践，佛也无能为力。

九、末法时代，有很多修行的违缘，但都不是最大的问题，最大的问题，源于自己

很多佛教徒不敢对外公开身份，否则会受到别人的嘲笑，至少也是不理解；家里一个人学佛，父母、爱人、儿女也会反对、阻碍等，这些是外在的违缘、逆缘。但这些都不是最大的问题，最大的问题，源于自己。

比如，想发慈悲心，可因为自私，却阻碍了我们发慈悲心。想拥有智慧，但因为愚昧，也不允许我们有智慧。这个年代违缘重重，学佛、修行都会有

很多困难。我们要鼓励自己，只要有耐心，就能对付这些内外的阻碍。因为一旦失去耐心，学佛将一败涂地、空手而归，所以，我们一定要修忍辱！

只要能战胜自己，就能战胜一切。想消灭外在敌人的人，终将一无所成、自取其辱。比如希特勒，狂妄自大、杀人无数，却最终杀死了自己。要挑战世界，先要挑战自己。自己的问题没有解决，就不可能战胜别人。

十、面对各种散乱，要鞭策自己精进用功

现代人压力重重，又因为缺乏禅定，找不到缓解压力的方法，所以急需发泄。为了减压，各种娱乐场所应运而生。虽然对压力巨大的人来说，这是暂时性的压力缓解，但从另外一个角度来讲，却是消耗时间、精力，浪费生命的最大缘由。如今无论在各大城市，还是乡村僻壤，娱乐场所鳞次栉比。对修行人来说，这些都是散乱的因素。

即使不去这些娱乐场所，自己在家里刷微博、看电视、上网、打游戏，时间也会一晃而过，这些都是修行的阻碍。如果稍有放松，就会深陷散乱的旋涡而无力自拔。我们要鼓励自己：我一定要精进！一定要努力！一定要用功！

第十，沦落之十法

一、如果信心微弱、智慧高超，就会沦落为空谈者

学佛的人根机各异，有些人聪明，但对佛法的信心不足；有些人稍显迟钝，却对上师三宝信心满满。我们在学佛的过程中，要学会调整、平衡二者的关系。

有些大学教授与研究佛法的人，就对佛法信心不足，却学识渊博、聪明绝顶。佛教徒里面也有这种人，仗着聪明伶俐、记忆超强，在闻思的过程中，每次都表现突出。这种人如果学习五部大论，也能讲得头头是道，背得滚瓜烂熟。虽然闻思的功德不可思议，但仅仅是功德而已，要证悟，要断除烦恼，还是需要修行。学得好，只能说明对佛法的理解和认知比较好，却并不表示修得好。如果这种人不懂得调整信心和平衡智慧，最终将堕于空谈者。自己不会修，又因为信心不足，没有实际行动，烦恼也无法减少或断除。

修行的基础，就是信心。

信心有三种：

第一种信心，是对因果、轮回、四圣谛等佛教内容的坚信不疑。

第二种信心，是对佛的信心。比如，在学习四圣谛的过程中，发现四圣谛是唯一的真理。要解脱、要成佛，必须学修四圣谛，此时就会产生一种信念与决心：我一定要修四圣谛而成佛！

第三种信心，是在看见佛法僧三宝的时候，内心充满欢喜。

三种信心当中，前两种是最重要的。

很多人在学五部大论，这非常好。如果有时间，大家应该去学。但要注意的是，佛法浩如烟海、无量无边，一辈子都学不完。所以，在学到一定程度以后，必须懂得去修行。一直学习而不修行，最后会堕落成没有出离心，没有菩提心，没有信心，只会夸夸其谈的空谈者。

五部大论当中的很多内容，都不仅仅是理论，而具有现实的指导意义。不需要等到成佛或往生西方极乐世界，仅仅在现世，就能获得利益。比如，当我们遇到烦恼，遇到生老病的时候，就会发现平时我们认为很了不起的金钱、名利、哲学、逻辑等，都变得一文不值，而佛法中讲的许多道理却非常有用。

但需要注意的是，学习到一定程度的时候，我们有可能沉迷其中而不能自拔，一直不断地学下去，迟迟不想放手，还感觉很过瘾。之后有两种可能：一种可能，是因为知道了很多佛理，所以对上师三宝产生了更加强烈的信心，更加意识到，世上唯一有价值的真理，就是佛法，所以对其他任何东西都不感兴趣，只想一门心思修行；另一种比较负面的可能性，是闻思多了，自然在修行方面就少一些。没有把佛教理论用到修行上，而是用到辩论、说教、观察上，以佛理为尺度，来衡量别人的长短。这时候，我们就开始走下坡路了，最终的结果，就有可能退失。如果发现自己有这种趋势，应该立即调整，加强修行力度，在信心、慈悲心、出离心方面狠下功夫，这样就可以扭转局面。

平时我们经常讲上师三宝的加持，所谓加持，是一种看不见却能够感受到的能量。接受到这种能量的唯一条件，就是信心。佛菩萨本来非常公平，佛菩萨的加持，就像发射台发射出来的信号，我们的信心就像接收器，二者相互对频，才能收到加持的能量。如果没有信心的接收器，就感受不到佛菩萨的能量与加持。

我们经常可以看到一些老上师，他们所掌握的知识不是很多，但他们对上师、对佛法的信心却非常不可思议。我很羡慕他们的信心，依靠这种信心，会让他们在面临一些困难、坎坷与烦恼的时候，可以毫不费力地迎刃而解。只要有了这种信心的阳光，就可以照亮一切黑暗。信心的力量是无限的，这种力量，可以让他们随时随地感觉到上师三宝的加持。

大家都有上师，可为什么有些人可以感觉到上师的加持，而有些人却感觉不到呢？原因就在于信心程度的高低大小。只要有了强大的信心，在祈祷上师三宝的时候，就能获得无限的力量，可以抵御人世间的所有坎坷与波折。比如，在“文革”的艰难岁月中，很多人能够平安度过的最大动力，就来自于信心。

此处所说的信心，必须是智信，而不是迷信。如果盲目崇拜，根本不闻思，连修行的方法都不懂，总有一天信心可能会从根本上发生动摇，修行也无法划上完美的句号。

佛经中有一个比喻：在一片漆黑的路上，很多人聚在一起，希望能找到一条出路。此时如果有一个人手里有一盏灯，并依靠这盏灯走了出去，当他出去以后，却熄灭了这盏灯，那实在是太可惜了。他应该把这盏灯传给其他人，让更多的人走出去。

所以，我们应该把自己学到的正理传播、分享给其他人。可如果我们自己都没有信心，没有修行经验，那我们说出去的话也没有份量，只是一种口头禅。

想救自己，必须修行。想救别人，也要修行。

二、如果信心十足、智慧浅薄，就会沦落为肤浅执拗者

因为没有智慧，没有学过佛法，就会自以为是，认为自己的观点才是对的，认为自己的路才是唯一正确的路，不接受任何人的建议与劝导。因为没有智慧却非常自信，所以永远都不会有进步。

比如，如果有一个人根本不懂什么是密法，却错误地理解上师给他说的一两句话，以为这是至高无上的诀窍，是大圆满或大手印，然后埋头去修行，根本不看佛经、不沟通、不交流，甚至自以为已经证悟了。要是对他讲“证悟没有这么容易，你没有证悟”，是毫无用处的，他永远都听不进去。

释迦牟尼佛刚刚成佛不久，为了更广泛地传播佛法，便设法先说服几个上层人士，然后利用他们的渠道去推广佛法。当地有一个深受广大人士崇拜的修行人，有无数的拥趸，佛陀在与他交谈的过程中发现，尽管这个人认为自己是阿罗汉、成就者，其实并不是阿罗汉。佛陀给他讲了很多法，示现了很多神通，他都不肯接受。虽然他也认为释迦牟尼佛见地不错，神通广大，但因为没有闻思，不懂道理，所以他的观点很难被动摇。长期的自以为是已经障蔽了他的慧眼，要转变度化他的确并非易事。佛陀花了大量心血，才让他意识到自己原来不是阿罗汉。

就像有些走火入魔的人，在提到他崇拜的鬼神时，完全可以达到眼泪直流、

汗毛竖立的程度。哪怕有成百上千的人去说服他，也无法扭转他的观点。这就是典型的信心强大、缺乏智慧的表现。我并不是说除了佛教以外，其他宗教都没有智慧。许多宗教都智慧超群，只是没有佛法所讲的智慧而已。

脱离了智慧的信心，就是迷信。在迷信的背后，没有逻辑的支撑。

要达到二者的平衡，首先要闻思，通过闻思来增强智慧；其次要实修，通过修行来增加信心。一旦二者失去平衡，我们就会堕落。

三、如果具有精进、无有窍诀，就会沦落于误区与歧途

没有智慧，没有诀窍去修行，就叫盲修瞎练。盲修瞎练的最终结果，就是误入歧途。

很多外道修行人的努力，远远超过了某些佛教徒，但因为没有解脱的诀窍，所以不能解脱。

现在有些人根本没有依止善知识，没有正规的闻思，只是去书店买回一些所谓图解藏传佛教的书籍，然后按图索骥，没有灌顶，没有窍诀，就开始“修行”。这是典型的盲修瞎练，最后不会有任何结果。

小乘佛教的律经中也讲过，没有窍诀的人，不允许修练。窍诀从哪里来？就是闻思。闻思以后，才知道修行的诀窍。不闻不思，一开始就说要实修的人，会堕入危险的境地。

禅宗也非常重视窍诀，因为它是高级别的修法。其中会有很多的误区，如果没有诀窍，就不可能明心见性。

净土宗对窍诀的要求稍微低一点，但净土提倡的一心不乱、一尘不染，

也离不开诀窍。念佛要有念佛的方法，至少这一点也要学习。

藏传佛教特别重视传承，在密法里，如果没有传承，就根本没有资格传讲。如果没有灌顶，连法本都不允许看，更何况是修？如果不按窍诀去修，一定会出问题。即使没有出问题，也是浪费时间，不会有任何结果。

四、如果没有先以闻思断除增益，就会沦落于盲修之处

静下来修行之前，所有的疑问，都必须通过闻思解决完毕。如果修行的时候还疑问重重、困扰纷纷，就根本无法修行。即使勉强去修，但因为不懂如何修行，以为修行就是心里什么也不想地静下来，所以修出来的最多也是一种寂止而已，最终也不会证悟空性。

我曾经讲过，在70多年前，有一位非常了不起的大圆满成就者，叫意科喇嘛曲阳绒卓（1872—1952）。不但他本人了不起，他的学生也个个都与众不同、出类拔萃。当时他的学生中，有些人非常用功，但因为方法不当，所以堕落为寂止。寂止只是一种基础禅定而已，最后的证悟必须超越这种状态。如果不超越，就无法证悟。于是，意科喇嘛叫来其中一个人，让他发誓三年内不打坐。

现代人因为掌握了太多的知识，要推翻这些世俗的常识，建立起空性、光明的见解，必须依靠强有力的逻辑，之后的修行，才能慢慢进入状态。所以，现代人更需要闻思。

五、如果所领悟的道理没有实地修行，就会沦落为法油子

如果修行期间有一点觉受，便以为万事大吉，从此停滞不前，这种感受以后就不容易再找到了。即使找到，都有可能是好几天以后，或几个月以后，而不一定是几个小时以后了。所以，在稍稍有一点体会的时候，立即要紧抓不放，并励力串习，不能将其搁置一旁，否则它会自行消失，就像温室里的冰激淋必须马上吃掉，否则它会融化一样。我们的内心，像一个烦恼的高温炉，对空性、菩提心与出离心的感觉，却像冰激淋，若不及时强化它的力度，它会稍纵即逝。

另外，在闻思的过程中，如果生起了欢欣鼓舞的感觉，却没有去修，这种兴奋也会衰退。长期学习新东西，却每次都错过了兴奋、激动、震撼的感觉，没有乘胜追击继续修行，最后就会沦落成油子。

所谓“油子”，就是在社会上经历了很多坎坷，经验丰富老道，无所不知、无所不晓的狡猾者。如果既懂得人身难得，也懂得寿命无常，菩提心也能吹得天花乱坠，却始终不修行，没有获得任何修行上的体会，时间长了以后，就会堕落为法油子。

很多人都是这样，佛教的道理都懂，却根本没有收获和体悟，最后会认为闻思没有意义，从而退失信心，这是最大的堕落。

这就像治病的时候抗生素吃多了，最后任何药物都没有用一样。佛法和世间法其实是相通的。

听了无常，若对自己触动很大，就要立即去修无常。修了以后，这种感受就可以持续很长时间，当感受越来越强、越来越好时，我们就走上了解脱道。慈悲心也是一样，一听到知母、念恩、报恩，就非常认同，激动万分，此时

立即要去修，去培养这种感受。这样感受就会越来越强，也可以持续很长时间而不会消失，并会越来越稳固。这都是过去的修行人亲身总结出的经验，这实际上也是一个窍诀。

就像从苗圃里买的幼苗，必须马上栽培，它才能茁壮成长，而不会中途夭折，我们刚开始学佛的时候，因为没有接触过佛法，所有学到的，都是全新的观念，所以会感触很深，但所有的兴奋、激动，都是靠不住的。若是听完了却没有修，这种感受不会持续很久，而会慢慢消失。要想让它一直存留，就要去培养。

六、如果没有修炼方便大悲，就会沦落于小乘道

如果不强调慈悲心，所有的闻思修行、积累功德、烧香拜佛，都会沦落为小乘佛教，因此必须要修慈悲心。

七、如果没有修炼空性智慧，所做一切就会沦落于轮回道

如果不修空性智慧，纵然有出离心、世俗菩提心与信心，所有的闻思修行、烧香拜佛、积累功德，都将沦落于世俗红尘，变成轮回之因，而非解脱之缘，因此一定要修空性智慧。

八、如果没有平息世间八法，所作所为就会沦落成尘世之缘

如果不懂得放下世间八法，即使放弃了世间的钱财名利，却会陷入另一种争名夺利。比如，闻思的目的是为了名声、光彩以及在师兄当中的地位，

最后，我们的闻思修行、积累资粮、戒杀放生等，都变成世俗轮回的因缘，这也是另外一种形式的世间八法。

想彻底断除世间八法，可能要到一地以后。在没有证得一地之前，我们都有世间八法，但我们可以把世间八法的程度降低，使它不至于影响到我们的现实生活与闻思修行。

在任何学佛群体中，都不要相互攀比。包括闻思修行，也不要明争暗斗。世俗人就是这样，只要有任何比其他人优越一点的地方，自然而然会有傲慢心。比其他人有钱，长得比其他人帅或者漂亮，背书背得比其他人快等，都会心生骄慢。

一般佛教徒刚进入佛门的时候，懵懵懂懂，不知天高地厚，学到一点东西，就会心高气傲，自己也察觉不到。上师明察秋毫，为了消除傲慢，天天毫不留情地迎头痛击，在成百上千人当中点名批评。这种感受是很强烈的，才渐渐摧毁了傲慢。

过去的上师们都是这样，常常点名批评打击，弟子才不会偏离得太远。但现在如果点名批评，可能会有人说这是人身攻击、无端侮辱，这样做也许会出问题。还是要说好听一点、温柔一点的话，这样才能护持弟子的心。

在闻思修行的过程中，如果身边没有一个人时常揪出你的问题，揭露你的丑恶，点评你的对错，解读你的真相，贡高我慢就会在无形当中逐步培养起来。在学佛的道路上，钱财、文凭、相貌、才智、地位等，都应该放下，都不能拿来做文章。所有的闻思修行，都要变成世间八法的对治力。如果自己的学修不但没有成为世间八法的对治力，反而增长了世间八法，那我们的路一定走错了。哪怕身边没有人随时提醒，我们也要保持自知之明、觉察之力。无论修行还是学习，都要谦虚谨慎，戒骄戒躁。

九、如果与城中俗人交往过多，就会沦落为护俗人情面者

为了不让别人讨厌自己，为了顾及情面，有些时候，我们会放弃原则，去做一些违背佛法、违背因果的事情。明知道不能做，自己也不想做，可因为人际关系太复杂，自己又过分患得患失，所以丢弃了正知正念。出家人、在家人都有这种情况，比如，虽然受了酒戒，但为了应酬，便明知故犯。为了解脱，还是要保持自己的正知正念与原则性，任何时候，都不能逾越自己的底线。

十、如果功德威力出色而心不稳固，就会沦落为俗人的经忏师

有神通没有问题，这些功能，可以转化为利益众生的工具。但如果利益众生、闻思修行的意志不坚定，神通就有可能变质成为世俗生活服务的工具。

比如，有些出家人或上师在有了一点点功夫和神通以后，就开始四处为人打卦，经常为世俗人的生意、婚姻、工作、孩子考试等服务——算命、打卦、做法事……忙得不亦乐乎。大家都喜欢围绕在他四周，久而久之，不但自己的闻思修行束之高阁，害得别人也拣了芝麻丢了西瓜，将解脱等最有价值的事情都放弃了。

虽然大乘佛教应该服务众生，如果自己有能力，应该想办法解决众生的痛苦，但如果搞不清轻重缓急，即使因为做了法事，依靠佛法的力量改善了对方的婚姻、感情或工作，解决了眼前的问题，但实际上并不能从根本上解决众生的苦难，所以也是一种堕落。

使用神通的原则，是永远不能牺牲自己和他人的闻思修行、走向解脱，不能把解脱作为筹码，否则代价是非常沉重的。

最后两个沦落，是针对出家人、修行人或上师们讲的。但我们在家居士与普通修行人，也能从中得到一些启发。

第十一，人生十项相似误区

所谓误区，即与正道之间看似相似，实际上却迥然有别的歧途。因为缺乏闻思，没有智慧，所以往往会南辕北辙。

在整个学佛的过程中，误区不止十个，此处介绍的，是比较重要的十项误区。

一、信心与欲望容易被混淆

作为修行人，我们应当分清信心和感情的区别。

《俱舍论》中讲，对父母、兄弟、姐妹、朋友之间的世俗感情，包括亲情、友情等，与对佛、法、僧的信心比较容易混淆。

《俱舍论》中还讲到，信心和感情之间有四项判断：既有信心，也有感情；既没有信心，也没有感情；虽然有信心，却没有感情；虽然有感情，却没有信心。下面分别一一说明。

第一，我们对像法王如意宝这样的传承上师或经常在一起的上师，会非常有信心，完全相信他是来度我们的一尊佛，完全具备大乘、小乘，显宗、密宗所讲的金刚上师的标准，同时也很喜欢他，也有感情。

第二，对别人的上师或离得比较远的具德上师，我们也有信心。因为从戒、定、慧等各方面来看，他们都是非常好的上师，我们相信他们也是佛菩萨，至少具有做上师的标准，所以对他们有信心。但因为没有从他们那里学过法，没有近距离接触过，所以没有什么感情。

第三，对父亲母亲、兄弟姐妹等，我们会有世俗的感情，却没有信心。

第四，对素不相识的普通人、陌生人，我们既没有信心，也没有感情。

虽然感情和信心之间，有非常大的区别，但我们很多时候却分不清楚。有些人自以为对上师有信心，以为自己是很标准、很虔诚的弟子，实际上只是一种感情而已。因为经常与上师接触，便日久生情，却从来没有把上师当作佛菩萨或具备金刚上师标准的上师。这种所谓的信心不是信心，而是世俗的感情。

如果对上师只有世俗感情而没有信心，我们在修行的道路上，就得不到什么功德。因为加持的前提，是在信心强烈的情况下猛厉祈请。如果精进努力，出离心和菩提心还有可能修出来。但再往上走，像生起次第、圆满次第，尤其是像大圆满、大手印，还有禅宗讲的明心见性之类的高级别修法，必须依靠信心的强大力量与自身根机的成熟。

通过内加行、外加行来修炼自心，根机就可以逐步成熟。在此基础上，加上我们对上师的信心，在因缘和合的时候，我们就会证悟。

大圆满修法，是最高的境界，此时逻辑推理已经派不上用场。如果修气脉明点，那就不叫大圆满，而只是普通的密法了。此时依靠的，就是自己修加行时积累的福报与自己对法、对上师的信心。如果没有这两个力量，就很难证悟。

不仅是藏传佛教，包括《佛说佛母宝德藏般若波罗蜜（般若摄颂）》等大乘显宗经典，也提到对上师有信心的重要性。依止上师的目的，是为了找到解脱的道路。如何找到解脱的道路？就是要闻、思、修。如果依止上师十几年，却从来没有让我们闻、思、修，那我们对上师的感情再深，天天接近上师，给上师买东西，给上师唱歌、跳舞，搞所谓的会供、火供等都是没有用的，只是一种世俗因缘而已。从无始以来到现在，我们对父母都有过世俗的感情，但这从来没有让我们走向解脱道。所以，我们一定要分清感情与信心的界线。

二、慈悲心与贪爱心容易被混淆

作为修行人，我们应当分清慈悲心与贪心的区别。

慈悲心，是大乘佛教徒的口头禅。我们在帮助某一个需要帮助的人时，常常会自以为是慈悲心，可这不一定是慈悲心。要弄清楚究竟是贪心还是慈悲心，首先要扪心自问：我为什么要帮助这个人？为什么要对他好，却不对其他人好呢？

自我诘问之后会发现，原来在帮助他人的背后，隐藏着一种世俗的情感，这种情感，叫做贪心。

真正的慈悲心，是公正平等地对待所有众生。只要有了慈悲心，对今生来世都有好处。但若把贪心当做慈悲心，那就是指鹿为马了。

贪心和慈悲心的根本区别在于，真正的慈悲心没有任何自私的成分，是无条件的，不求回报的。而贪心则是求回报的，带有自私成分的。很多时候，我们自以为是慈悲心，实际上却是贪心。有些时候，我们会打着慈悲心的幌子，来掩盖自己的贪心。

大乘佛教和小乘佛教对贪心的认识有点不一样，大乘佛教没有把贪心当做非常严重的问题，而小乘佛教却极力杜绝贪心。但无论是大乘佛教，还是小乘佛教，都不提倡这种世俗的贪心。寻求解脱的人，要逐步减少，乃至最后断除世俗贪心。慈悲心却永远不能断除，即使在成佛以后，也允许慈悲心的存在，因为慈悲心与证悟空性的智慧互不矛盾，而贪心带有自私的目的，与证悟空性的智慧水火不容，只要证悟了空性，就不再有贪心的立足之地。所以，我们应分清贪心和慈悲心，尽量减少贪心，多发慈悲心。

三、所知实相空性与心造作的空性容易被混淆

作为修行人，我们应当分清本净空性与心造空性的区别。

空性有两种：

第一种，是最真实、最究竟的空性，即诸法的本来面目，它已经超越了高与低、空与不空、有与无等所有概念，超越了人类的语言与思维，但我们的语言只能这么描述。这种空性，就像《般若波罗蜜多心经》中所讲的，远离了所有的执著。禅宗讲的明心见性之后证悟的空性，也是这种空性。大圆满、大手印所讲的空性，最终也是这种空性。所有的密法在一开始的时候，就强调这种空性。所有的密宗修法，都是修这种空性。大圆满的证悟，也是这种空性的证悟。而其他的修法，却是一步一步往上走，最后才进入这种空性境界的。

从显宗的角度来讲，这种空性，是第三转法轮以后才开始讲的，但所有的无上密法，都在讲这种空性，只是深度有所不同。讲得最清楚、最直接的，就是大圆满，这是最终的空性。

第二种空性，是我们的意识所创造的空性，即通过中观的逻辑推理而得出的空性。比如一张桌子，通过中观推理，最后可以得出结论，这里没有一张桌子，而是空性。在佛经和论典里面，称之为单空。

但这是意识所创造的空性，它不是真实的空性，因为其中有着空与不空的区别，因为有了桌子，才会有它的空性。桌子的不存在，叫做空性。这种空与不空，存在与不存在，真实与虚幻，有和无，二者是相对的。因为没有桌子的存在，也不会有桌子的不存在，所以是相对的。凡是相对的东西，都是意识与感官创造出来的。我们把它当做空性，其实它还不是真正的空性。

虽然中观所得出的空性，不是最终极的空性，但这种空性非常有说服力，通过这种空性，可以推翻我们固有的执著。我们原有的执著都很盲目，认为只要自己的感官能感知到的，就一定是真实的；感官感知不到的，一律不承认。尽管在这个结论的背后，没有经得起考验的理论支持，但我们就是深信“眼见为实”。对我们这种根机低劣的人而言，单空的引入是必要的。先用这种空性，来推翻我们原有的把不清净当作清净，把无常当做永恒，把虚幻当做真实的最严重、最不符合逻辑的观念。因为我们所有的烦恼和痛苦，都来自于这些错误观念。从推翻这些烦恼的角度来讲，这种空性是相当有用的。

如今依靠中观的推导，打破了“眼见为实”的固有思维，让“不存在”有了一大堆的理论支撑，此时，“存在”和“不存在”中，“不存在”占了上风，这不能不说是迈向真理的一大步。了知这种暂时的空性，也叫做证悟空性，但这不是真正的证悟，只是体悟到意识创造的空性。真正的证悟，是所有空和不空的概念，都将被突破。

佛为了度化众生，先提供了这样一个凡夫意识可以推导、可以触及的空性，之后，再慢慢引导众生进入最了义的空性。因为单空和最本质、最终极的空性有着很多相似的地方，所以我们常常会把单空当作最终极的空性。

我们要知道，这种空性，只是暂时用来推翻实有执著的。之后，它也自身难保、站不住脚，最后也会消亡。所以，区分空性的层次十分重要。如果以为把一张桌子分解之后获得的结果就是究竟的空性，是宇宙的终极真理，那就大错特错了。这种误解，会成为我们修行道路上的一种障碍。我们必须善用这种空性，可以把它作为一种方法或工具，但如同过河弃船、得鱼忘筌，在实执消灭完以后，就不要再去执著这个空性了。如果一直抱着这种空性不愿丢手，死守不放，它就会阻碍我们的智慧成长。我们的智慧只能到此为止，不能再往上发展，无法接触到最终极的空性。

四、法界与断见容易被混淆

作为修行人，我们应当分清法界与断见的区别。

法界，即最究竟的空性，万法的本来面目。

断见，即通过逻辑来观察任何物体，在最后分解成虚无的时候，认为：物体先存在，后来变空了。这种从有变成无的观点，就叫做断见。

断见有很多层次。最粗大、最严重的断见，就是关于生命轮回的断见。认为人死了以后，一切都结束了，没有来世，没有轮回。平时我们所讲的断见，就是这种断见。

而比较细微的断见，则是平时我们讲的单空。从感官的角度来讲，它不是断见，而是一种空性。因为感官无法进入真正的空性境界，它所获得的结论，都是存在的、实在的。但从最高层的空性角度来讲，这就是一种断见。桌子先是存在的，在推理以后，变成不存在，这就是典型的断见。这与否认轮回存在的断见如出一辙。

但因为这种断见还是可以帮我们在证悟终极空性之前，推翻我们内心如山的我执、实执与永恒的执著，所以还是有用的。

然而，在推翻执著之后，如果不懂得放弃，死执不放，这种见解就成了断见。

见解的层次不一样，所站的角度不一样，视野的开阔度不一样，得出的空性结论也会不一样。在唯识宗看来，小乘的胜义谛根本不是胜义谛，而是世俗谛；而在中观宗看来，唯识宗的胜义谛也不是胜义谛，而成了世俗谛；中观也有不同层次，一层高过一层。最后从密法的角度来看，中观的单空不是胜义谛，而是世俗谛，也叫做断见。

《法界赞》里讲得很清楚，法界是空性和如来藏光明的组合体，是心的本性光明，它与断见有着天壤之别。对希求证悟的人来说，分清法界与断见特别重要。

五、觉受与证悟容易被混淆

作为修行人，我们应当分清觉受和证悟的区别。

前面讲的，是观点或见解的区别；此处讲的，是实修上的区别。

觉受和证悟，有一些相似的地方。修空性的时候，会对空性有一点点认识和体会。这不是逻辑的推理，也不是知识，而是一种亲身的感受。很多人在稍稍有一点修行感受的时候，会认为自己证悟了，其实不一定。从严格意义上来讲，在五道十地中，只有一地到十地，才是证悟的阶段；一地以下的所有境界，都不是证悟，而叫做觉受。

觉受和证悟有什么样的区别呢？证悟相当于从地球上直接用肉眼看月亮，相对来说，很清晰、很明确。觉受不像直接看月亮，而是看月亮的图片或水中的月影一样，相对来说，比较模糊不清。所有初步的证悟，包括大圆满的证悟，都是这种觉受，而不是真实的证悟。

但证悟也有广义和狭义之分。广义的证悟，包括通过逻辑推理，最后得出的对空性的认识和修心时的觉受。但狭义上的真正证悟，则不包括这种觉受。

觉受也有很多种层次，但最顶级的觉受，都没有真正接触到法界。觉受的本质是第六意识，证悟的本质却是智慧。我们的意识永远都无法直接地感受到空性，所以觉受并不是证悟。但随着修行的进步，觉受会慢慢变成证悟。当我们的意识转化为智慧以后，智慧就能直接地洞见空性。觉受不是智慧，所以不能解决我们的烦恼根源，即使能解决，也只是暂时地控制而已。

但能有觉受已经很不错了，我们目前要追求的，就是这个觉受。在菩萨一地的时候，自然就超越了觉受。但我们目前连最初步的觉受都没有得到，所以必须用功。

六、谨言慎行与诈现威仪容易被混淆

作为修行人，我们应当分清谨言慎行的大德与诈现威仪者的区别。

大德或修行人的所作所为，都是按照佛陀的要求、佛法的戒律在行持。没有修证的狡诈者虽然没有戒定慧，却常常装出一副具足戒定慧的样子，让没有辨别能力的人很难区分。

所以，密法要求长时间观察准备拜为上师的人，因为短期之内的观察根本无法辨断慈悲心的真伪。有些人非常会装模作样，很容易骗过大家的耳目，所以要睁大双眼，仔细观察。

但如果我们不需要依止对方为师，没有准备从对方那里接受灌顶或窍诀，就没有义务去判断、去评论。如果准备依止，就必须严格观察，这是在佛经里三令五申反复强调过的。

七、灭尽迷乱与被魔携持容易被混淆

作为修行人，我们应当分清灭尽迷乱的人和被魔挟持的人之间的区别。

所谓迷乱，即凡夫的执著、迷惑。真正已经消灭了所有迷乱的人，实际上就是已经证悟一地以上的成就者。我们很容易把消灭迷乱的成就者，与那些被鬼神加持、附体，因鬼神力量而能示现出一些神通的人混为一谈。

因为消灭迷乱的人没有任何执著，行为不受任何约束，表面看来不如法，实际上却并非不如法。在印度八十四位大成就者的传记当中，经常有诸如此类的描述。济公和尚也是这样的人，吃肉喝酒已经不会影响他们内在的境界。

但我们要知道，密法里面讲得很清楚，为了保护其他人对佛法的信心，即使本人可以不受任何外界的影响，如果没有特殊需要，见解越高妙，行为应该越仔细；见解越开放，行为应该越严谨。即使有了密法的见解，但行为还是要遵照小乘或大乘佛教的戒律。除非在有必要的情况下，一些成就者也会示现不受任何约束的行为。虽然我们普通人无法理解，但对他们来说，这些行为不但不会让他们受影响，而且是他们修行的助缘。

但有一些被鬼、魔加持的人，既没有证悟空性，也没有慈悲心，却以密法为借口，自称是成就者，不受任何约束，杀盗淫妄，无恶不作，这种人实际上已经被鬼、魔控制了。虽然他们与成就者们的外部表现有点相似，都是放浪不羁、无拘无束，但二者实际上却有着极大的差异。我们万万不可让那些被魔加持的人扰乱了视听，以障碍自己的解脱成就。

藏地以前就有这样的情况，现在汉地也比比皆是。有些人声称自己是成就者，可以随心所欲，搞得佛教团体内乌烟瘴气。

遗憾的是，很多人没有任何闻思，自以为是佛教徒，只有一颗虔诚的心，却没有智慧，在修行的道路上什么也不懂。他们这种人就很容易把那些将自己吹得天花乱坠的人当做成就者。这就太可惜了！魔加持者自己不尊重因果，是他们自作自受，但如果还要拉一大帮人在后面陪葬，断送解脱的慧命，那就太让人扼腕长叹了。

不想学密法，完全可以不学。如果准备学，还是要学习正规的密法宝典，比如《大幻化网总说光明藏论》等。

很多佛教徒根本不学习正统经典，就喜欢在道友之间道听途说。记住，我们不要听道友的，要去看书。在那些被魔加持的人身边，往往有一大群磁场强大的公关团队，很多经过多年闻思的人，也会失去理智，卷入迷幻的磁场，大家要引起注意。

八、成就者与骗子容易被混淆

作为修行人，我们应当分清成就者和骗子的区别。

这一条和上一条有点相似。成就者即上一条说的灭尽迷乱的证悟者，是没有任何执著，摆脱所有束缚的人。他们已经超离了小乘别解脱戒的约束，因为他们已经没有任何善恶执著与如法不如法的分别。

但骗子也可以模仿成就者的行为，并宣称自己是成就者，我们往往容易把骗子误以为是成就者。

如理如法的修行永远没有错，出离心、菩提心永远都是佛教里的正能量。在没有能力判断的时候，远离是最好的方法。远离稀奇古怪的治病手段，远离神神叨叨的解脱方式，既不会有什么损失，也不值得有什么内疚之情。

若缺乏智慧，把骗子当做成就者，当真相大白的时候，按理说应该对当事人失望，因为这些都与佛法毫无瓜葛。但很多人却不是这样，他们会将这一切归咎于佛教，并对佛法失去信心。到处去说藏传佛教、密法或佛法的不是，而不会说原来某某某是骗子，将个人的错误算到佛法、藏传佛教或密法的头上，这就是自己在佛法上的损失了。

九、行利他与行自利容易被混淆

作为修行人，我们应当分清自利和利他的区别。

我们常常把“利益众生”“普度众生”挂在嘴边，实际上却带有太多自私自利的成分。为了达到自己的目的，将利益众生作为手段。表面上看似在做慈善、救灾救难，真正的动机，却是想提高自己的知名度，以慈善为包装来推销自己。

再者，有些时候，我们喜欢去做一些事情，自己也认为这是利益众生，所以要去做。但在静下来仔细观察的时候才发现，自己根本不是为了利益众生，而是为了自己的某种利益。

所以，当我们在做“利益众生的事情”时，要时时刻刻追问自己：我是不是真正在利益众生？有没有自私自利的成分？如果自己的某种利益被取消了，我还会去做这件事情吗？如果答案问心无愧，那就义无反顾地去做。

大家一定要引起重视：如果心里有一个见不得人的幕后操纵者，不是单纯地利益众生，那就是世俗人自我扩张的伎俩而已。如果有这样的成分，还是干脆不做的好。

十、善巧方便与虚伪谄诳容易被混淆

作为修行人，我们应当分清拥有善巧方便的人和狡猾谄诳的人。

大乘佛教常讲善巧方便，但很多人却把骗人理解为善巧方便，其实这与世俗中、官场上、生意场上的手段没有两样。

无论采取任何手段去做事情，凡是含有自私自利，再怎么样都不叫善巧方便，而叫作狡猾虚伪。没有任何自私自利，一切都是为别人着想，其中运用了一些技巧，才叫作善巧方便。所以，万万不能把狡猾的人当成具有善巧方便的人。

这十项误区非常重要，其中涉及的空性、法界等内容，我们可以逐步学习，慢慢体悟，其他几个是我们随时都会面临的。学佛必须要有智慧，没有智慧学佛也有危险。如果缺乏这些知识，很容易上当受骗。我们首先要学好，并提高警惕。这样我们就不会走弯路，能够顺利地走上正确的解脱之路。

第十二，无误之十法

在学佛的过程中，无论是在见解、修行，还是行为上，正确无误的事情肯定不止十个，但以下十个，是非常重要的正确无误的选择。俗话也说，选择比努力更重要；用佛教的话来讲，就是发心比努力更重要。如果发心有错，就选择了外道的路。在外道的路上再用功，也不可能解脱。哪怕选择人天乘，也是修世间福报，在此基础上再用功或投入，也永远不会解脱，只能积累一些资粮，令下一世健康、长寿、富裕而已。

一、无所贪恋、舍俗出家是无误之举

在条件基本成熟的情况下，放下贪恋出家修行，就是正确无误的选择。

出家修行本身是意义非凡的，但大小乘佛教的戒律都在讲，出家非同儿戏，只有在具备出家条件的时候，才能够出家。在出家之前，必须要慎重考虑。有些人动不动就吵着要出家，如果因缘不成熟，则出家反而会有一些负面影响。比如，你是家里最重要的顶梁柱，上有老下有小，家庭责任重大，父母也不同意，就要三思而后行。否则会引起父母、儿女、朋友的不理解，甚至认为佛教徒逃避现实，不负责任，冷酷无情。如果这种情况多了，整个社会也会对出家充满敌意。再比如，自己身为企业老板，肩负着不可推卸的社会责任，如果贸然出家，公司事务没有安排妥当，则下面很多员工及家属的吃饭问题也会受到牵连。虽然自己的修行进步了，却让很多家庭受到沉重打击，甚至失去了快乐，这无疑是不可取的。

许多汉族人认为，出家是公司破产、妻离子散、感情受创、走投无路之后的无奈选择。如果一切顺利，没有人会出家。但藏族人和其他有些地方的人却认为，出家是一件无比荣光的事情。有些地方的所有男孩在结婚之前，都必须要做两件事：一个是当兵，另外一个就是短期出家。这都是社会普遍价值观使然。

当社会普遍认为，物质、金钱最重要，其他事情一文不值的时候，出家的功德也就会遭到抹杀。当大家意识到，除了物质以外，人还应该有其他追求，人生的成功，不仅仅是物质上的成功，精神上的成功也是一种成功之后，出家就能得到周围人的理解、认可、支持乃至羡慕。

虽然学佛不一定要出家，但对个人的修行来说，如果没有家庭负担，不会造成不良影响，有勇气出家，的确是非常好的选择。但在出家以后，就要担当起出家人的工作——戒定慧。如果不顾一切地出家了，却不尽出家人的责任，不在安静的寺院、佛学院闻思修行，只是做了一些表面上的善事，比如募款、建筑等，就不符合出家人的本分。

出家人的修行是有过程的，出家戒要求，在出家十年之内，必须亦步亦趋地依止一位上师，一直不能离开，坚持闻思修行。十年以后，受了比丘戒的，才成为戒律里面的自由人。如果出家后却身陷世俗红尘，始终无暇修行，又如何挣脱烦恼缰绳？

佛教认为，烦恼有两种：一种是因为有贪嗔痴慢疑的种子，然后从内心深处产生的烦恼。这些烦恼不需要外缘，哪怕住在安静的地方，这些烦恼还是会冒出来。仅仅是出家，不能解决此类烦恼，只有修行，才能将其断除。但更多的烦恼，来源于外在的因素——因为名声、财产、工作而招致的压力、竞争、嫉妒、攀比、虚荣等，这在生活当中都很难免，只要身处人群，就会源源不断地产生烦恼。此时若能选择一个比较安静的地方，放下世俗的牵绊，投入到闻思修行当中，这些以外缘而产生的烦恼自然而然会烟消云散。

出家受戒本身，就有很大的功德。除此以外，对学习、修行也很有帮助。对此我本人深有体会，我刚到学院的时候，什么都不懂，但世俗间纷纭不断的烦恼，却在不知不觉当中消失了。这是环境对人的影响，也与出家的缘起密不可分。

刚开始的时候，出家的动机很单纯，就是为了解脱，而没有掺杂别的目的。在此种情况下，即使身边的亲戚朋友再不理解，再非议重重，这个选择也是正确无误且非常圆满的，因为这一举动断除了因外因而产生的烦恼，所以剩下的烦恼就不是很多了。这样就能腾出更多的精力，专心投入到闻思修行当中，这是多么有意义的事情啊！

如果不出家，一辈子都在赚钱，或许在世俗人眼里，是一位成功人士，但这有什么实际意义呢？

每个人来到世上的时候，都是两手空空、从零开始，学习、创业、工作、结婚、生子……最后短短的几十年过去以后，又赤手空拳地离去，一切又回归到零点。在从零到零的这一圈中，经历了无数坎坷，承受了无数压力，感受了无数痛苦，这到底是为了什么？

如果没有出家，在世俗生活中，整天都会受制于无法割断的各种人脉，随之而起的是贪嗔痴引发的各种罪业。走的时候，这些罪业也将如影随形，这是多么悲惨的结局啊！所以说，出家是第一无误的选择。

当然，出家并不是学佛修行的唯一选择，只要在一生中有一定的修行，人生的前途将不再是黯淡的灰色，走的时候，也将满载而归。

二、恭敬顶戴殊胜上师善知识是无误之举

头巾是用来裹头的，所以一定要戴在头上，而且只能裹头，不能用于裹手或脚。同样，对待善知识，也应像头巾一样地顶戴恭敬和依止，这是正确无误的做法。

目前很多人学佛，就是到某个寺院去领一个皈依证，然后取一个法名，从此以后就自以为是佛教徒。接下来的学佛，就是为了升官发财、健康长寿而烧香拜佛。这都是对皈依与学佛的错误解读！

就像考上学校，就要去听课，不能整天都在校园里玩，否则学不到真功夫一样，皈依以后，必须找一个善知识。没有善知识，我们永远无法学习和修行。

尤其是藏传佛教的密法，更是强调金刚上师的重要性。

严师出高徒，高材生的培养，取决于学校的师资力量。名牌大学之所以受追捧，其原因也在于此。如果没有好的导师，研究生也不能研究出有实际价值的成果。学佛能否成就，也观待于善知识的真伪贤劣。如果依止了不标准的善知识，即使有一颗虔诚恭敬的心，但若少了闻思修行后劲的推动，

当初的虔诚之心，也会慢慢淡化，乃至消失。所以，善知识的鉴别与依止特别重要。

虽然学佛要靠自己的努力，但如何努力，往哪个方向努力，却需要善知识的引导和教诲。如果没有人指路，我们就会误入歧途甚至南辕北辙，那样即使耗尽毕生精力，也不会到达目的地。标准、具德的上师善知识，会给我们指一条正确无误的路。接下来的事情，就看自己的努力了。方向正确了，走一步，就会近一步。所有的付出，都不会白费。

依止善知识的方法，在《华严经》、华智仁波切的《大圆满前行·普贤上师言教》、无垢光尊者的《大圆满心性休息》、宗喀巴大师的《菩提道次第广论》里面讲得很清楚。简而言之，真正最殊胜且至高无上的依止善知识的方法，就是听善知识的指导，努力闻思修行。最优秀的弟子，会努力完成上师安排的闻思修行的功课，绝不讨价还价，绝不违背教言。如果不听从上师教诲，不闻思、不修行，则即使倾家荡产地供养再多的财物，投其所好地说很多奉承语言，都是没有用的。唯有法供养，才是最殊胜的供养与依止。

三、并行闻思修正法是无误之举

“并行”的意思，是说闻思修三者不可脱节，需齐头并进。

无论是主张只实修不学习的实修派，还是只学习不实修的学院派，都是偏颇、片面的。闻思最终都要实修，修了才能够证悟，证悟了才能够断除烦恼，断除了烦恼才能够解脱。但修行的前提和基础，就是闻思。没有闻思，就不知道修什么，如何修。

缺乏闻思的实修，叫做盲修瞎练，这会迷失方向，再努力也没有结果；不用于修行的闻思，就成了一种纸上谈兵或口头禅，一辈子都在学习、辩论，始终不能断除烦恼、求得解脱。先听闻，再思考，然后去修。修完以后又去听下一个法，这样循环往复，才是正道的修持。

以前法王如意宝住世的时候，也非常赞叹闻思修并行，也就是要求大家闻思修行轮番交替进行。因为闻思对修行有很大帮助，修行有点感觉的时候，就会对解脱、成佛、度众生产生更大的兴趣和勇气，然后又继续修，这才是正确无误的选择。

四、见解高上、行为谦下是无误之举

见解越高越好，最好能证悟中观、大手印、大圆满，同时，行为却要低调。不能声称自己是成就者，且在行为上表现得肆无忌惮、为所欲为。

虽然密法讲过，在某些阶段，可以不排斥一些不受约束的行为，但这根本不是没有任何修行境界的人之所为。

其实，这也是一种训练方式，比如，做梦的时候明明知道自己是在做梦，为了消除梦中对悬崖的恐惧，便故意从梦中的悬崖上跳下去，结果不但不会有任何伤害，而且可以更加坚定地知道，梦中的虚幻景象无利也无害，继而从根本上断除对梦境的执著。同样，当学密境界达到一定程度，可以将所有现实生活与梦境平等相待、一视同仁的时候，为了从根本上断除烦恼习气，会故意去做一些普通人不敢做的事情，以践踏对清净与不清净的分别念，好与坏的执著等，并能从中感受到彻底的清净和空性，让原有的认识更上一层楼。

但这不是初学者的境界，如果刚刚灌了一个顶，听了一点密宗续部，连密法是什么都说不清楚的人，就不要妄称自己是什么成就者、瑜伽士或空行母，这种自欺欺人的把戏，不但对自己的今生来世贻害无穷，而且也给佛法与其他佛教徒造成了不可弥补的损害。

我们现在最好的对策，是依法不依人，这也是佛陀当年给我们制定的原则。

其实，藏传佛教的视师为佛，也不是依人不依法。因为在依止上师之前，已经经过了长期的观察，这就是依法不依人。如果单单依人，就不需要这么长时间的观察，遇到一个自己认可的人就可以了。在长期的观察过程中，不是观察对方有没有地位，有没有势力，有没有钱，而是观察对方有没有戒定慧，有没有闻思修，具不具备教证二法，这是真正的依法不依人的表现。如果一个人经得起长时间的观察，那就应该是当之无愧的上师。之后视师如佛，也是理所当然的。

如果不观察而盲目崇拜，且遇人不善，就只能自食其果。当然，如果不准备依止对方，我们也不要随意否定、毁谤。佛陀讲过：只有我和像我一样的人，才能评论别人的行为。意思是说，除了佛以外，其他人都不知道别人究竟是错还是对，连动物里面都有佛菩萨的化身，故我们无须去观察和判断别人的对错。

莲花生大师说过："是故见比虚空高，取舍因果较粉细。"证悟空性后，即使有了开放、高远的见解，但行为仍应该细致低调。密法的甚深行为并非人人可行。如果境界低劣，仍然停留在因果轮回的层面，将一切都执为真实，金钱、名利都紧抓不放，与没有学佛的人别无二致，行为上却异常开放、毫无节制，杀盗淫妄、无恶不作，这样只能毁坏自他。如果这样的人给我们指路，那终点肯定是恶趣。我们不要以为学了密法，就可以肆意妄为。密法从来没有这么讲过，这是有些人为了利用密法达到私人目的而用来掩人耳目的把戏。

要明白这些道理，必须要有闻思，所以千万不能忽略闻思。

五、心胸宽广、誓言保守是无误之举

小乘行人因为只证悟了人无我，即空性中的一小部分，所以智慧显得比较紧促、狭窄。唯识宗比小乘佛教开放一点，却仍然没有完全证悟法无我。自空中观比唯识宗的见解更胜一筹，但由于还没有证悟心的本性如来藏，所以智慧也不够开放。

最深广的智慧，是第三转法轮关于如来藏光明的内容。禅宗的明心见性，密宗的时轮金刚、大手印、大圆满等，就属于无限广阔、开放的智慧，是一切万法的真实本性。

在证悟此等智慧之后，对戒律或自己的承诺却要严谨，对吃素、戒烟、戒酒等每一件小事，都不能放纵和大意。

我们不能因为自己是学大乘佛教的，就可以轻视小乘的戒律。除了戒律以外，包括在念咒、闻思、行善等方面的承诺，也要认真对待、言出必行。

入座和出座以后的现实生活最终虽要圆融，可在一开始，却无法圆融。虽然在八地菩萨的时候，或者至少是证得一地菩萨的时候，智慧与戒律可以圆融一味，不需要故意用戒律把自己束缚起来。印度的八十四位大成就者、济公和尚、六祖惠能大师等成就者就可以不受戒律的控制。但哪怕是六祖惠能大师，也在开悟以后，示现了品行高洁、戒律严谨的宗风。与猎人在一起长达十五年，也没有吃一口肉，而只吃肉边菜。像我们这种初学者，放松戒律就更是为时太早。

通过修行来逐步提升智慧，戒律也可以相应放松。到一地的时候，智慧和行为基本上可以圆融，就像知道是在做梦，则从梦中的悬崖跳入深渊也不会有任何损伤一样。但如果不知道自己在做梦，却不顾一切地跳入深渊，就有可能做恶梦，梦见自己摔伤送到医院，花光了一辈子的所有积蓄，最后不治而亡等。同样，在没有证悟如幻如梦的时候，善就是善，恶就是恶，善恶永远不能混在一起。此时，就要尽力行善断恶，否则就会投生地狱、饿鬼、旁生道。即使烦恼现前控制不住，而造作了恶业，也要认认真真地忏悔。佛允许犯错误，却不允许自以为是，死不悔改。

六、智慧广大、我慢微小是无误之举

智慧越大、越深、越广越好，傲慢越淡、越少、越浅越好。我们不能因为自己有智慧，便洋洋自得、不可一世。闻思过程中，有些人学得如鱼得水，有些人学得磕磕绊绊，都在所难免，但这并不意味着与解脱有着正比关系。

傲慢有时候很隐蔽，仅看外在的言行，不一定看得出来，但若时常反观，也能及时发现。若等到别人指出来，都已经病入膏肓，相当于癌症晚期了，所以要懂得控制，懂得自律。

有些道友在一起讨论佛法的时候，只要有师兄提出一个幼稚的问题，有些人就会反唇相讥：“你学了这么长时间，连这个都不懂，你学的什么法啊？”这不但是傲慢的表现，还有点侮辱人格，应该为佛教徒所不齿。

有些有钱、有权的人也很傲慢，说话、走路的方式都不一样，这也可以理解，因为一般人不一定接受过戒除傲慢的教育。而佛教徒一直都在学习如何控制、断除、推翻傲慢，如果学着学着，傲慢心却不减反增，那就与正法背道而驰了。

佛住世的时候，印度的阶级划分泾渭分明、难以逾越，但佛陀却顶着世俗压力，制定了平等的戒律戒规，提出种族、阶级都不重要，戒定慧才是最重要的主张。几千年过去了，这一优良传统一直保持至今。所以，任何学佛群体，必须做到公正平等。

尽管学佛群体中的每一份子，有着不同的学历文化、世俗背景，但在这个群体中，这些都一文不值。唯有闻思修、戒定慧，才是这个团体的荣誉与骄傲。但即使有了戒定慧，也不能傲慢。当然，如果真的有了戒定慧，也不会傲慢。

所以，任何学佛团体，都必须强调平等公正的原则。不能谁有钱谁就坐在前面，谁有钱谁就最有面子等，不能把世俗的恶习带到佛教团体中来。

七、富有教言、精勤实修是无误之举

教言诀窍丰富，并不意味着必须学富五车，懂得所有的佛教教言。此处是指，如果修大圆满，则大圆满从前行到最后的正行之间的所有窍诀，都完整、圆满地具足。在此基础上，还要精进地修行。只要有了这两个条件，今生不可能不成就。丰富的诀窍，意味着正确的方向；精进地修行，表示一直在努力。在正确的方向上砥砺前行，怎么可能不成功？

八、觉受证悟善妙、无有自高自大是无误之举

对修行路上的任何觉受、感受、证悟、梦境，都不能有执著，应当无牵无挂、无羁无绊。

如果有一点点觉受，或做了一个吉祥的梦，就紧抓不放，认为自己是不是成就了，是不是见到本尊了，是不是证悟了，是不是表示自己来历很特殊等，这些觉受与梦境就会变成一种障碍。在修行的过程中，我们会做一些好梦，这是很微不足道的。任何觉受与梦境，都或许有一点点意义，也或许没有什么意义，过了就过了，过去心不可得，了然无痕。即使真的看见佛菩萨，也有好几种情况：一个可能是因为内心虔诚，真的见到了本尊；但也有可能根本不是本尊，而是妖魔鬼怪的化现，让我们骄傲自满、停滞不前。所以，外面的景象不重要，自己的态度最重要。

即使看见佛菩萨的面孔，或魔鬼妖怪的面孔，首先要了知其如幻如梦，其次要了知一切皆为如来藏的现象，是佛的坛城。只要有了这样的态度，一切都会变成修行的顺缘。反之，即使见到本尊，也会变成魔鬼。

所谓的魔，即是对修行有阻碍的事物。所有不让我们的慈悲心与智慧增长的行为与心态，都叫做魔。

在修行过程中稍稍有一点感觉，也不要执著。如果它是一条正确的路，就不需要去询问和探讨，一直走下去，自然会水到渠成。如果执著了，则即使是正确的体验、感觉或者验相，都会因此而发生本质上的改变，尤其是在执著的背后有了傲慢，那就更可怕了。看到什么都不重要，重要的是心态、态度。当事人的态度，决定了事情的好坏胜劣，这就是诀窍。

九、能独自安住又能处众不乱是无误之举

独居不烦，群居不乱，是第九个正确无误。

如果有时间，可以在一两个月或者是更长的时间中，栖居于偏僻之地，独自安静地修行。平时在喧嚣闹市，人群之中，也能保持心不散乱，是正确无误的道路。

很多人过于习惯于城市生活，即使有时间，也在安静的地方待不下去。我们要学会既能独自居住，一人闭关，也能在人群中不受干扰、一心不乱。

十、无有自利的牵扯、善巧利他的方便是无误之举

无私利他，善巧方便，是第十个正确无误。

在做任何利益他众之事，或在进行所谓的“奉献”时，首先要扪心自问，其中有没有自私的目的。有些时候，我们表面上在利他，实际上却是为了自己。

确定没有自私的目的，就已经很好了。若能在此基础上，再加上丰富的善巧方便，就是真正的准确无误。只要具备了这两个条件，就可以放手大胆地去做利益众生的事情。

每做一件事情，都要尽力做到发心、过程和结果三者圆满。当然，谋事在人成事在天，至于成功与不成功，要观待很多客观因素，但至少发心是纯正的。只要努力了、付出了，哪怕结果不理想也没关系，也是非常有意义的。

第十三，无义之十四法

从解脱的角度来说，很多世俗的事情都没有意义。对修行人来说，有些事情更是特别没有意义。我们要尽量不做这些没有意义的事情，而要把时间投入到有意义的事情上。

在此讲了十四项“无意义”，每一个都是先讲内容，再讲比喻。

一、获得人身后不忆念妙法，如同已到宝洲空手而归，无有实义

获得暇满人身，不闻思修行，就像去往宝岛却空手而归，实在没有意义。

在释迦牟尼佛时代或更早的时期，印度尼西亚、菲律宾等地的岛屿上，有着各种各样的珠宝，印度商人常常结伴前去取宝。如果一个人去到珠宝满地的岛屿，结果却一颗珠宝也没有带回来，白白错过了大好良机，大家都会说这个人很蠢、很可惜。但更遗憾的，却是拥有人身而不闻思修行，不思考解脱的方法，一辈子都操持着与解脱无关的事情，频频造作各种罪业，这实在是太没有意义了。

今生拥有暇满人身，都是多生累劫积累各种资粮的结果。释迦牟尼佛圆寂的时候就说过，佛陀住世时度化的，是善根最成熟的人群。佛陀圆寂后，以语言、文字来度化的众生，比如我们这些众生，是善根成熟得比较晚的人

群，所以只能在2500多年以后，才有机会听闻佛法，精进修行。尽管如此，我们也是佛的所化众生，也算是有福报的众生了。

从整个六道轮回的角度来讲，人身是一个超级奢侈品。在获得暇满人身的时候，要尽量做一些有意义的事情，不要为生存而生存，成为赚钱的机器。虽然为了生存，有些事情不能不做，但也应该适可而止。否则一失人身，就不复再得了，那时再后悔也无济于事。

至于什么是有意义的事情，取决于每个人的价值观。但这些所谓“有意义的事”到底有没有意义，等我们临终一刻躺在病床上的时候就知道了。在经历了一生的风风雨雨之后，问问自己，走的时候究竟能带走什么？

世间的很多政治家、文学家、经济学家在年轻气盛、思维青涩、经历浅薄的时候，会认为自己当时做的事情意义非凡、价值深远。但在生命的最后一刻，他们才幡然醒悟，可那个时候知道，已为时晚矣。

佛陀告诉我们，不要等到那一刻，现在就要懂得取舍，知道首要的是什么，次要的是什么，再次要的是什么，什么最不重要。在温饱问题解决之后，就不要花太多时间来满足虚荣、攀比等的需求，要学会简单、朴素地生活。

很多人号称自己是无神论者、唯物主义者，但他们的生活方式，却多半是为了满足精神的虚荣和攀比的欲望，不是为了肉体的需求。很少有人愿意安于清贫或者平庸，实实在在、脚踏实地地生存。生命短暂，稍纵即逝，要懂得珍惜。如果不攀比、不虚荣，生活节奏不是太快，就能在平淡之中，安享一份悠闲与恬静。

二、进入佛门后置身于俗家琐事，如同飞蛾扑火，无有实义

这里的“进入佛门”，应该指的是“出家”。出家人的本分，是闻思修、戒定慧、讲辩著。如果出家以后，仍然忙于商务贸易等在家人的事情，是非常没有意义的。就像飞蛾，因为喜欢火光，又不知道扑进去的严重后果，故而投入到火光中，最后被活活烧死。

三、无有信心住于善知识前，如同身处海边而渴死，无有实义

依止善知识的目的，是希望善知识指引解脱之路，然后自己去修。虽然每个人都需要依止上师，但依止上师的前提条件，就是信心。没有信心，根本不相信佛、法、僧，不相信上师的功德，则即使十年八年跟在一个非常优秀的善知识身边，也没有意义。因为没有信心，所以不会随学上师的功德，反而会挑剔上师的过失。

如果没有信心，依止上师的时间越长，越能看到上师的缺点，因为是戴着有色眼镜看事情的。其实不一定是上师本身有缺点，而是观察者自己有问题。

缺乏福德的人，即使身居海边、湖边或河边，也会干渴而死，因为他不愿意喝水，或者怀疑水里有毒。没有信心而依止善知识，也不可能得到法雨的滋润。

四、不成为四种根本罪与我执之对治的法，如同斧头与木材放在一起，无有实义

修学佛法，却不能对治杀盗淫妄等罪业，不能摧毁我执，那无论出家、在家，无论大乘、小乘，都没有意义，如同斧头不用来砍木头，而是仅仅和木头放在一起。

无论小乘、大乘，中观、大圆满等任何法，都是用来控制恶行、推翻我执的。只要推翻了我执，其他问题都迎刃而解。假如没有达到这两个目的，则即使五部大论倒背如流，辩论研讨战无不胜，讲经说法口若悬河，著书立说读者众多，对自己的解脱也没有任何意义。佛法的智慧就像斧头，杀盗淫妄的行为和我执就像木头。斧头本来是砍柴、砍竹子用的工具，只有拿着斧头去砍柴，斧头才能发挥作用，如果仅仅将木头和斧头放在一起，斧头自己是不会去砍柴的，那么即使过了100年，也没有意义。

本来自私自利和慈悲心、菩提心是矛盾的，可为什么我们所学的慈悲心和菩提心却不能对治自私自利呢？就是因为没有把慈悲心用到该用的地方，只学到理论，却没有落实到心里，所以烦恼和执著能够恣意妄为。师兄之间的嫉妒、傲慢、侮辱、歧视，便因学佛层次、文化背景、经济实力等而日益炽盛。学佛学了很长时间，师兄之间却不懂得礼貌、尊重、让步，稍稍有一点不满，便相互诽谤、排挤……我们必须知道，这都是不对的。

这样的学佛一点都不能打击“自我”，不会让“自我”受到任何损失，反而因学佛的虚荣，而将“自我”滋养得更加隐蔽且硕大无比。这样的学佛，还有什么意义？

五、不成为烦恼之对治的窍诀，如同病人只拿着药袋，无有实义

凡是不能作为烦恼对治的窍诀，即使再高深，也没有意义，就像药囊装药却未服用，疾病永远不能痊愈一般。

听了再多的窍诀，却不能成为烦恼的对治，贪嗔痴疑慢毫发未损，这些窍诀也没有意义，就像一个病人背着装满各种妙药的药囊，却不服用妙药，又怎能治好自己的疾患呢？

常言道："三岁看大，七岁看老。"初学佛法的人就像两三岁的孩子，早期习惯的培养与引导非常重要。这时候我们必须将学到的知识现学现用。养成好习惯以后，学到的东西才能用得上。如果坏习惯已经养成，就积习难改了。

另外一种教育方式，是把佛法当成学问或文化去研究，一直都在学，却一直都没有修。比如，将《入行论》从头到尾背得滚瓜烂熟，记得一清二楚，却一句都没有用，一个偈子都没有修，只是把所学的东西，当成衡量别人长短的尺子，吹毛求疵地去查找、挖掘别人的毛病，却根本不观察自己的过失。因为所学甚多，所以看别人的缺点就更容易，任何的不如法，都逃不出他们"博学多才"的眼睛。这种学习方式的结果，就是掌握了大量佛教知识，却不能解决自己的问题，始终没有进步，最终成为法油子。

这种情况目前在家人中比较少，藏族出家人当中有。因为出家人学得多，整天都在背书、辩论，如果一直不修行，尽在学习方面用功，就会走上这条路，这非常没有意义，我们千万不能走这条路。在家人本来学习的

时间和机会就不是很多，如果不能学以致用，全部的所学，都变成观察别人的工具，那是最大的失败！

我们曾经反复强调，要将佛法用于生活，这也是如今很多法师与佛教徒的口头禅。但怎样用到生活当中？除了将修行所得的戒定慧用于生活以外，不会有别的东西可以用于生活。戒定慧是通过修行获得的，如果没有修行，就不会有戒定慧，更不可能融入到生活当中。

比如，一个生意人受戒以后，就可以将戒律运用于生活，不撒谎、不欺骗、不伤害他人等。同样，无论是官员、老师、医生还是商人，都尽量地利他，就是慈悲心落实到生活当中的一种表现。如果没有慈悲心，是不会做这些事情的。即使做了，也只是做给别人看而已，实际上不是帮助别人，不是扶贫和献爱心，最终的日的，还是为了自己，还是爱自己。此时的外在行为，只是充当了“自我”的生力军，是一种对自己更有利的手段而已。

就像先要有钱，之后才能投资一样，佛法融入生活，前提是自己要有佛法，之后才能融入。很多人以为，佛法融入生活的意思，就是不需要闭关修行，只是在生活当中实践佛法的理念。虽然在生活中实践佛法理念并没有错，佛陀也告诉我们，大乘佛教不能脱离世间、脱离生活。如果有能力，发了菩提心的人应该去帮助所有人解决痛苦，如果有别人需要的东西，就应该给予，这就是六度的核心。但这样做的前提，是自己要有智慧和慈悲，否则不可能有能力帮助他人，也不可能愿意无条件地帮助他人。

所以，我们不需要学太多，只学自己修行需要的那部分即可。比如，如果要修四无量心，就先学好慈无量心，之后修持慈无量心，修好以后，再把慈无量心落实到社会，落实到世间，落实到生活当中。然后，再进一步去学悲无量心，也是按照学、修、用的次第。学修过程中，要目标专注，不要学太多东西。如果在学悲无量心的时候，又学中观，又学因明，可一个法都没有修，一个法都没有用，最终学不学都是一样的。

要知道，知识和体会是截然不同的。通过闻思所得到的智慧，是储存在意识层面的；而证悟的体会，却与我们的感官与意识没有关系，它是储存在智慧层面的。最终的证悟，已经完全超越了所有的意识。随着年纪的增长，闻思所得的智慧会慢慢消失。比如，五年前自己的五部大论学得非常好，不但背得滚瓜烂熟，和师兄之间的辩论也无往不胜。但五年、十年过去以后，可能五部大论中的一个论典都背不了，五部大论中复杂的思维逻辑也忘得一干二净，和当初不学没有太大区别，这就是闻思的缺陷和不足。而修出来的体会，哪怕是人身难得、寿命无常与菩提心等意识范围内的亲身体悟与感受，却永远不会忘记。

打个比方，一个人是长时间地研究蜂蜜的来历、成分、营养价值等知识，另一个人是直接去品尝蜂蜜的甜味，过了十年八年以后，有可能知识都忘掉了，可蜂蜜的甜味却不会忘记。

在死亡的时候，意识全部会归零。下一世投生的时候，一切又从零开始，然后又复归于零。意识是变化无常的，即使今生学得好，来世也可能淡化到几乎为零的程度。然而，证悟是如来藏的作用，如来藏与意识的活动和变化没有关系。所以，明心见性以后，即使换了一个身体和形式，也不会遗忘。

莲花生大师的伏藏埋在什么地方？不是埋在阿赖耶识中，也不是埋在第六意识中。否则在经历这么多的生生死死之后，即使伟大的伏藏大师也会忘掉，所以必须是埋在证悟的境界当中。如果是一个标准的伏藏大师，那起码要是一个开悟的人，否则无法将伏藏品埋在他的如来藏当中。我们平时以为，伏藏都是埋在湖泊、岩石等中的，其实这只是一种符号，依靠这些符号，可以激活、唤醒伏藏师内心的伏藏。当他们一看到这些符号，立即就能想起当年莲花生大师所埋的伏藏内容。

所以，最妥当的次第，是先闻思，再修行。从知识转换到体会，从体会进入到证悟。未得一地前，还有可能退转。但证悟一地以后，永远都不会退转，其道理也在于此。学习固然很重要，但不能在学习中原地踏步。学习的同时，必须要修，必须要用。现学现用，才是最佳的学修方式。

六、没有针对心相续而一直口头空谈，如同鹦鹉学舌，无有实义

学到的东西如果没有落实到心中，只是懂得一些佛教知识，是没有意义的，如同鹦鹉学舌。

《现观庄严论》的开头，就是讲发心。菩提心是《现观庄严论》里面的一个难题，因为《现观庄严论》中浓墨重彩的诠释，已经把菩提心推到非常复杂的地步，学懂这部论典，需要很长时间。因为在研究佛有没有菩提心的时候，如果佛有菩提心，那佛的菩提心到底是什么样的？是胜义菩提心，还是世俗菩提心？十地菩萨有没有菩提心？十地菩萨的菩提心是有执著的，还是没有执著的？完全是简单内容复杂化。当然，对喜欢学习的人来说，想全方位地了解菩提心，是没有问题的。但如果一直停留在这个层面上不去落实，

就是没有意义的。有些人就只是学不会修，所以最终根本没有菩提心，也无法将菩提心深入到内心。

而《修心七要》《大圆满前行引导文·普贤上师言教》等论著当中讲的菩提心及其修法，不但将复杂问题简单化，而且也没有失去其精华，非常适合现学现用。

选择走哪一条路，要根据自己的情况来定。如果时间很充裕，想全盘了解佛法的内涵，就去学《现观庄严论》等五部大论；如果不想知道这么多知识，只是想解脱，就要学加行，修加行。学一个修一个，活学活用。在修得比较好的时候，就要把所学的知识与体会转化为行动，用到与同事、家人、朋友相处的过程中，让大家看到佛教徒的变化。如果学佛多年，却没有什么变化，还是一如既往地自私、顽固、傲慢，学佛就成了没有用的幌子。

正确的佛法教育，可以让一个普通人变成佛菩萨；错误的佛法教育，也可以把我们变成法油子。教育很重要，教育的方法更重要。闻思修行很重要，闻思修行的方式更重要。如果没有将法义浸润到内心当中，只是学会一些佛教名词，知道什么叫做四圣谛、世俗谛、胜义谛等，却没有实际修行，只会鹦鹉学舌，是没有意义的。

七、以偷盗强抢诈骗进行不予取来作布施，如同将皮袄泡在水里，无有实义

依靠偷盗、抢劫、欺骗等行为赚得的钱用作布施，是没有意义的。

当然，我们曾经讲过，假如有人因为没有钱而无法维持生计，另一个人

自己没有钱，为了让穷人活下去，便毫无自私心地去偷、去抢，然后将偷抢所得的财物送给别人。在大乘佛教里，这是允许的。

此处所说的没有意义，是在偷盗、抢劫、欺骗的时候，从来没有想到给别人布施什么，只是为了自己赚钱。在不择手段地赚了很多钱以后，又做贼心虚地拿出一部分钱财去布施，这种布施就没有太大意义，还不如不盗不抢。普通的布袄可以入水洗涤而不会毁坏，而羊皮袄却不能入水。

八、以加害众生来供养三宝，如同割儿子的肉给母亲，无有实义

如果以血腥屠杀、暴力、剥削、欺骗等对众生有害的方式得到的财产用来供养三宝，是没有意义的。因为这些财物沾满了伤害，包含着极大的罪业。

比如，故意杀生，用众生的血肉去供养佛法僧，这不但没有功德，而且是很严重的错误。有些宗教喜欢以众生的生命，或者是现场活杀众生的鲜血和肉供养、祭祀神灵，这都是有悖因果的糊涂之举。虽然他们的宗教允许并鼓励这样的行为，但这种为了自己的利益而行贿神灵的举动，历来是佛教极力反对的。《入行论》里面讲得很清楚，只要伤害了众生，就已经严重地伤害了佛菩萨。用伤害众生赚来的钱去供养佛菩萨，佛菩萨根本不可能欢喜。虽然佛菩萨不会有凡夫所谓的喜怒之念，但假设有，那佛菩萨绝对不会喜欢杀生祭祀，而会希望我们能利益众生。利益众生，就是对三宝最好的供养，此外不需要再去寻找什么其他的供养了。

平时我们供花、供曼茶罗，是积累福报，表达对佛的虔诚、恭敬的方法。其实佛真正需要的不是这些，而是让我们去帮助众生、利益众生。在大乘佛

教里，慈悲心、菩提心、利益众生，以慈悲心和菩提心做义工、救灾、捐款等，才是最完美的供养与恭敬。既是自己在修持六度，同时也是供养佛菩萨，是积累福报的绝佳之方。

在大乘佛教当中，大悲心是最高级的供品。如果想忏悔，菩提心是最好的方法；积累资粮，菩提心也是绝佳之道。哪怕内心产生了一个菩提心的念头，都是最上等的供品。反之，如果用伤害众生的手段赚得的钱供养佛菩萨，就像把别人儿女身上的肉切割下来送给他们的父母一样。他们的父母会高兴吗？只会悲痛欲绝！

凡是对众生有害，让众生受苦的事情，永远都不会成为给佛菩萨的供品。哪怕再小的利益众生，也是最上乘的供品，是令佛菩萨最开心的事情。

九、为了今生的一己私欲而道貌岸然、忍辱负重，如同猫潜伏杀老鼠，无有实义

为了此生的名利等现世利益，而装模作样、诈现威仪、道貌岸然地持斋戒、修忍辱，看似平和淡然，实则包藏私心。所有的行为，都是做给别人看，都是为了达成自己今生的某些利益，则纵然虚有其表，也没有任何意义。这就像猫在伺机捕捉、吞食老鼠之前，其每一个动作，都轻手轻脚、小心翼翼，但实则暗藏杀机一样。

十、贪图现世的名闻利养而行广大善法，如同用如意宝珠换一个小葫芦或一团食物，无有实义

做任何善事的伟大与否，都取决于发心，而不是事情本身。表面上捐很多钱去修庙、造佛像等，但目的只是为了今生的名誉、地位，就像用如意宝珠换得一个葫芦、一个苹果或一碗饭，这不是很愚蠢的行为吗？如果有了出离心、菩提心，这些善根就会成为上佳的解脱之因，可因为目标不是解脱，而是世间的蝇头小利，所以就只能换取微乎其微的今生利益了。此处所谓的世间名利，就如同葫芦，解脱之因就像如意宝珠。

十一、虽然多闻但自相续处于平庸状态，如同医生罹患痼疾，无有实义

就像医生感染了严重的疾病，也知道该怎么治，却讳疾忌医，则所有的知识，都是没有用的，病痛依然如故。知道怎么样去成佛，怎么样去消灭烦恼，却没有去实操，所以至今内心仍与凡夫没有任何区别。

十二、精通教言却无有觉受境界，如同富人无有仓库钥匙，无有实义

精通修行窍诀，但因为从来没有修过，所以没有修行经验，是没有意义的。

就像一个富翁没有自家仓库的钥匙，哪怕里面存放着各种宝物，也不能让宝物发挥作用。

十三、自己不了悟法义却为别人宣讲，如同盲人导盲，无有实义

虽然在家居士也可以讲法，但前提是自己不但要懂，而且还要有修行的体验。在此之前，暂时可以交流、讨论、复习，但如果想不依靠其他人的讲解，自己去讲佛教的经论，则首先自己必须精通法义。如果自己都不精通就给别人宣讲，是很危险的。人身难得、寿命无常等简单的内容还好说，如果是密法，则要慎重考虑，否则就像导航出了问题，不知道会把大家导到什么地方。

学好修好以后，如果有必要，还是可以讲法。但除了长期学修以外，还必须要有传承。自己从来没有在一位善知识面前从头到尾认认真真地听过，只是看看书，大概了解一下，便信口开河，则如同盲人为盲人带路。

修行也是一样，从来没有认真地学过一个修法，单单看书了解一个大概，就开始单打独斗地盲修瞎练，其后果也很危险。尤其是对于有些比较深的窍诀修法，更不能如此草率。

十四、将方便生的领受执为殊胜境界而不寻求实相义，如同将黄铜当成黄金，无有实义

通过中观的逻辑去推理以后，能获得一种单空的结论。修习这种结论，也会有一些空性的感受和体会。之后便停滞不前，认为自己所感悟的空性就是至高无上的境界，自己已经明心见性，再也不去寻找心的本性光明如来藏，这也是没有意义的，就像把黄铜当作黄金一样愚蠢。所以，在稍微有一点感受的时候，一定不能满足现状、浅尝辄止，而要勇往直前、坚持不懈。

第十四，修行人之十八耻辱

我们都号称自己是佛教徒，却经常会做出很多不如法的事情，这都是修行人的耻辱。本来修行人的耻辱有很多，但此论只讲了其中十八个耻辱。学习之后，我们要自我对照，发现问题，尽量断除。

一、住在静处却成办今生的荣华富贵，实是修行人的过失

身居僻静深山、寺院，看似专职修行，实则是为了扩展自己的名声、势力、财产等世俗福报，的确是修行人的耻辱。

既然去到静处、寺庙、闭关处，理应放弃名声、地位、权力、财产等世间八风，专心致志地闻思修行，如果反其道而行之，就与正法背道而驰了。

从大乘佛教的角度来讲，如果有名声、有势力，能度化和饶益更多众生，则扩大自己的名声和势力也未尝不可。因为所做的目的不是为了自己，而是为了众生。但如果不是为了饶益众生，而是与世俗普通人一样求名求利，就是修行人的耻辱。

二、作为群体的首领，成办自私自利之事，实是修行人的过失

无论是寺院、闭关中心或其他修行处的方丈、住持、负责人，还是任何

宗教团体的领袖，都是由其他成员推选出来的。大家出于信任，认为自己推举的人会帮大家做事情，会考虑大家的需求。如果“领袖”有负众望，一切行为都是为了自己的名声、势力和财产等，自私自利、不顾他人，就是很大的耻辱，这种人也不配当领袖。

身为领袖，应该为大众着想，为大众服务。本来大乘佛教就提倡为一切众生服务，菩萨就是一切众生的服务员。不求任何回报，无条件地服务众生，才真正是菩萨的心态、菩萨的精神。作为僧团或居士林的领袖，更要为大众服务，勇于奉献，不计个人得失。

三、精通正法却不警惕罪业，实是修行人的过失

显宗的经论、密宗的续部，都博闻强记、无所不知，但在理论落实到实践的过程中，却不注意因果取舍，为所欲为、胆大放肆。

闻思的作用，就是让我们明白如何鉴别真伪、取舍对错。如果已经知道因果取舍，却还是不杜绝违背因果的事情，闻思就没有任何意义！这难道不是修行人的耻辱吗？

四、拥有殊胜教言，自相续却处于平庸状态，实是修行人的过失

无论出离心、慈悲心等方便修法的窍诀，还是修空性智慧的窍诀都非常丰富。可因为没有修，自己的心还刚强难调，与凡夫没有任何区别，这就是一种耻辱。

现在学佛的人一年比一年多，这特别好，也特别需要。学佛的人多了，

社会上许多不尽如人意的事情就会减少。但从另外一个角度来讲，虽然学佛的人越来越多，可真正懂得佛法的人却凤毛麟角。佛教徒如果不知道什么是真正的佛法，就会十分迷茫。刚刚学佛的时候，还根本谈不上修行，因为我们连修行的方向和方法都不知道。这时候最重要的，就是闻思。闻思的时候，必须要学习《大圆满前行引导文·普贤上师言教》、宗喀巴大师的《菩提道次第广论》及《入菩萨行论》《中论》《入中论》等正宗的佛法。闻思让我们明白应该怎样修、怎样做，接下来的，就是实操。

有些人自己不喜欢闻思，还到处宣称不需要闻思，实修最重要云云。在闻思和实修中，没有重要和不重要之分。重要与否，取决于自己所在的阶段。无论如何，闻思修都不能脱节。如果闻思一二十年了，还在继续闻思，而没有下功夫修，就不一定合理。虽然懂得很多道理，内心却与没有修行的人别无二致，就失去了学佛的意义。

修行的次第，是首先把人做好，要敬畏因果，遵循因果规律。然后是修慈悲心、菩提心，坚信生命平等的观念。这些都是做人的标准，完全符合伦理道德的要求。在生起不造作的标准菩提心以后，就不仅仅是好人，而是在好人的基础上更上了一个层次，成了菩萨。之后通过一步一步地实修，最后证悟，明心见性。再进一步保任、修持，就能最终成佛。

懂得道理却不修，不但是耻辱，而且也非常可惜。获得人身不容易，我们一定要抓紧时间修加行。修行只有一条路，就是依循次第修加行。就像宗喀巴大师在《三主要道论》里讲的一样，就是修出离心、菩提心与空性，此外没有其他选择。

虽然我们有很多的工作、家务、世俗杂事，可无论如何，每天都应该挤出一段时间来闭关修行、打坐，哪怕只有半个小时都可以，两个小时就更好了。

五、戒律严谨，却没有离开欲望，实是修行人的过失

如果外表严守净戒，内心贪心重重，虽然不能说没有功德，没有意义，但意义不是很大，表面的戒律已经与内心的贪念自相矛盾，这也是修行人的一种耻辱。

六、觉受证悟善妙却没有调伏自相续，实是修行人的过失

“觉受”或“证悟”境界很高，却没有调伏自心，这有可能吗？实际上是不可能的。如果真的觉悟境界很高，就一定调伏了自心，断除了烦恼。如果烦恼与没学佛的人一样多，怎么可能证悟很高？不可能。

此处所说的“觉受”或“证悟”很高，指的是有些自称是成就者、瑜伽士、空行母、活佛、法王等的人。明明没有调伏自心，只是因为贪钱、贪色，贪各种东西，就妄称自己是成就者、瑜伽士，以达到自己的私人目的。现在有些人动不动就说自己证悟了，其实证悟不是那么容易的。

如果想让别人认为自己是成就者，至少要装出一副清心寡欲的样子，不要显得太贪婪，这与证悟者的境界是矛盾的。

有些人自称境界非同一般，可别人给你说两句不中听的话，就立即火冒三丈。证悟的人会这样吗？

有些人自称已经证悟，可照样贪色、贪财。证悟的人会这样吗？

证悟没证悟根本不需要说，只需看他的行为，通过逻辑推理就能知道。

自称证悟的人，行为却与普通人一模一样，这就是修行人的耻辱。

没有证悟，不是耻辱，成千上万的人都没有证悟，这不算什么。我们学佛时间不长，主要精力也没有花在修行上，没有证悟很正常，但至少要注意因果取舍。每个人都会犯错误，犯了错误一定要懂得忏悔。如果未证言证、自欺欺人，就是修行人的耻辱。

人类有史以来，一直都在犯这种错误。在哥白尼之前，所有的天文学家和世人，都奉行“地心说”，认为地球是宇宙的中心，月亮、金星、火星、木星等，都在绕着地球转。因为他们没有看到地球在转，没有看到自己脚下的土地在空中飞翔。每天看到的，只是太阳从东边升起，然后从西边落下，就想当然地认为自己所处的地球是宇宙的中心。自从哥白尼推翻了这个错误观念之后，再也没有人这样认为了。

同样，世人现在还没有放弃的迷信，就是不承认因果轮回，因为我们的肉眼，只能看到一个生命从诞生到死亡，之前之后的历程，我们都看不见。至于因果之间的关联，就更是无法探知。就因为这么一个非常简单的思维与推断，就断定因果轮回不存在，这与当初 “地心说”的武断与荒谬完全如出一辙。

没有闻思，就会犯很多错误，所以必须闻思。闻思以后就知道，真正的成就者，不应该有世俗的贪图。如果有，就不是证悟者，这是可以推理得知的。

七、已入佛门却没有断除世法的贪嗔，实是修行人的过失

尚未放下细微的贪嗔痴烦恼，是很正常的情况，不是耻辱。我们没有高深的境界，连出离心、菩提心都没有搞定，怎么可能有高深的境界呢？

但自称境界高的修行人，贪嗔痴却与普通人完全一样。有人对他说两句不中听或对他不利的话，立即怒火冲天；有人比他学得好一点，就不以为然甚至吹毛求疵，这就是嫉妒。之前大学校园里发生的同学之间的投毒事件，也是因为嫉妒攀比。佛教徒中有人闻思修方面很优秀，学佛的因缘比较顺利，也会引起有些人的不满。不但是不满，而且会采取各种言语与手段去诽谤、排斥，这都是修行人的耻辱。

贪有很多种，绝大多数凡夫都贪财、贪自己的名声。有些人说佛教徒很自私，就是因为有些人只懂得自己修，只知道完成自己的目标，只考虑自己的下一辈子，对其他人、其他事情不闻不问、视而不见。普度众生是他们的口头禅，却从来没有落实过，连世俗做人的标准都达不到。

我们不能太自私，更不能有傲慢，现在我们还远远没有到达有资格傲慢的地步。大家都要静下心来，好好反省自己的缺点和不足，脚踏实地、认认真真地修出离心、菩提心，这比任何事情都重要。

八、舍弃世间法而进入出世法，却放不下尘间俗事，实是修行人的过失

普通人有世间八法，这理所当然。如果已经成了佛教徒，却放不下世间八法，这也情有可原，不要自我标榜，老老实实修行即可。但如果号称自己

已经远离了世俗红尘，成为专职的修行人、开悟者、瑜伽士或成就者，可世间八法一个都放不下，这就是耻辱。

九、理解意义后没有实修，实是修行人的过失

如果不了解佛教教义，不了解修行方法，没有实修也无可厚非。修了很长时间还没有菩提心，还没有证悟，这也不是耻辱。毕竟我们已经努力了，只是因为业障深重等其他原因而致使效率不高。

很多人有拖延症，哪怕再重要的事情，都一直拖。五加行十几年修不完，其他修法也不修。

虽然我们身处红尘，上有老下有小，适当地考虑生存与生活也是应该的。但实际上除了修行，一生中真的没有更重要的事情了。只要有了出离心、菩提心与证悟空性的智慧，我们的生死才有了把握。下一世再回来，就不再是普通的转世投生，而已经是货真价实的“活佛”了。那时候回来的目的，就是度化众生，帮助更多的生命。

我们现在能做的，仅仅是暂时满足家人的需求，哪怕他们的要求有时候不太合理，也要尽量满足。尽管如此尽心尽力，却连让他们来世拥有更好的生命都无法保障，更何况是让他们获得解脱？

如果我们把很多大可不必的事情放下，抓紧时机修行，即使不能即生成佛，明心见性是肯定有机会、有希望的。如果明心见性了，那就是对未来最好的铺垫。下一世再回来的时候，我们能帮助的，不再是一个家庭的成员，而是无数的生命。孰轻孰重，自己掂量！

清楚了轻重缓急，我们还是可以腾出一部分时间来赚钱，养家糊口，但修行却是第一位的。

十、立下实修的誓言却不能安稳修行，实是修行人的过失

平时信誓旦旦地要修前行，修出离心、菩提心，发了如山的誓愿，却一个都不兑现。即使真有一天不需要工作，没有任何牵挂，所有的生活用品都有人提供，也有机会在一个安静的地方去闭关修行，也不一定能坐得下去。这，就是修行人的耻辱。

十一、虽然所作唯一都是正法，但行为却不能自立，实是修行人的过失

这一条多半指的是出家人。本来出家人除了闻思修、戒定慧以外，没有什么事情可以做。但有些人行为极不稳定，不愿专心致志、踏踏实实地闻思修，一会儿修庙，一会儿做慈善，一会又去朝山……一个人的能力和精力毕竟有限，只有先把当下最重要的事情做好，才能逐步实现所有的心愿。若准备闻思修，就要先闻思，闻思好了以后，再去专职修行，这样才能成为修行方面的专家。如果东一榔头西一棒槌，很难把什么事情都做好。最终一事无成，就是修行人的耻辱。

十二、虽然衣食自然而来，但心依旧左右寻觅，实是修行人的过失

如果一个人真的能不顾一切，前往静处全心全意地闻思修行，他的生活肯定不需要担忧，自然会有人提供。但很多人却不是杞人忧天地担忧自己的衣食，而是别有用心地以此为幌子，试图骗取更多的钱财和名声，不但没有将心思用在修行上，反而身在深山、心系凡尘，整天盘算着如何赚更多的钱。总是想着寻找更多的财物，就是修行人的耻辱。

十三、善行的功效只是用在救助病人及孩童上，实是修行人的过失

如果有一点点修行的功夫，也应该用到利益众生方面。利益众生有很多方法，真正最彻底的利益众生，是让众生发出离心、菩提心，让所有众生证悟，走上解脱的道路。

有些出家人或在家修行人基本不闻思修行，所有的修行功夫，只用到治病、救孩童、打卦、算命、念经、做法事等上面。如果这些人真的是在毫无自私地发菩提心利益众生，那纵然是给别人治病、救孩童、打卦也未尝不可。但这些行为背后的目的，只是一种换取资财的交易，那就得不偿失了。

若修行的力量没有用于广泛利益众生，而是用在为病患者念咒、治病，为别人驱魔、打卦，以保升官发财、延年益寿等世俗琐事方面，服务的动机也不纯正，这就是修行人的耻辱。

十四、为了财物宣说甚深教言，实是修行人的过失

一般情况下，大圆满和大手印之类的修行诀窍，是不能随意传播的。只有遇到真正想修行，一心想走解脱道的人，就不应该考虑供养，而应无条件地传授。但若是为了金钱、供养而传播甚深密法，就是修行人的耻辱。佛教的课程应该是免费的，不应该收取昂贵的费用。

佛陀当初三转法轮，每一次都是免费的。从来没有说佛在灵鹫山传法的时候，一张门票多少钱。

如今国外、国内都有这样的情况，租一个大型礼堂，然后灌顶、传法等。因为其中会产生一些费用，卖价格适当的门票，以抵消支出也理所当然。但若任意贩卖佛法，以正法做钱财交易，换取高额利润，就是非常不如法的，这是修行人莫大的耻辱！

十五、想方设法自赞毁他，实是修行人的过失

赞美自己、贬低别人，本来就是很严重的错误。如果真是这样，还会犯失菩萨戒。我们应该尽量查找、披露自己的不足与罪过，隐瞒、宽容别人的缺陷。在没有必要的情况下，不要谈论别人的过失。在没有什么不良后果的情况下，应该极力赞叹其他人。当然，这也要看情况，如果赞美的对象不知好歹、自不量力，一受到表扬，就自以为了不起，傲慢心油然而生，自视甚高，甚至歧视他人，就不能随意赞扬。但如果没有这些后患，就应该多赞扬别人，多讲别人的优点。

凡夫都是这样，即使发现了别人的功德和长处，也三缄其口、避而不谈。一旦看到别人稍稍有一点点缺陷，哪怕还不能确定其真实性，就添油加醋、四处张扬，恨不能让世人皆知之而后快。自己稍微有一点点功德或优点，就无限放大，到处宣传，生怕别人不知道。而自己的过失、缺陷，却包藏隐瞒、极力粉饰，这就是凡夫的本性、本能。我们要有能力识别什么是言过其实的妄语，什么是符合事实的赞扬。

任何团体，无论是政治领域、经济领域，还是宗教领域，其理论与成员的行为之间，永远都会有距离。这个距离是人为的，因为不是每一个人都能原封原样地按照理论奉行，这不是理论体系的问题，都是人的问题。但很多人却没有分辨能力，时常将理论和个人行为混为一谈。

打个比方，假如治病的时候被某个医生骗了，不但病没有治好，反而钱被全部卷走。我们可以说："我从此以后宁可死掉，也不再找这个医生看病了。"但我们能怪罪于整个医疗体系，并干脆不治病、不看医生，也不吃药了吗？这是没有道理的。

当然，如果真的看见对方有功德，那大声说出也无妨。而如果根本没有看见对方什么功德，就不能凭空杜撰、害人害己。但有一个原则，是不能诽谤别人。如果自己能够承受，那诽谤一下自己也很好。

但有很多人，包括我本人在内却恰恰颠倒而行，自己承受不住诽谤，却乐于诽谤别人。常常几个人凑在一起，七嘴八舌地诽谤、攻击一个人，之后大家都很开心，平时的郁闷、烦躁一扫而空。大家都知道八卦新闻，八卦新闻就适合治疗抑郁症。这个明星怎么了，那个明星又怎么了，从别人的婚姻、感情、家庭，说到别人的血型、头发、嗜好……俨然是最好的娱乐和消遣。但如果一说到自己的毛病，立即脸色突变。再说重一点，就会翻脸不认人。

十六、为他人传讲教言，自相续却违背正法，实是修行人的过失

口里给别人传讲佛法的理论和窍诀，但自己的好多行为却严重违背了佛法的要求，这真正是修行人的大耻辱。

十七、独自坐不住又不会与人相处，实是修行人的过失

人本来就是群居动物，但长期住在城市里，每天和很多人一起工作、生活、打交道，争端不断、是非重重，吵架、赌气，看谁都不顺眼，整天搬弄是非、说人过失，还动不动就嚷着要躲到僻静地方一个人独自闭关。可真正有一天去闭关了，却心猿意马、待不下去，这就是修行人的耻辱。

最理想的状态，是独自居住的时候，能安安静静、开开心心地打坐修行，甘于平淡、安享孤独。在人群中生活，也能万事随缘，与人和睦相处。

十八、承受不住快乐又忍耐不了痛苦，实是修行人的过失

大容器中哪怕装了很多水，也不会倒出来。而小小的瓶子里即使装一点点水，也会洒得满地。我们就像小瓶子，痛苦无法忍受，幸福也不能安容。稍稍有点过人之处，立即傲慢自大、不可一世。这是人最大的问题，更是修行人的耻辱。

幸福、顺心、走上坡路的时候，要懂得珍惜、低调、韬光养晦。有些修行人就是这样，外表上根本看不出什么与众不同，内在的境界却非同凡响。

正常的修行人，应该既能吃苦，也能享福，既不自暴自弃，也不目空一切。依靠佛陀传承下来的修法，学会有勇气面对生老病死等痛苦、灾难和坎坷，将痛苦转为道用。因为懂得因果都是自作自受，就不会逃避或抱怨，而会从容不迫地面对、直视痛苦。

过去很多修行人堪称这方面的光辉典范，他们即使被关在监狱里，都过得非常开心。有些普通人在监狱里与这些成就者待在一起，经过长期熏染，等到出狱的时候，已经境界非凡了。

面对痛苦与幸福，是对一个修行人最严峻的考验，也是检验修行境界的试金石。不说对后世与解脱的指导，仅仅在现世生活中，佛法也是安抚心灵、舒缓压力的最佳良伴。若能在遇到痛苦的时候，学会自他相换，学会有勇气去代受众生的痛苦，那我们就与菩萨的精神相距不远了。

面对幸福的时候，一方面要懂得低调、珍惜，还要学会真诚地把幸福分享给大家；同时要知道，无论痛苦还是幸福，都是无常、短暂的。在它即将稍纵即逝的一瞬间，一定要发挥它应该发挥的作用。

但我们却恰恰相反，认为一切的拥有，都是永恒的，然后死执不放，更不愿将其分享，不能充分利用其价值。但现实是残酷无情的，一切说变就变，甚至变得面目全非、反差巨大，很多人因为承受不了巨变，先是精神崩溃，继而是体质衰弱，接着就是生命的结束。这都是不懂自然规律，不遵循自然规律，甚至企图改变自然规律的后果。

第十五，必不可少之十二法

一、最初，有一颗深深畏惧生死的坚固信心必不可少

信心有两种：迷信与智信。

民间信仰与有些宗教，特别是一些原始宗教，其信徒的信心往往是在畏惧中产生的。很多无神论者在解释信仰的时候会说：在人类历史的演变过程中，当人们的知识与能力还非常有限、思想文化的发展还比较原始荒蛮的时候，因为无法了解或征服自然，必然会害怕自然灾害等各种自然现象。出于无奈，就会对鬼神等超自然的神秘力量产生一种莫名的信心，以为神灵可以帮助自己战胜恐惧、解决问题，因而会对祭拜鬼神等仪式乐此不疲。这一类的信仰，都属于迷信。

因为对生死的畏惧，而希望能了解生死的来源与解决方法，这是人与其他动物不一样的特征。正是佛陀，发现了生死的来源就是执著，执著的原动力就是无明。断除无明的方法，不是烧香拜佛，而是智慧。从轮回当中获得解脱的整个过程，可以归纳为四圣谛。以智慧发现佛陀所讲的四圣谛的道理，相信佛陀能够给自己指一条从生死轮回中解脱的道路，这种稳固的信任，就是智信。

在全世界的人口当中，没有信仰的人只占很少一部分，但因为信仰不同，产生的作用也各异。佛教徒的信心，应该来自于害怕生死，而不是来自于希求升官发财、健康长寿等世间目的。

如果没有智信，则即使权倾一时、富可敌国、名声卓著，为所有人所倾慕，自己仍然会感觉活得非常无聊且没有意义，没有丝毫动力，因为根本不知道自己为什么而活。反之，一旦有了信心，就会在无形之中产生一种巨大的力量。

佛教认为，一地菩萨因为亲身经历或体会到诸法本性、法界或者空性，所以永远都不会退失。而凡夫，尤其是我们这种刚刚学佛，尚位于资粮道之凡夫的信心十分不可靠，甚至有可能从根本上发生动摇。信仰是不可缺少的，没有信仰，就没有动力。即使先天不够聪慧，可信心却非常稳固的人，也很容易解脱。目前我们稳固信仰的唯一方法，就是闻思。假如有了信心，即使遇到生老病死等坎坷与挫折，也能通过各种修心的方法来化解恐惧与焦虑。

二、有一位指引解脱道的殊胜上师必不可少

就像学生在学校读书的时候，不能没有老师或导师，老师和导师的专业程度和职业素养对学生的成长尤为重要。学佛如果没有善知识，也会深陷迷茫、无从入门。

随着物质生活的日益提高，人们开始将寻求的目光，转向对精神支柱的归依。现在学佛的人当中，不乏睿智者与虔诚者，却因善知识的匮乏，而被卡在了佛教的门槛上，迟迟不得其门而入。

无论是禅宗、密宗、净土宗，不管是藏传、汉传、南传，修学任何法门，首先必须寻找善知识。

三、相续中有能知义取受的智慧必不可少

即使内心无比虔诚，却根本不能理解佛教教义，只能停留在念佛、烧香、拜佛的层面，不能深入佛法殿堂一窥堂奥，就是智慧欠缺的表现。

如何培养智慧？《俱舍论》中讲，智慧有两种：一种是先天的智慧，即因前世习气而带来的智慧，医学将其归结为基因的差异；第二种是后天学习修行得来的，即因闻思修而培养的从无到有、从弱到强，从暂时到究竟的智慧。这种智慧，是学佛不能缺少的智慧。

全世界的宗教很多，其中有些宗教不需要太多的智慧，只需相信即可。如果用智慧去观察，反而有可能发现该宗教教义经不起观察。但佛法却与之相反，始终都在强调智慧。如果没有智慧，根本无法修学佛法，更不可能证悟。虽然先天的智慧无法改变，但后天的智慧却可以通过闻思而拥有。

四、具有铠甲精进与勇猛精进必不可少

所谓精进，就是具备立誓和勇气地努力用功修行。

其中包含了两个条件：（一）铠甲精进，即具备立誓。如果不立誓，有些习气、陋习就无法戒除。通过立誓来强制性地约束自己，也是一种动力；（二）勇猛精进，即具备勇气。如果没有勇气，很多人根本无法面对成佛路上的遥远崎岖与种种艰辛。哪怕是一个简单的修五加行，也需要发誓与勇气，否则就会让所谓的学佛，成为不顺利时的临时抱佛脚。这还不是真正的学佛，不能解决生老病死的大问题，只是比不学好一点而已。

尤其对初学者来说，这两点极其重要。我们目前的修行，尚处于最脆弱

的阶段。在面临家庭、同事、同学等其他人的不理解、不支持乃至歧视时，会感到压力重重。如果没有立誓和勇气，我们的信仰、见解与修行都有可能遭受重创，甚至会被彻底摧毁。所以，初学者需要立誓与勇气。

当学到一定程度，能清楚地知道修行的利益与不修行的过失之后，也许就可以不再需要这样的立誓与勇气了。

佛教徒应该知道最需要的是什么，在追求解脱的路上，必须学会放下和牺牲。吃喝玩乐、攀比虚荣等不能再成为生活的重心。要珍惜难得的暇满人身，要珍惜闻思修行的机会。如果今生没有修出什么结果，何时再有机会修行谁都说不清楚。我们目前所有的信心、见解、修行会不会发生动摇，也很难掌控。趁着现在有动力，一定要趁热打铁。当修行达到一定程度的时候，就不会受到太多外来的干扰和影响，即便有违缘，也可以遣除。

当然，我们也不能走极端，从此以后放弃工作、放弃家庭等。这种比较过激的行为或许是个别人的选择，但绝大多数人却不能效仿。该做的事情还是要去做，同时也要努力修行。

现在很多人的工作压力很大，心情也很郁闷。整天都被各种情绪所缠绕，被各种压力所逼迫，身心都疲惫不堪。一天累到晚，回到家里已经没有力气修行。但还是要想办法，晚上没有力气修行，就早上起来修，或在周末修。节假日的时候，佛教徒也可以去旅游，但也该适当地安排一些时间闭关。如果心情不好，那么去哪里都是不愉快，反正每个城市都大同小异。

佛教徒的旅游，应该是一种内在的、精神上的旅游。在精神的旅途中，我们有可能发现任何外在旅游根本不可能发现的奇妙景象与经历。

五、不厌足修行三学与积累二资粮必不可少

要不知厌足地修持戒定慧，积累福慧二资粮。

凡夫往往是这样，稍稍学了一点、修了一点，就浅尝辄止、停滞不前了。我们对名利不懂得知足，总是贪得无厌。但在戒定慧与福慧二资粮的修积上，却反而少得为足。比如，受了两条居士戒，打了几天禅七，懂一点点佛教教理，修了一遍五加行，就觉得自己很不错、很了不起，从此心满意足，再也不修了。这些知足，都是修行的阻碍，都是不应该有的。

在物质与世间八法上少欲知足，是非常好的。但在戒定慧三学与福慧二资粮上面，却不能知足，要不间断地精进努力，直到成佛为止。

六、证悟所知实相的见解必不可少

一切事物的本质，就是空性。证悟一切事物的本质，即证悟空性的见解。

出离心、菩提心与证悟空性的见解，本来都是不可缺少的。如果缺少了证悟空性的见解，则即使有了出离心、菩提心、戒定慧与福慧二资粮，这一切也将成为轮回之因，最终依然不能解脱。让我们真正获得解脱的主要力量，是证悟空性。

出离心和菩提心，相当于航标，可以给我们制定出前行的方向——走世间道还是出世间道，走小乘道还是大乘道。但最后真正解决问题的，不是出离心和菩提心，而是证悟空性的见解。

证悟空性的方法，是首先修好前行，在确保质量的情况下数量越多越好，至少必须修一遍。前行修完以后，有很多选择，大圆满也有很多种修法，各

自的引导方法都是不一样的。

简单地说，五加行修完以后，可以修密法的禅定。禅定修了一段时间以后，就修空性。从大圆满的角度来讲，修空性也是一种前行，但不是外前行和内前行，而是一种特殊的前行。修了空性以后，再修大圆满的光明，即禅宗讲的明心见性。这样一步步走上去，哪怕是在家人，也完全有可能证悟。在证悟以后，还要继续保任，令其成长。

在证悟大圆满以后，只需稍稍修一段时间，就能非常容易地解决现实生活中的焦虑、恐惧、悲伤等精神上的痛苦。

经过努力，每个人都有证悟空性的机会。但空性修法必须讲究次第，没有办法开后门，开了也没有用。证悟空性只有一条正规的渠道，如果行不通，就没有别的办法了。如果要证悟，就一定要修五加行。

七、心专注何处都能安住的修行必不可少

此处所指的修行，是指无论心在任何目标上，都能够安住。当禅定修到一定程度的时候，就能达到这样的境界。

比如，只要想修出离心，就能在出离心上安住，一直都不离开这个对境，一上午、一下午或者是一整天都不走神，不生起其他杂念，一直都可以专注在此对境上。

对根机比较好的人来说，每天比较用功地修八个小时禅定，坚持半年左右，基本上可以达到这种水平，有些人可能还不需要半年。

寂止的禅定修出来以后，我们的内心会变得比较自在，不会受太多外在

的干扰和动摇，可以在任何一个对境或目标上长期保持专注。所以，禅定的修法不能省略。离开了寂止的禅定，无论修空性，还是修密宗的生起次第、圆满次第都很难。寂止是所有修法的基础。

但我们现在的情况，是只能专注三五分钟，然后就不知不觉地走神，过了很久都没有发现，即使发现了，也不采取措施控制，让它继续猖狂下去，只是白白地浪费时间。很多人因此而断定自己业障深重，或者法缘浅薄，修了也不会有结果，最后干脆放弃修行，这都是缺乏思想准备的表现。

我们的心因为从来没有受过任何训练，所以非常野蛮，出现这些状况，都是很正常的。我们要学会训练自己的心，让它安静下来。当有了思想准备，就能有备无患，通过训练，让心力逐渐提升，并最终突破这一关卡。如果畏难而逃、轻言放弃，就只能长久沉溺轮回，再没有其他的解脱方法了。要想解脱，唯一的方法，就是调伏自心。

八、一切所作转为道用的行为必不可少

无论是幸福快乐、春风得意的时候，还是失败低落、恐惧痛苦的时候；无论是走上坡路的时候，还是走下坡路的时候；无论是人生的高点，还是人生的低谷，在面临一切境遇时，所有的事情都能转为道用的行为，是必不可少的。《慧灯之光》中的《如何面对痛苦与幸福》《痛苦，其实只是纸老虎》《如何将病苦转为道用》等文章，都在讲苦乐转为道用的方法。

比如，在面对痛苦的时候，可以修自他相换，这是将精神上的痛苦转为道用。如果一群人快要饿死了，却只有一点点食物，大家不够分，就可以让

出自己的那一份给大家，这是将行为上的痛苦转为道用。但前提是必须要有一定的修行，否则只能是说说而已，即使做了，也只是做给别人看看，不是真诚自然地流露。目前我们的当务之急，就是加强训练。当训练好了以后，在面对人生起伏的时候，就能达到任庭前花开花谢，宠辱不惊、云淡风轻的境界。

如果能利用这些方法，则无论一生遇到什么样的境况，都不但不会阻碍修行，反而会成为修行的助缘，这样修行怎能不进步？

若缺乏这样的修行与训练，一定要在舒适的环境、幸福的生活、美好的心情中修行，否则就怨天尤人、心怀不满，又怎能获得解脱？我们必须突破这些障碍，达到风雨不动安如山的境地。

九、断除魔障违缘与歧途的教言必不可少

现实生活中能够看得见、摸得着的各种压力，叫作违缘。看不见、摸不着的无形阻碍，叫作魔障。比如，在用功修行的时候，忽然生病了，发生很多不顺利的事情，或者心情不好，产生很多恶念等，这些都是违缘、魔障。因为错误观念，而导致修行走错、走偏、走火入魔等问题，就是误区与歧途。能遣除这一切障碍的窍诀，是不可缺少的。窍诀的来源，是佛经以及善知识的教导与口诀。

修行人不可能一辈子都顺顺利利。在修行过程中，一定会出现很多阻碍和压力。如果没有这些窍诀，我们的修行就有可能中断、放弃或退失。如果在误入歧途时没有窍诀，不知纠正，就会越走越远，越陷越深。

窍诀应该是什么样的呢？从大圆满的角度来讲，解决前面两个问题的窍诀，是上师瑜伽。对上师三宝，对大圆满法有强烈信心的人，在遇到这些问题的时候，一修上师瑜伽，一祈祷上师，就能消除、化解所有的违缘障碍。

十、教言不停留于词句的实修必不可少

修行要现学现用、活学活用。当天学的当天修、当天用。比如，听了很多空性修法与见地，却一辈子都不修，仅仅让它成为一种谈资，一种抬高自己身价的口头禅，最后听再殊胜、再深奥的法，也不以为奇，最终变成法油子，不但没有任何进步，而且任何法都无法调伏自心，这是很可怕的结果。这种习惯，是修行道路上最严重的陋习。

当然，如果是不需要修的法，则既可以听，也可以不听。闻思的目的就是为了修，如果不修，听不听法都是一样。

十一、身心分离时有心安的大把握必不可少

安然地面对死亡，无有担心与恐惧，让一辈子修行的结果，在死亡的刹那突显出来，是真正的成功。如果一辈子苦苦追求的结果，却在死亡的时候用不上，那又有什么意义？

我们现在有没有把握？我想可能绝大多数人都没有把握。现在怎么办？就是要闻思，闻思完了以后修行。如果能够用功，就算今天没有把握，但明天可能会有；今年没有把握，但两年、三年以后可以会有。反之，如果不修行，则一辈子都没有把握。面对死亡的时候，完全与没有学佛的人别无二致。

即使懂得很多道理，学了很多法，背了很多书，给别人讲得也头头是道，可就是因为没有静下来认认真真去修，所以最关键的时候都用不上，这是一个很大的问题。

学佛的人当中，真正了解佛法，或者真正在闻思的人很少。真正闻思的人当中，修行的人也不是很多。真正能闻思修不脱节的人，才堪称佛教精英，这种人更是寥若晨星。如果没有把握，则学了再多的法，都没有太大用处。追求名利等世间八风，不需要利用佛法，世间自有一套游戏规则，可以顺利地达到目的。佛法的作用，是能够顺利地面对生老病死。生老病死当中最大的问题，当然是死亡。所有的修法，都是用来顺利面对死亡，投生净土，或者顺利投生人间，值遇大乘佛法，继续提升生命级别，最终获得解脱。如果缺少了这些把握，所谓的学佛，已经一败涂地。

十二、任运自成三身的果位必不可少

佛教所讲的三身，即法身、报身、化身。依照第三转法轮以上的观点来讲，佛的三身都是如来藏的一部分。如来藏本身就具备三身的果位，即佛果。

通过修行，把如来藏上面的障碍都消除以后，本来任运自成的三身现前，就叫作解脱或成佛。这种果位，才是最究竟的。其他诸如小乘声闻和缘觉的果位，只是它的一部分。声闻阿罗汉只是证悟了人无我，是一个暂时性的解脱，还不是三身任运自成的果位。缘觉也是除了人无我以外，稍稍证悟了一点法无我，还没有达到最高境界，所以也不是三身任运自成的果位。

三身任运自成的究竟果位，实际上就是大乘显宗和密法的果。一地之前的资粮道和加行道的修行速度，显密是有所区别的。在菩萨一地之后，就走到一起，没有什么区别了，境界没有高下之分，果位都是三身任运自成。

假如一个人一开始学佛的时候就得受灌顶，修生起次第和圆满次第等密法，后来证得了一地。另外一个人从来没有灌过顶，也没有修过生起次第和圆满次第，而是从大乘佛教的四念处开始修，经过资粮道、加行道，最后走到菩萨一地的时候，就与学密法的前者走到了一起。

临时性解脱的果位，没有太大的意义，我们必须追求最终极、最究竟的果位。

三身如来藏，就是光明和空性的结合体。它们原本不可分割，但以人的意识去分别，则可以从空性、光明、空性和光明无二无别三个角度来阐述如来藏，其结果分别称之为三身。空性的部分叫法身，光明的部分叫报身，空性光明无二无别叫作化身。

如果讲四身，则空性也叫作本体身，本体身其实就是法身。虽然显宗也承认四身，但讲得比较多的是三身，一般不讲四身。

光明和空性有一种能力，即只要有善根成熟的众生，如来藏当中就会产生化身去度化他们，但释迦牟尼佛却不属于这种化身。

化身分为外在的化身和内在的化身，释迦牟尼佛属于外在的化身，所以佛陀住世时期的人都能看得见，包括外道都能看得见。同样，报身也分为外在的报身和内在的报身，阿弥陀佛属于外在的报身，所以往生西方极乐世界的人，包括小乘阿罗汉，大乘一地以上的菩萨都能看得见。但阿弥陀佛与极乐世界的其他成员不是一体，他们的心相续还是各自分开的，所以阿弥陀佛叫作外在的报身。同时，阿弥陀佛还不是标准的报身，因为阿弥陀佛最终还会圆寂，真正的报身是不会圆寂的。

大乘经典中讲过，标准的报身，只有一地以上的菩萨才看得见，哪怕是小乘的声闻、缘觉阿罗汉，都没有办法看见。报身佛不是用语言来传法，当一地以上的菩萨在看到报身佛的时候，就像照镜子一样可以从中悟道。

善知识也分为内在的善知识与外在的善知识，或内在的上师和外在的上师。外在的上师，就是以人或天人的形象来度化众生的上师等；内在的善知识或上师，是指心的本性。

内在的三身、三宝和善知识，就是心的本性如来藏。唯有如来藏，才是内在最终的三身、三宝和善知识。心的本性就是佛，就是三宝和三身。所谓“众生是佛”“佛祖心中留”，其真实意义就是这样。因为我们现在有烦恼障、所知障，掩盖了三宝、三身的真相，所以看不见。当我们证悟以后，就能驱除障碍、现见本性。实际上这些果不是外来的，也不是修来的，更不是新产生的，而是一直都存在的，只是自己没有发现而已。障碍消除以后，就能发现原来自己就是佛，这是密宗的观点，也是第三转法轮的观点，只是第三转法轮没有讲到诸如生起次第那样的相应修法而已。

为什么没有讲？因为众生的根机需要一步步地逐渐成熟，就像学习要从小学、中学、大学一步步往上走一样。通过修出离心、菩提心，尤其是修金刚萨埵忏悔、修曼荼罗积累资粮，还有修上师瑜伽的加持，即使不能断除所有的烦恼，但当所有的前提条件都具备之后，让心静下来，消除杂念，就有可能接近或触碰到心的本性，这叫作初步的证悟。完全的接触，则是一地菩萨。

因为在我们的内心当中，真的有一个这样的东西存在，它始终都没有离开过我们，所以我们可以证悟。

体会到纯洁无垢的心的本性，就叫作证悟。证悟的极致，就是成佛，这是最永久的解脱，是我们最不能缺少的。每个人今生都有机会，成败的关键，在于是否努力。

如今，末法时代的特征越来越明显。在汉传佛教和藏传佛教的历史上，曾出现过那么多佛菩萨一样的高僧大德，在学识、修行、正法的弘扬、利益众生的事业等各方面，都功勋卓著。现在虽然肯定也有很多佛菩萨的化身，因为佛菩萨永远都不会舍弃众生，但很多是以隐藏的方式存在，我们看不见。

菩萨为什么要以隐蔽的方式来度我们？佛菩萨以什么样的身份来度我们，不是佛菩萨决定的，而是由我们的福报来决定的。我们越没有福报，就越是看不到真正的佛菩萨化身。

虽然房子、车子很重要，但我们不要忽略了最重要的事情。不要攀比、不要虚荣，这都没有太大意思。最基本的生存问题当然要解决，佛教徒在经济、文化等方面也不能太落伍，但也不必过于超前。无论是谁，都不能始终领先，终将被超越，所以走在中间是最稳妥、最长久，也最不累的。这样一来，我们既能有一定的时间用来修行，也不会被人瞧不起。当然，真正的修行人不怕别人瞧不起，什么都无所谓，面子也能放下。但如果所有的佛教徒都受人歧视，就没有人愿意学佛了。所以，还是要考虑佛教徒的整体形象，要与时俱进，不能被社会边缘化，否则佛教永远都不能成为社会主流的一分子。

现在大家都拼命地往前赶，唯恐落在后面。相信再过一段时间，人类的步伐会慢下来，一味地求快、求高、求大，必将伤害人类自己。释迦牟尼佛让我们提前有了一点点远见，有了这样的远见，才能走得更稳、更远。

第十六，圣贤之十一相

圣贤，世俗人通常是指道德才智杰出的人，而佛教所谓的“圣贤”，则除了道德与才智以外，还具有一定的觉悟和修养。圣贤是我们的楷模，我们要尽量学做一个圣贤。

学佛不需要知识面很广。哪怕学到一点点，只要能在生活当中运用，就能起到很好的作用。这种作用不但自己能感觉到，别人也看得见。这种法喜充满的感觉，就叫做佛法的利益和作用。学修圣贤的十一个标准，就能让我们法喜充满。

十一个标志当中，有些是菩萨的标志，有些是圣贤的标志。可能很多圣贤除了此处讲的十一个特征以外，还有很多其他优点。此处只是介绍了其中一部分而已，以方便我们以此为目标与准则，尽量靠近这十一个标准。

一、嫉妒心与我慢心鲜少，是圣贤之相

此处没有说根本没有嫉妒和傲慢，只是说很微弱而已。傲慢和嫉妒，都属于所知障和烦恼障当中的烦恼障。彻底断除烦恼障，是在菩萨七地。也就是说，即使证悟了一地，都不能彻底断除烦恼障。刚刚学佛的凡夫，在没有证悟菩萨一地，甚至没有进入加行道之前，不可能完全没有傲慢和嫉妒。

资粮道是学佛的起点，大乘资粮道的门槛和界线，是标准的世俗菩提心。可能很多人还没有标准的世俗菩提心，这就意味着我们还没有进入大乘资粮道。在此阶段想完全没有嫉妒与傲慢，是不可能的。但我们可以尽量减少，不让它们过于粗大。粗大的意思，是别人能从说话的方式或所作所为中看见或感觉到。

一般情况下，我们心里虽然有一些细微的傲慢，但别人却看不出来，有些时候连自己都没有察觉，只有经过详细地自我观察之后，才能发现嫉妒与傲慢的蛛丝马迹。

佛教徒不能有粗大的嫉妒心，如果有同修学得好，大家都要赞叹、随喜，并将其作为楷模和榜样。如果别人学得好反而心里不高兴，动不动就说别人的坏话，用恶毒的语言去攻击、毁谤，那无疑是自己的问题、过失乃至罪过。如果学佛的师兄中有这样的情况，一定要教育、规劝，以免越陷越深、无法自拔。

当然，并不是只有佛教徒才有这样的问题。因为接受了佛陀的教育，佛教徒相对来说还好一点。佛教徒以外的团体中，嫉妒傲慢、勾心斗角也许更严重。身为凡夫，有一些嫉妒傲慢也是正常的，因为我们的修行层次不高，但至少要努力改变现状，达到没有粗大的嫉妒和傲慢的程度。

二、财物菲薄，知足少欲，是圣贤之相

小乘佛教认为少欲知足是佛种与圣种，或者佛性与圣性，因为少欲知足的人才有机会成就阿罗汉的果位，贪得无厌的人是无法解脱的。贪婪者的目

标，就是名利。在这种价值观当中，成佛、成为阿罗汉，从生老病死中解脱等都是没有地位的。这种人的价值取向，决定了他的未来。

尤其对现代社会来说，少欲知足更是特别重要。因为当今社会中有些人的价值观，已经将少欲知足定位成落后、消极与颓废。知足少欲的观念，一直受着普世价值的挑战和唾弃。这都是因为我们长时间贫穷窘困，在穷人眼里，钱肯定最重要。除了钱以外，其他东西都是次要的。人类对客观事物的了解和认知，都有一个成熟的过程。相信总有一天，当我们对客观事物的了解和认知发展到一定程度，当我们能与金钱、名利、地位全方位、零距离接触以后，就能知道真正有用的是什么，没有太大意义的是什么，就能重新定位金钱与名利的价值。

佛陀因为智慧高远，所以有着超前的价值观，他极力主张，修行人应该少欲知足。

少欲知足的标准，不是都像米拉日巴一样，不吃不喝，住在山里面苦行，这是我们做不到的。佛教不会要求佛教徒都要当穷人，一定要过艰苦的生活，一定要当苦行僧，而是在基本生活需求满足以后，就不要再不断索取、追求、攀比和虚荣。当然，针对每一个人、每一个年代，都有不同的少欲知足的标准。出家人和在家人，一百年前和一百年以后的要求也都各不相同。

现在很多人感到工作压力大，生活节奏快，虽然其中也有一些客观因素，但在很大程度上，还是因为自己的贪欲、虚荣。若能放下这些无聊的成分，我们就能腾出更多的时间，去做一些更有意义的事情。如果不懂得少欲知足，一生忙碌到头，会根本不知道自己究竟在为了什么而奔波，从而白白荒废了一生，这是最失败的人生。所以，我们要学会少欲知足。

三、不讲排场、不摆架子、无有傲慢，是圣贤之相

佛教徒当中，有明星、领导、富翁、普通老百姓，也有穷苦大众。如果因为自己是领导、是明星，或是有钱人，就炫耀、浮夸、讲排场、摆架子，觉得自己很了不起，就不是一个标准的佛教徒。

或许在佛教徒的圈子以外，所谓的身份等，是大家都很羡慕的。但佛教却偏偏要推翻这些虚荣，而讲求众生平等。在佛教团体中，炫耀、摆阔不但不是功德，反而展示出自己的低劣与过失。同时，如果身为佛教徒，仍然用世俗的眼光去崇拜、羡慕明星和有钱人，都是一种价值观的倾斜与浅薄无知的表现。

现在很多人常常会面临一些不公平待遇，但当他们进入佛教团体以后，就能感觉到真正的平等——不重种族、不重阶级、不重资产，而注重修行。我们着重追求的，唯有戒、定、慧。

当然，一些刚刚学佛的明星、富豪或所谓的成功人士会带有一些过去的习气，这时候我们也不能立即去打击他们，要学会宽容和理解。谁都不可能一进入佛门，就一切都能放下。积重难返、积习难改，我们自己不是还有很多难以更改的陋习吗？

四、不装模作样，表里如一，是圣贤之相

虽然别解脱戒、慈悲心、密乘戒等方面都没有太大长进，却阳奉阴违、装模作样地做给别人看。别人能看到的地方做得完美无缺，而实际上却是出于贪婪、自私与沽名钓誉。

佛陀会称赞两种人：不犯错误的人和犯过错误但懂得改正的人。所以，即使我们做得不够完美，也可以忏悔改正，而不要弄虚作假。

五、所作所为均是经过观察分析以正知正念摄持而行，是圣贤之相

无论是做闻思修等出世间法，还是工作、生活等世间法，都要事前观察：到底这件事情该不该做？做了以后自己能不能坚持？如果坚持了，于己于他有没有意义？

很多人却不是这样，事前不观察，盲目上马，不是半途而废，就是做完就后悔。做任何事情，都需要有正知正念。所谓正知，就是知道事情的结果、作用和价值；正念，就是在做事情的过程中不忘初心，不离所做事情本身的意义。

我们往往是这样，刚开始做事情的时候，发心很纯正。可做着做着，就忘掉了当初的发心，最后把方向转到另一个事情上了，这就是没有正知正念的原因。

比如，看到大家都在修加行，自己也去修，却不知道为什么要修加行，这就是没有正知。有些人刚开始也知道修加行的重要性，可慢慢地就忘了，最后也没有办法坚持，这就是缺乏正念。具备正知正念，是圣贤的标志之一。

六、如眼珠般守护业因果，是圣贤之相

在因果取舍方面特别严谨，就像保护自己的眼睛一样严守因果取舍，是圣贤的标志。

修行人的底线，就是谨慎取舍因果。以世间法为目标的人天乘，都要相信因果、尊重因果。如果因果取舍都随意任性，不认真对待，就根本配不上修行人的称号。

七、表里如一地护持戒律誓言，是圣贤之相

不但小乘的别解脱戒，包括密乘的三昧耶，都要认真护持。

犯了戒不能满不在乎，有错就改，并应励力忏悔。做任何事情都是这样，只要有错就要立即忏悔并发誓改正。

当年阿底峡尊者就是这样，身上随时都带着一个木制的曼荼罗。当他稍稍做错一件事，立即拿出曼荼罗开始供修并忏悔，这就是圣贤的标志。

八、对一切众生无有远近、生熟，是圣贤之相

对任何众生，都能保持平等的心态，不分远近亲疏。

普通人一般认为，自己的亲戚朋友是很近的人，陌生人就是很远的人。但学佛以后，要尽量做到平等。平等待人不仅是佛教的理念，也是世俗伦理道德的准则。

可很多人会说，虽然我学佛了，但仍然无法控制烦恼，总喜欢护亲伏怨，总喜欢指责别人，这是为什么呢？

达到调伏烦恼、恒具平等心，对众生不分远近的境界，是有一个过程的。刚开始的时候，这只是我们的目标，不可能马上做到。

想达到平等，是有方法的。佛法与传统文化的不同点，就在于传统文化

的很多理念虽然讲得非常好，却缺少了行之有效的方法。佛法不仅提出了顺应世俗民心的理念，更有一些切实可行的方法，可以让我们逐渐做到不分远近。这个方法，就是知母、念恩、报恩等菩提心和四无量心的修法。

在没有修菩提心的时候，做不到是很正常的。我们只能尽量做到不分远近，当修行到位以后，平等就是不在话下的事情了。

九、对他众的造罪不嗔怒、能安忍，是圣贤之相

我们平时对行善的人，一般不会生气；对普通的人，也不一定会生气；但对造罪的人，却比较容易大发雷霆。

但佛教认为，当发现有人偷盗、杀生的时候，不能对造罪的人生起嗔恨心。他被烦恼所控制，不是故意要造罪。只因内心有了嗔恨心的种子，只要条件成熟，因缘和合，嗔恨心随时随地会爆发。爆发的时候，就会不由自主地说出很多话，做出很多事情。如果没有嗔恨心，他绝不会说这样的话，也不会做这样的事情。在他正常的时候，从来不会把嗔恨心当作有意义的好事，也从来不认为骂人、打人、杀生是光荣和伟大的事情。当烦恼产生以后，人就不自由了。对方做出这样的事情，大家应该理解，不能不问青红皂白地侮辱、诽谤对方。世上有很多人在做着见不得天日的事情，说不定有一天我们也会去做，推己及人，目前我们应该做的，就是以慈悲心劝导对方悬崖勒马、改邪归正。

比如，如果在放生的时候，看到水产市场里很多人在杀生，就应该对他们发慈悲心。虽然被杀的众生很痛苦，但死了以后，它们就会随着自己过去

的因缘而去。此时杀生的人更可怜，因为在不久的将来，杀生者将会承受更大的痛苦。如果发慈悲心，首先应该对他们发慈悲心。但我们却恰恰相反，对被杀者慈悲怜悯的同时，也会对杀生者怒不可遏。对被杀者慈悲，这没有错。但对杀生者，也不能生嗔恨心。如果有可能，就劝导对方不要继续杀生。如果对方是因为生计或其他客观原因才不得不杀生，就最好为对方设想，帮他们找一条新的维生之路。不能因为对方杀生，就侮辱、看低对方，这种所谓的阻碍造罪方式，有可能会适得其反。

十、将一切胜利奉献别人、自取失败，是圣贤之相

这一条是大家都很熟悉的，也是《修心八颂》最核心的部分。但做起来却难度很高，因为我们还没有断除我执。只要我执还没有从根本上铲除，就一定会有自私和爱我执。做任何事情都不会十全十美，哪怕表面上看起来再完美、再圆满，对众生的付出，也一定会有缺陷。即使没有发现我执做了什么，但在做事的过程中，我执一定参与了工作。凡是有我执参与的工作，都是不完美的。因为我执参与的方式，就是自私。

如果没有证悟空性，所有的度化众生都会考虑到回报，只是我们自己没有感受到而已。唯有从本质上、源头上铲除了我执，才能真正地付出。

我们要有思想准备，刚开始学大乘佛教的时候，是会有自私心的。做到所有的成功奉献给别人，所有的失败自己去接受，的确要求太高了，我们根本做不到。但至少要知道自己的卑劣龌龊，而且要力争总有一天可以做到。具体方法，就是自他相换、自轻他重等修法。

在不是很重要的问题上，我们有可能做到自轻他重或自他相换。比如在单位同事之间，明明是自己做的事情，同事却在领导面前邀功，本来我们可以不高兴：怎么是你做的呢？明明是我付出了很多时间和精力好不容易完成的。但因为学佛了，所以还是愿意将光彩让给别人。即使领导批评自己工作没有做好，也愿意接受这样的失败。在某种程度上，这也是一个自他相换。但在遇到大是大非的问题时，要做到自他相换就有点难度了。没有关系，我们可以从最简单的开始做，如果一直裹足不前，我们将永远停滞不前。

哪怕在家庭成员之间，学佛群体中间，也不要那么斤斤计较。比如，有些人学佛以后，家人强烈反对。如果针锋相对、依然故我，只会激化矛盾，永远无法化解纷争。此时的正确方法，是改变自己。如果学佛以后，自己的性情有了明显的变化，变得善解人意、心胸宽广，就会一方面给自己的学佛带来顺缘，同时也能感化家人加入学佛的行列。

在接受失败的时候，不要生气、不要烦恼、不要失落，要知道这是一件光荣、伟大的事，现代社会没有几个人能够做到。

我们可以每天晚上睡觉的时候总结一下：今天我做了哪些成就奉献别人，做了哪些失败必须自己接受的事情，然后打上记号。刚开始的时候，就像以前的上师们一样，可能每天都是空白。逐渐地，就有一两件、三四件。经过慢慢训练，数量越来越多，难度系数越来越大，最后再难的事情，都可以不费吹灰之力了。

许多佛教徒最大的问题，就是不愿意从最基础的去做。喜欢追求大圆满、大手印等高深之法。很多目前能做到的事情，我们都忽略、放弃了。而我们想做的，又做不到。这样高不成低不就，最终不会有任何成就，这是我们最大的失败。

十一、心态、行为与其他世间俗人截然不同，是圣贤之相。以上是圣贤的十一相，与之相反是非圣贤的相

所谓“与其他世间俗人截然不同”的意思，不是世间人超车走左边，我们要走右边等反常、怪异的行为，而是指以下三个方面：

第一，世俗人没有出离心，所作所为，都是为了今生的金钱、名誉等世间八法。佛教徒却不仅仅是为了这一生，更不是为了世间八法，而是有其他更高的追求——出离轮回的决心。

第二，世间人很自私，一切都是为了自己或自己的家人。大乘佛教徒却与之不同，一切所言所行所思，都是为了所有众生暂时和究竟的快乐。

第三，世俗人把所看到、所听到的一切，都当作是真实的，并执著这一切。而学习大乘佛教的人，却把这一切看作如幻如梦。

同时，修行人与世俗人也有很多相同的地方：都要遵守共同的社会秩序、交通规则、法律法规等。只是在出离心、菩提心与证悟空性方面，与世俗人要鉴别开来。

以上十一条，是圣贤的标志。与之相反、对立的，就是非圣贤的标志。通过佛陀的教育和方法，就可以把非圣贤转化或升级为圣贤。

第十七，无济于事之十法

所谓“无济于事”，即从佛教的价值观看来，并没有什么帮助或益处之事。

一、对于虚幻的身体，再如何恭敬服侍都必定无常坏灭，因此无济于事

既然身体是无常、虚幻的，那每个月花几万块钱保养，服用价格昂贵的保健品，在脸上打针、拉皮、整容又有什么用呢？过一段时间，身体、面容仍然会老化，因为它是无常的，自然的变化是任何人都无法控制和改变的。想控制无常的变化，是荒诞幼稚的想法。

所以，我们不要把钱花在这些无谓的保养上面，尤其是佛教徒，更是尽量不要加入这类群体。有一点白头发，有一些鱼尾纹，都是自然现象。到了一定年龄如果没有，反而显得不正常了。

当然，假如有钱又喜欢整容，也可以适当地整一下，这也不是什么严重的罪过，但不要做得太过分。最终这些都没有用，白白浪费钱财而已。最有用的，是改变内在，改变精神面貌，这才是最好的美容、保养与保健。

二、对于繁多的财物，再如何悭吝贪爱，自己死亡的那天都将赤身空手而去，因此无济于事

有些人的钱已经多到自己和家人几辈子都用不尽了，却仍然对财产贪得无厌、吝啬无比。舍不得捐，舍不得做慈善，甚至对自己都抠门小气到无以复加。他们意识不到的是，当自己即将结束这一次人生旅程的时候，钱财都是没有用的。

我们每个人都必须面对死亡，那时真正有用和没用的是什么，我们现在必须分清楚。千万不要死到临头，才追悔莫及。

虽然为了生存，我们还是要工作。但面对死亡的准备，也必须从现在开始做。如果只懂得捞取钱财、争名夺利，根本不考虑下一次生命旅程开始时的需要，是极其愚昧不堪的。

三、精美的建筑和舍宅，再如何艰难建起，到死的那天，自己必将独自离去，尸体也被抬出门，因此无济于事

对很多生活在城市里的现代人来说，房子是大问题。为了房子，而成了房奴。每月按揭几千块，几个月不交，房子就被银行没收等。过重的压力，导致了失眠、焦虑等痛苦。

但谁都知道，使用权只有70年。随着时光的流逝，它的安全系数也在逐步下降。当然，房子不能没有，但不要过度地执著或攀比。

有些人虽然也有不错的房子住，但一看到同学、同事住进新小区、高档小区，心里就不舒服、不服气。为了满足自己过度的虚荣心，而去玩命拼搏。

从普通房子换成高档住宅，接下来又想换成别墅，最后搞得每个人都有几套房子。一辈子的时间、精力，都花在房子的相互攀比上。但在临终的时候，房子却没有丝毫用途。奋斗一辈子，走的时候不但房子不能带走，连尸体在家里多放几个小时都不行。死了没几个小时，就必须送到殡仪馆。如果是在医院去世，连尸体都很难运回家，小区的门可能都不让进。只能从病房直接送到医院的太平间，再到殡仪馆、火葬场，最后是坟场。

这个问题，的确值得我们慎重考虑。我们需要住房，但不一定要有豪宅。如果每天都在为房子而操心，那房子给我们带来的痛苦，将远远超过它给我们带来的快乐！

现在绝大多数人所追求的，就是金钱与权力。通过钱权交易，权力可以产生金钱，金钱又可以买来权力。在世间人的价值体系当中，最有价值、最有意义的，就是这两个。本来对每一个生命来说，除了金钱和权力以外，还有很多非常美好、非常有价值的目标可以追求，但我们都忽略了。我们经常会说："这个可以当饭吃吗？"在我们心目中，"饭"就是最重要的。

当然，在大家生活都很贫穷的时候，饭当然是最重要的。温饱，就是这个阶段的价值取向。但过了这个阶段以后，人应该懂得去追求更好、更高、更远的目标。更好的目标是什么呢？艺术家会说是艺术，哲学家会说是哲学，科学家会说是科学，宗教肯定会说是宗教。但唯有慈悲心和智慧，才是所有人普遍公认最有价值的财富。当我们离开这个世界的时候，可以带走并真正属于自己的东西，不是房子、车子，也不是亲戚、朋友，而是内在精神上的修行——出离心、菩提心与智慧。不但在我们离开这个世界的时候，这些可以带走，而且，哪怕在我们还没有离开这个世界的时候，出离心、菩提心、证悟空性的智慧，对生命的尊重，对因果的敬畏感等见解与修证，也能对我们的现实生活起着很大的作用。

所以，在准备换房子的时候，大家应该想一想，为了房子、车子，我们牺牲了多少时间？牺牲了多少轻松快乐？这些代价究竟是否值得？我们不要因为同事买了新房子，就一定要买，而且还要买得比他好！

四、对于子孙，再如何以爱心给予财物，到自己死亡时，他们也没有瞬间助益之力，因此无济于事

很多长辈因为疼爱子孙，把一辈子的积蓄都给了自己的子孙。有的父母为了给儿女多留一些钱财，不惜牺牲自己的时间、自由与幸福，付出了高昂的代价。在赚钱的过程中，经历了各种坎坷与折磨，承受了超凡的压力，造了各种恶业。不择手段地造恶业，必将承受恶果。如果将赚到的钱用于慈善，上供下施、积累资粮，对自己和他人还有一些帮助。但如果只是为了留给儿女，那就没有太大意义。

儿孙自有儿孙福，我们不需要过于考虑儿女，他们自己应该有赚钱和生活的能力，这是每个动物的本能。如果不懂得积累资粮，舍不得上供下施，则即使给子女留下再庞大的资产，临终的时候都无济于事。

虽然大乘佛教提倡忘掉自己，无条件地付出。但为了自己的子女而忘掉今生来世，伤天害理地损害他众，也最多只能利益几个人而已，甚至最终对他们有利还是有害也说不清楚。让儿女都变成啃老族，他们自己没有能力，

又不能吃苦，养成这样的习惯以后，即使拥有再多的物质，内心也脆弱不堪。一旦独立面对压力，就很容易崩溃绝望。

从佛教的角度来看，很多传统观念与生活常识都是有问题的。此如有一种观念给我们灌输的，就是升官发财，变成赚钱的机器。让我们除了赚钱和消费，没有任何其他的生存目的，对生命的认识很肤浅，根本没有思考过生命深层次的意义和本质。用一个有严重问题的价值观来指导生活，怎么会不出问题？所以，今天越来越多的人感觉不到幸福，越来越多的人没有安全感。在接受佛陀的教育以后，我们才有机会去反思。

当然，如果有富余的资产，也可以给儿女留下一部分，毕竟整个社会的风俗一直是这样的。但为儿女操劳的程度不要太过度，否则不但没有意义，而且会变成一种障碍。

五、对于亲朋好友，再如何以深情关怀、呵护，但自己死亡的那天，必然孤独无助而去，因此无济于事

就像《入行论》“禅定品”中所说：“刹那成密友，须臾复结仇，喜处亦生嗔，凡夫难取悦。”我们自己的心态，大家都非常了解。哪怕经常帮助一个人，但假如有一天自己稍微做得差一点，对方立即会心生不满，似乎之前所有的心血都付诸东流。而一直帮下去，对方的要求又会越来越高，胃口越来越大。所以，一个凡夫让另一个凡夫满足、喜悦，是相当高难度的事情。

为了让亲朋好友不伤心、不生气，或者为了顾及情面，让他们欢喜，就必须付出持续且高昂的代价。而这些努力最终却毫无用处，自己走的时候，

还是只能一个人踽踽独行，没有人可以陪伴，没有人可以帮助。

现在的很多人际关系，实际上就是相互利用的关系，不一定有什么感情的成分。这些表面的利他，实际上不但不是利他，而是极度的自私。试想，我们为什么要让对方高兴？为什么要付出这么多？实际上就是因为害怕失去对方，从而让自己在精神上或物质上遭受损失。

所以，我们应该把这种片面而局限的付出，转换成无限且全面的付出。把小爱转换为大爱——对所有众生的慈悲心与菩提心。

六、即便子孙成群，也是无常，必将连自己给予的财物也抛下，因此无济于事

中国老年人喜欢催促自己的儿女赶紧结婚生子，因为他们想抱孙子。虽然他们自己辛辛苦苦拉扯儿女大半辈子，但在儿女长大成人之后，儿女却很少回家看望他们。强烈的孤独感与无聊空虚，会让他们将乐趣转移在孙辈身上。他们把孙子们当成精神依赖，以打发难捱的时光。有孙子的就带孙子，没孙子的就养猫猫狗狗，纵然辛苦劳累，也心甘情愿，老年人就是这么爱自讨苦吃。西方人在这方面，比较想得开，与东方人形成了极大的反差。

佛陀教育我们，应该将狭隘的爱，转换为没有局限与疆域的大爱。所以，在想抱孙子之前，还是应该为自己的下一个旅途想想，是不是要有一些准备和策划。如果把所有的精力都用来抱孙子，自己走的时候，儿孙们能帮上忙吗？

不要经常催儿女们结婚，抱孙子并不重要，利用最后的时间，好好筹划不多的人生，才是最重要的。

或许有人会说：只关心自己的前途，不是很自私吗？不是。放弃小家的天伦之乐，力争做一个对人类、对众生有利的人，不但不是自私，而是高瞻远瞩的无私。这就像医学院的学生在学医的时候，为了更好地治病救人，就只能放弃暂时的吃喝玩乐一样。医生的前途，是做一名优秀的好医生。大乘佛教徒的前途，就是做对社会和众生有用的人。

七、为了今生的领土、眷属、地位，再如何奋力拼搏，到自己死亡的那天，必将永不再有牵连而离去，因此无济于事

人类历史上，有无数国王和部落首领为了争夺江山、地盘和资源，发动了无数次大大小小的战争，死了无数的无辜百姓。最后这些随意发动战争的人只会走向地狱，其所得到的江山根本没有丝毫帮助。

我们普通人也是，为了争取自己的地盘，一生当中造了很多的罪业。走的时候，所谓的地盘却与自己根本没有关系。试想，除了几十年当中的浮华虚荣，当初的争夺又有什么意义？

凡夫鼠目寸光的多，为了眼前的利益，而牺牲了长远的计划，但结果是眼前的利益也不一定能够获得。即使获得了，最多也只能满足几十年的需求。当有一天我们远离自己的地盘，走向另一个与地盘无关的死亡之域时，我们就会知道，自己为了暂时的地盘，而遭致了多么大的失败。不要以为这是杞人忧天，这一天一定会到来，而且有可能倏忽即至。为了这一天，我们应该做一点准备，不要赤手空拳地去面对将来的未知之境。

八、虽然以信心入了佛门，但如果没有如法而行，那么佛法反成走向恶趣之因，因此无济于事

任何事情都有正面和负面的影响，佛法也不例外。以虔诚心进入佛门，认真闻思修行，就是正能量，不但可以断除我们的烦恼，而且能让我们帮助更多的生命，这是非常有意义的。

但如果在进入佛门以后，却不但没有如法修行，反而利用佛教造罪。自以为在学佛、修行，实际上做的都是罪业，那佛法也会让我们堕恶趣，这样就不如不入佛门。

身为凡夫，做任何事情都难免有一些负面反应，但我们必须要有警觉心和觉知力，要时时提醒自己，稍稍有一点问题，就赶紧自我调整、自我检讨，这叫作正知正念。

现代人本身就有如山的邪见与不如法的观点和陋习，在进入佛门以后，首先必须闻思，否则根本不知道什么是正面、负面，如法、不如法。要知道，仅仅打坐或念一句佛号是不够的，也不能解决根本性的问题。通过闻思所生的智慧，就可以纠正我们的邪见、恶念和陋习。

九、即使因潜心闻思而对佛法无所不知，但如果没有实修，那么自己临终时就不能道用，因此无济于事

懂得理论而不修行，则无论理论知识懂得再多，都不能解决现实生活中的烦恼，而且在临终的时候，也不能轻松应对，所以还是要修。

《胜道宝鬘论》中多次提到不修行的弊病，可见其问题的严重性。当然，如果既不修行，也不闻思，那就更严重了。

尤其现代人的生活压力那么大，琐事那么多，焦虑、失眠、抑郁，已经成了普遍流行的通病。不论是否有钱，不管官位高低，所有人的心都静不下来。

佛教讲过，禅定来自于戒律。戒律所起的作用，就是控制对别人、对社会的不利行为。如果戒律守得非常清净，没有做过任何对不起其他生命的事情，就不会有什么焦虑，内心很平静、很放心，很有安全感。在这种情况下修禅定，一定会很快平静下来。

反之，如果人际关系紧张，经常遇到一些不公正待遇，必将引发负面情绪——心事烦乱、压力重重，并伴随各种失眠、焦虑，这样能修禅定吗？很难！负面情绪一定会扰乱内心的安宁，内心没有安宁，怎么能产生禅定？

仅仅闻思，的确可以解决一些问题。如果再加上修，则所有精神上的问题都可以得到解决。

为什么闻思也可以解决一些问题？因为所有的工作和生活，都处于生命的最表层。比如，我们认为，自己从出生到死亡之间，都是常住不灭的。当我们学了无常，尤其是学了细微无常以后，就能知道，从出生到死亡之间，不是恒常的一个人，而是变化无常、随生随灭的无数人。仅仅依靠闻思，就可以突破这一误解。但因为闻思所生智慧的力度不够，所以需要反复训练、反复巩固，以提高知见的效能，这叫作修行。如果没有反复地训练和巩固，见解在生活和工作中就不能起到太大的作用。

现代城市中的大部分人缺少的不是知识，也不是物质，虽然贫富悬殊也很大，但相对来说，城市人的生活水平还是差强人意。尽管文化水平不一定太高，但每个人的知识面相对来说还是比较广。我们最缺少的，就是对生命深层次的理解，对生活、对世界本质的认识。

因为没有这些认识，所以我们再有钱、再有权也不幸福，反而容易焦虑、失眠。睡眠质量最好，睡得最香的，反而是那些贫穷的人，因为他们的想法比较简单。但很多人却不愿意选择这种生活，常言道："由俭入奢易，由奢入俭难。"物质生活已经发展到一定程度，走回头路是很难的。如何做到既有一定的物质生活条件，也要有比较好的睡眠质量呢？有了闻思的智慧，就可以做到二者兼得。

但在临终的时候，科学、医学等世俗文化、知识、技术都会失效，唯一有用的就是修行。我们曾亲眼看到，或亲耳听到很多修行人走得那么自由自在，从他们临终时的轻松安然可以猜测或推知，他们的下一段生命旅程肯定无比美好。这，就是修行的力量。

我们都非常幸运，因为有暇满人身，有机会听闻佛法，有机会修行，有机会走上解脱的道路，有机会追求佛陀的果位与智慧，这是很不容易的。我们不要因为生活中的一点不顺利，就把鸡毛蒜皮的事情无限放大，并为其左右摆布，弄得自己焦躁不安，最后失眠、抑郁、绝望至极，甚至走上极端的路，这都是没有必要的自寻烦恼。

轮回当中肯定有幸运也有不幸，有幸福也有悲惨，所以佛陀会用痛苦来描述轮回。因为痛苦，我们才会追求解脱。如果不认为轮回是痛苦的，我们就不会有追求解脱的想法。

轮回本身是不清净的，但正因为轮回中有烦恼、痛苦、生老病死，所以人们才会去寻找摆脱痛苦的方法，并最终达到清净的境地。换言之，正是轮回中的痛苦，才把我们送到了清净的境界。

我们非常愚昧无知，看不到轮回的前后，一直都在盲目的状态中活着。有点痛苦来打击我们，未必是坏事。痛苦让我们知道，原来轮回不是像自己想象的那么完美，从而生起寻求解脱的愿望。有些人就是因为父母去世，或者失恋、破产等其他原因而走上解脱道的。

当然，一个有智慧的人即使没有遭遇什么痛苦，也仍然可以意识到：尽管我暂时没有什么痛苦，但轮回是痛苦的，一定有痛苦在等着我，我还是要寻找解决痛苦的方法。智慧者与愚昧者的区别，就在于是否愿意坐以待毙，傻傻地等着痛苦降临，而不采取任何措施，直到最后措手不及。

闻思最多能让我们下一世不那么愚昧与茫然。如果没有修，只有闻思，最后走的时候，根本的问题仍然没有解决，所以没有太大意义。

十、虽然长期待在善知识跟前，但如果自己没有虔诚的敬信心，就不会得到前辈的功德与加持，因此无济于事

上师三宝就像发电厂，我们就像录音机、摄像机、洗衣机、微波炉等电器。连接发电厂和电器的，是输电线。没有电线传输电力，电器不会转动、不会工作。此处的电线，是指我们的信心。如果长期依止上师，却没有得到上师的功德与加持，我们不能抱怨，那是因为我们自己没有信心的电线。没有信心，是修行人最大的问题。

不仅仅是修行，包括任何世间法也是一样。如果学生根本不相信老师，就不会专心听老师讲课，听了也不会记在心里，最后也不会学到东西。同样，如果不相信上师有功德，不相信上师能讲佛法，最后也肯定不会得到闻思修的智慧。

如果事先不观察上师，就很难找到一个有资格、够标准的具德上师，也就无法建立起稳固的信心。这样的结果，将是一无所得。

对一般人来说，先经过观察，找到具德上师，然后建立起坚定不移的信心，之后依靠信心而获得加持与功德，才是最稳妥、最可行的路。如果修行不成功，不要抱怨，而要追问自己，到底自己的信心如何？如果没有信心，就像没有电线，即使再大的发电厂在旁边，都没有办法用电。我们不能抱怨发电厂，只能怪自己没有电线。

第十八，自讨苦吃之十法

十项“自讨苦吃”中，绝大多数是讲修行上的问题，同时也涉及一些生活上的问题。为什么要讲世俗生活上的问题呢？因为修行人的生活与修行密切相关，生活问题处理得妥善与否，会直接影响到修行。

一、无以糊口的人成家，就像愚人服剧毒，实是自讨苦吃

第一项“自讨苦吃”有两个版本：第一，单身持家，是自讨苦吃；第二，到衣食无继的家中去持家，就像是愚人服毒，是自讨苦吃。

看到第一个说法，单身者们不要介意，这句话是九百多年前的冈波巴上师讲的。那时的社会与今天有很大差别。那时的家庭分工很明确，男主外女主内，是合理且必须的分工。在自给自足的社会环境中，的确有些事情需要男人去完成，有些事情应该由女人来担当。

试想，如果由一个女人来担当家庭的顶梁柱，家里的所有经济收入、体力劳动和生活压力都由她独自去承受，肯定会有许多痛苦与困难。同样，如果一个男人独自生活，好多针头线脑的活也很难得心应手，在此情况下，有一个贤内助也是必须的。若能夫妻二人共同承担家庭压力，夫唱妇随，肯定会稍微好一些。显而易见，那时如果没有配偶，一个人很难完成所有的家庭事务，所以就是自讨苦吃。

但如今的情况却不一样了，社会提供的劳务服务，已经弥补了单身生活的不足。只需在手机或电脑键盘上动一动手指头，搬运、保洁、装修、烹饪、护理、购物等所有日常事务，都可以轻松解决。同时，大家也越来越感觉到结婚以后来自岳父岳母、公公婆婆的压力，来自配偶的压力，来自儿女身心成长、读书就业方面的压力，来自经济等各方面的压力。如果夫妻之间经常争吵、打架，甚至离婚，那更是痛苦至极，本来现在的离婚率也越来越高。即使夫妻二人恩爱一生，但如果其中一人生病或者先走，留下来的人也要面临无数痛苦和折磨。所以很多人不愿意结婚，更喜欢单身生活，至少避免了许多家庭的压力。

现代人选择单身生活，不但不一定会自讨苦吃，也许会更幸福。本来成家和单身就各有各的优势和缺点，不可能两全其美。单身有大量可以自由支配的时间，利用这些时间闻思修，是很有利的。如果成家，虽然不会孤单寂寞或缺少援手，但同时也不容易得到更多的自由。不过我想，如果有修行，有精神上的强大力量，则无论单身还是成家都无关紧要。如果没有修行，则不管单身还是成家，都会精神空虚、痛苦浮躁。现代人最需要的生活既不是单身，也不是成家，而是修行。如果不修行，既不能应对生活中的痛苦和压力，临终时更是一筹莫展。

大家都很羡慕小孩，无比渴望回到童年时代。但在巨大的学习压力面前，如今的小孩也失去了童年应有的快乐。现在八九岁的小孩也有患抑郁症的，现代社会已经剥夺了包括男女老幼在内的很多人的幸福。

人类总是这样南辕北辙，没有钱的时候，觉得有钱应该很幸福，所以披星戴月拼命去赚钱，终日操劳奔波，好不容易等到有了钱，却感觉不到幸福；单身的时候，以为结婚生子很幸福，所以绞尽脑汁恋爱结婚，结果成家以后反而更不幸福。其实，想拥有幸福，必须解决精神上的问题，让自己的精神强大起来，要有强大的精神力量。这个强大的精神力量，不仅仅是来自于学校老师教的知识，更是来自于佛陀的教育。正是因为我们从来没有受过佛陀的教育，所以有钱的时候不幸福，结婚成家生子也不幸福，出了名、当了高官也不幸福，最后导致对生活越来越失望，觉得没有什么幸福可言。如果我们懂得佛陀的理念，就能应对自如地享受生活、面对生活，就一定会获得预期的幸福。

有人会问：佛陀不是说人生是痛苦的吗，为什么此处又说有“幸福”呢？佛陀也没有否定轮回中存在着一些短暂和相对的幸福，毕竟投生善趣是过去行善积福的结果，依照善有善报的规律也应该是幸福的。如果善的果报也是痛苦，那善与恶又有什么区别呢？但因为轮回中的幸福是短暂、相对的，所以佛陀没有用“幸福”，而是用“痛苦”这两个字来描述轮回。真正的幸福，来自于心灵。我们缺乏的，就是心灵上的恒久幸福感。

综上所述，对于今天这样的社会环境来说，无论单身还是成家都不是最重要的，谁都无法确定究竟是单身好还是成家好，但可以确定的是，如果没有修行，没有精神上的力量，就感觉不到幸福。

今生虽然只有短短的几十年，但相对于轮回中的其他生命，人身真的是奢侈品。哪怕在人类当中，也只是少部分人拥有修行的机会。与此相比，别墅、轿车、名包、名表等都算不上什么了。我们现在所拥有的人间岁月——属于自己的时间和空间，才是真正的奢侈品。这样的人身失去后，还有没有得到的机会？很难的！所以，我们现在真正要把握、珍惜的，就是人身。单身、成家都不是很重要，只是一种生活方式或生活态度而已，珍惜人身，才是最重要的。

生活的品质和质量，生活幸福与否，不是以生活本身来决定的，而是由我们对待生活的态度来决定的。虽然获得人身是善的果报，相对于整个六道轮回的众生来说，仍然是最大的奢侈品。但由于我们还处于轮回当中，自然会有很多坎坷、折磨和压力。能否听到人身难得的教育，能否深深体会到人身难得，决定着自己对待生命的态度。懂得人身难得的人，会非常珍惜生命，即使偶尔遇到一些挫折、压力，也能保持积极、阳光的态度。而从来没有听说过人身难得，更没有修行过的人，就很容易被一点点的不顺打垮，随时随刻会感到颓丧、绝望、焦虑，看不到任何希望，甚至会走上极端的路，这就是消极、悲观的生活态度所造成的恶果。

很多人一直认为，生活品质是由金钱、名誉、权力等决定的，拥有了这些，生活一定会很幸福，生活品质一定会很高。但事实并非如此！修加行的第一个功课，就是修人身难得。人身难得修好以后，就能始终保持良好的心态，不至于被压力、挫折打垮。

如今的社会早已不同往常，资讯发达、服务多元，选择单身生活已经不是问题。现代人共同面临的最大问题，是心理危机。若不能解决心理危机，就算儿女成群、承欢膝下也无济于事。

有些老年人认为，子孙满堂，常享天伦之乐是非常幸福的事，所以会催促子女赶紧结婚生子。然而，如果内心空虚，不明事理、不事修行，则有再多的孙子也没什么用，不说解脱大事，连今生的幸福都不能保证。

所以，有无家室、有无配偶并不重要，最不能缺少的，是修行。如果不调整自己的心态，而将一切希望，都寄托于家庭、金钱和权力，才是真正的自讨苦吃！

二、无有佛法还造罪业的人，就像疯子跳崖，实是自讨苦吃

若能经常行善，则哪怕偶尔有意无意地造下罪业，其罪过也不会很严重。佛经中讲过，一块金属做成实心的球，一扔到河里，马上会沉到河底。但如果把同等重量的金属做成空心的球，再扔到河里，就会像船一样浮在水面，即使要下沉，也不会那么快。

同样，两人造作了同等的罪业，但其中一人从不行善，也不相信因果，造罪后不懂得忏悔，那他所造的罪业直到受果报为止，永远都会存在，就如同实心的球一样沉重。而经常行善的人由于平时行善，造罪后也懂得忏悔改过，如果忏悔得比较投入，则可能他的罪业不需要受果报，如同空心的球一样轻盈。

小乘佛教认为，只要造了五无间罪，再励力忏悔也无法清净，一定会堕地狱。但大乘佛教的观点与此不同：任何罪业，哪怕再严重，因为它是变化无常的有为法，所以一定会受到其他因缘的影响。在忏悔到位的情况下，五无间罪也可以清净，也不需要感受果报，不需要堕地狱。

如果平时不行善、也不造罪，也会有前世的罪业。如果不仅不行善，还要杀盗淫妄，那罪过是非常严重的，是真正的自讨苦吃、自作自受。

三、狡猾欺骗别人，就像贪爱有毒的食物，实是自讨苦吃

无论是在官场上，还是在生意场上，我们经常自以为很聪明，其他人都是傻瓜，可以肆无忌惮地欺骗他人。短时间内，我们有可能行骗成功。但欺骗别人就像食用有毒的食物，久而久之，一定不会有好下场。常言道：举头三尺有神灵。一切言行，都逃不开因果。天网恢恢，疏而不漏，总有一天，自己一定会遭受因果的制裁。

比如曾经发生过的校园投毒案，因为嫉妒同学而投毒，最后投毒者的结果也一样惨不忍睹。

做人要老实、真诚，言行举止要符合世间法律与伦理道德规范，要尊重因果，这是最重要的做人原则。所有懂得因果的人，都不会欺骗别人，也不会以欺骗手段谋生。

如果一个人不真诚、很狡猾，则无论文化水平再高，其他方面再优秀，也是没有用的，因为这种人连做人的底线都没有达到。

然而现在的实际情况却是，我们一直在学如何骗人，并逐渐接受了这些理念，最后连自己都不知道自己是在骗人，只认为自己很聪明，这样做是理所当然的。

从佛教的角度来讲，杀盗淫妄都是罪过。罪过的结果，就是痛苦；从世俗的角度来讲，杀盗淫妄都是负能量，负能量的回报，就是负作用。因此，我们不要把欺骗当才能，不以为耻、反以为荣，这是最愚痴的。欺骗他人，最终一定会自讨苦吃。

四、头脑简单的人当首领，就像老妇女养牛羊，实是自讨苦吃

没有见过世面，目光短浅、心胸狭隘的人若是当领袖、当领导，不但不能胜任，自己压力重重，还会给别人带来不幸与痛苦。这种人当首领，就像体力不支的老妇无法放牧一样，纯粹是自讨苦吃。

我们必须知道，每个人的能力、爱好、特长都各不相同。有的人学佛学得兴致勃勃，有的人则对哲学兴趣盎然，有的人对科学充满好奇，有的人则天生带着艺术细胞……从佛教的观点来看，虽然不否认这些差异与父母的基因有关，但其主因，却来自于上一世的习气。找准自己的位置，找到适合自己的工作，是很重要的。

虽然所有生命都有佛性，但佛性需要开发、激活、启动，即大乘经典所讲的“成熟”。佛性成熟后，所有的人都适合学佛，无一例外，但佛性的成熟有早晚的区别。为什么有早晚的区别呢？一是因为我们自己的福报不同；另一个原因，来自于教育、环境等客观因素的影响。既然佛性都有成熟时间早晚的区别，世间智慧更不例外。

做任何事情，都要观察自己的能力和特长。如今很多人在择业或学习之前考虑的，不是自己是否适合，而是薪水、地位、收入稳定等因素，这样的结果，往往会带来以后工作中的很多不顺、压力与痛苦等负面效应。

学佛也是一样，有些人喜欢念佛，有些人喜欢禅定，有些人比较适合广泛闻思，不停地学中观、因明等五部大论，如果不学习，直接修行，会感觉不幸福、不适应。有些人则不适合过多地闻思，而偏爱修行，喜欢感受内在精神上的丰足，不太喜欢学习过多的知识与复杂的思维。

做适合的工作、待适合的环境、选择适合的同伴、过适合的生活，都是幸福的首要条件。哪怕薪水没有那么高，哪怕没有太高的社会地位，都没有关系。

同时，选择修行环境也非常讲究。修行处最重要的标准，就是自己感觉舒适。如果自己觉得舒适，即使身居闹市也可以。假如某个地方风水很好，外在条件也不错，却不能让自己内心感觉快乐，就没有达到修行处的标准，即使强迫自己在这样的地方待下去，修行结果也不会很理想。

有些人虽然工作很忙，家庭压力很大，经济条件也不怎么好，但依然持之以恒且满心欢喜地学佛打坐，这些人最终一定会有很好的结果。而有些人外在各方面条件都非常优越，钱财丰厚，完全不需要工作，却不想修行，只是强迫自己去修，这样的效果自然不会理想。

佛陀讲过：人的根机千差万别，谁都无法强迫所有人去做同一件事情。但有一件事情可以确定，就是所有人最终都适合学佛与成佛，因为每个人都有佛性。对每个人来说，修行都是适合的，因为每个人都希望拥有幸福、宁静、轻松与自由，这些都不是金钱、权力等能给予的，而是通过修行可以获得的。

五、不以殊胜的心态精勤利他而以世间八法勤奋谋求自利，就像盲人漂泊于荒野，实是自讨苦吃

本来在大平原、大草原、海洋等地方，就容易失去方向，不辨东西、不知南北。若是没有向导的盲人，就更不知身处何方。如果没有利他心，一切行为都围绕着自己的名利等世间八法，最终我们会像荒野中的盲人一样迷失

方向，因为任何世间法都不可能永远不变。追逐不到，惴惴不安；得到之后，得意忘形；一旦失去，又彻底崩塌，失去了生活的信心，这与荒原中的盲人有何区别？

菩提心不仅是大乘佛教的灵魂，成佛的源动力，也会让我们对生活充满希望。度化众生、利益众生的目标卓越而高妙，已经超越了任何金钱、物质和权力的层面，不会因为物质财富等世间因缘的变化而动摇，它能恒保我们的人生不会失去方向。有了它，无论发生任何动荡，我们永远不会迷失、绝望。无论贫穷富裕，高贵低贱，只要菩提心始终伴随、不离左右，就一定能让我们的生活充满幸福、充满活力，让我们活得更有意义。所以，我们必须要有超越世间八法的崇高目标。

很多失败的人生就是这样，贫穷的时候，把金钱当作生命的目标，认为有钱一定会幸福，然后拼命赚钱，承受了很多压力，面对了种种困难，最后发财了，目的达到了，却因为他们的梦想仅仅是发财，没有别的追求，从而失去了梦想。失去梦想之后，就会感到空虚无聊、不知所措，只有通过赌博、吸毒的方式来刺激自己的神经，以从中获得所谓的快乐。但肉体的自然规律就是这样，任何神经刺激久了，都会产生麻木乃至反感、拒绝的情绪。

现代人的心态很奇怪，忙碌的时候，心里很烦躁，一心只想静下来；一静下来的时候，又觉得无聊空虚，于是琢磨着想做点事情。忙也不行，不忙也不行，就是没有安全感的表现。随着物质的发达，现代人越来越感觉到佛陀言教的前瞻性。

在冈波巴大师写这段话的九百多年前，除了修行人以外，普通人不会意识到世间法效力的捉襟见肘。因为那时的社会经济没有现在发达，多数人都不太了解物质财富的局限性，都希望能用外面的物质来刺激神经，并称之为享受人生。但在物质发达的现代社会，很多人失望地发现，物质根本不能带来最终的幸福！这不是莫大的讽刺吗？我们不择手段地追求物质，不惜破坏环境，丧失伦理道德，却没有找到预期的幸福，这是多么令人失望的结局啊！

真正能让我们幸福的，是以真诚之心饶益众生。用现代的话来讲，就是无条件地帮助别人。慈悲心和菩提心除了可以让我们解脱成佛，还可以让我们的现实生活变得更充实、更幸福，人生也有了方向。

利他的事情，每个人都可以做。我们不要以为，利他是有钱有智慧者的专利，没有钱，就不能利他。我们不仅可以用金钱、物质来利他，从精神、心灵的角度出发，也有很多利益众生的方法。只是因为我们把物质看得高过一切，总觉得没有物质就不能帮助别人，其实这都是不对的见解。即使在现代商业社会，也有很多物质办不到的事情与金钱买不到的东西，我们不能高估了金钱、物质的能力。

大、小乘佛教都让我们先修出离心。所谓出离，不是让我们出家当苦行僧，而是让我们的生存目标脱离并高于物质、金钱、权力等外在的一切。让自己的内心不再受外在事物变化的影响，永远不会觉得无聊，也永远不会以消极悲观的心态去面对生活，这叫作出离心。如果没有出离心，就会时常感觉无聊、空虚，没有意义。很多身家几十亿、几百亿的人会说，我根本不知道自己为什么要活。这些众人羡慕的富豪为什么要说出这样的话呢？因为他们的梦已经结束了。以前，成为有钱人是他们的梦想，现在已经圆梦，反而无所适从，不知道要干什么了。所以，出离心不仅是解脱的基础，也是我们日常生活的必需品。

慈悲心和菩提心，就比出离心还要高明，且更为必需。在这个纷纷扰扰的世界里，真正让我们幸福、充实、骄傲并感到生活有意义的，就是菩提心。我们需要有慈悲心或菩提心。不仅这一生，乃至生生世世都非常需要。如果不修菩提心，只是为了自己的世间八法而奋斗，就是自讨苦吃，永远都得不到幸福。如今，在一些有名、有钱、有权的人身上，已经印证了佛陀当年说的话。

真正的修行人到了晚年的时候，虽然无法工作赚钱，身体状况日渐衰落，所有世俗的梦想都破灭了，但依然可以开心地活着。即使世俗的目标没有了，但更高远的目标还在，我们要为这个目标而生存、奋斗，要对生活充满希望。只要活一天，就可以做很多有意义的事情。比如，如果自他相换的菩提心修得好，就可以将身体的苦痛，转化为修行的顺缘。这样的老人，怎么会对生活失望、绝望，怎么会感到无聊、空虚呢？

如果没有精神上的目标，即使子孝孙贤，家里高朋满座，自己被众星捧月般地围绕着，周围充斥着溜须拍马的人，但在直面自我时，仍然会感觉空虚无聊，所有的负面情绪都蜂拥而至。然而，最遗憾也非常可惜的是，我们不知道什么最重要，因为没有学过佛法，没有类似的理念，这是现代文明最大且无解的缺陷。

尽管现代文明为我们的生活提供了诸多便利，但有一个非常大的缺陷，就是有钱却不幸福。

残酷的事实告诉我们，不要为了自己的世间八风而奋斗，不要从不利益众生，否则就会像漂泊于荒野的盲人一样失去方向。

六、去做不能成办的大事，就像体弱者背负重担，实是自讨苦吃

无论是从修行，还是从世俗的角度来看，强迫自己去做超出自己能力范围的事情，就是自讨苦吃。

首先，从修行的角度来说。在基础修法没有修出来时，就自不量力地去修大圆满、大手印与禅宗顿悟法门，就是自讨苦吃，因为注定不会成功。想成佛，必须按照佛陀所讲的次第一步一步地修行，这样才会成功。

当然，量力而行，并不意味着做事的时候不努力、不认真。只是有些事情我们即使很投入、很勤奋，依然无法实现。此时如果强迫自己去做，就是自讨苦吃。

一个人的力量是有限的。普通人背负 100 斤或 150 斤，已经很不错了。倘若一定要背 1000 斤，就是自讨苦吃。做任何事情，包括修行在内，都要讲究方法和次第，要有自知之明，否则都不会成功。

七、以我慢心轻毁殊胜上师与如来的言教，就像掌权者毁掉大好前程，实是自讨苦吃

以傲慢心侮辱或轻视殊胜上师和佛法，比如，藐视佛教的三观，说是迷信等，都将招致悲惨的下场。因为殊胜上师和佛法都是为一切众生造福的，

侮辱造福者，就等于践踏众生的幸福，所以是有罪过的。这就像有权者毁掉了美好理想或大好前程，实在是自讨苦吃。

八、舍弃实修、游荡俗人城区，就像野兽落河，实是自讨苦吃。

如果野兽居住在山里或森林里，就可以快乐自在地活下去。但“虎落平阳被犬欺”，当他们来到平川以后，一是环境不适应，二是有可能遭人杀害。

同样，在不具备弘法利生能力的时候，修行人应该在修行人居住的地方修行。应该在学佛的人群中一起学习、讨论、相互帮助。这样自己的修行、见解等各方面才会有收获和进步。如果脱离学佛群体，混迹于根本不学佛的圈子，则过去所学修的慈悲心、出离心等都会慢慢淡化，直至最终消失。所以，确定自己的居住环境十分重要。

九、不护持原本的智慧而散乱于繁杂的戏论，就像大鹏断翅，实是自讨苦吃

在证悟之前，必须大量地积累资粮，这是为了证悟。

证悟以后，当义工、建寺庙、修佛塔、塑佛像，以及念经、烧香、拜佛等行为上的善行可以适当减少。虽然这些事情本身是好事，是在行善，但都是有漏的有为法，如果干得太多，就会产生烦恼，甚至会让证悟智慧慢慢消失。此时修行的重点，要放在修空性、修光明上面。《饶益有情九观察》中也讲过，证悟后的一段时间中，最重要的是闻思修行，此时还不是度化众生的时候。

就像刚刚进入医学院学医的学生，无论学中医、藏医还是西医，都需要

封闭式地学习一段时间，这时还没有治病的能力。如果给人治病，可能会导致病人的性命危险。先学习，学成之后再治病，是很合理的安排。

同样的，证悟之后，应该好好修行，先不要去度化众生，当证悟力量达到一定程度时，才能利益众生。我们要把握修行的轻重缓急，不能自讨苦吃。

十、肆无忌惮享受上师三宝的信财，就像小孩干吞火烬，实是自讨苦吃

三宝财产必须重视，无论是出家人还是在家人，都不能随意享用。

什么叫做三宝财产呢？塑佛像用的钱，装饰佛像所用的金银珠宝，或者给佛像修佛堂的钱，属于佛宝的财产。

法宝包括了教法和证法。教法的费用，就是印经书的钱；证法的费用，则是用于戒定慧方面的开支。法宝的财产，也就是印经书以及闻思修行方面的费用。比如，闻思过程中，会产生一些费用，这些费用就属于法宝的财产。再比如受戒、打坐，打佛七、打禅七的过程中所花的费用，也是为了戒定慧的支出，都属于法宝的财产。

僧宝即僧众。僧众闻思修行的生活费，就是僧宝的财产。

以上所述，为三宝财产。佛经里讲得非常清楚，这些财产不能随意支配，必须专款专用。

比如说，在一间佛堂里，准备塑三尊像。中间是释迦牟尼佛，两边分别为观世音菩萨和其他菩萨。有一个施主想捐钱塑观世音菩萨像，那这笔钱一定要塑观世音菩萨，而不能用来塑释迦牟尼佛。以此类推，包括修经堂也是

如此。

只是在戒律中有一些特殊开许，若有个别在家人生活上有困难，或者出现饥荒，在寺院僧众有集体粮食的情况下，可以赠送或借给在家人，而无需担心这是三宝财物。除此之外，自己不能随意享用三宝财物。

放生属于六波罗蜜多中的布施。六波罗蜜多都是正法，是三宝中的法宝，所以，放生款既是三宝的财物，也是众生的财物，是用来换取众生生命的钱，必须专款专用，一分钱都不能浪费。大家一定要注意，这是非常严肃的事情。

如果我们有机会接触三宝财物，一定要谨慎行事、细致取舍。比如慈善基金，哪怕是无神论者的团体建立的慈善基金会，哪怕其中的所有人都没有宗教信仰，但因为慈善基金当中的每一分钱，都是用来做善事的，所以都是相当于法宝的财产。如果随意使用，罪过不可估量。

第十九，自给自恩之十法

如果今生闻思修行卓有成效，在离开这个世界时，就能感觉到自己对自己的恩德，这叫作自给自恩。

大乘显宗经典中也提到过，人死后在中阴身时，会看见自己的尸体。如果活着时依靠这个躯体尽可能多地断恶行善、闻思修行，积累了很多福报，死时就会对这个躯体生起感恩之心。如果一辈子造作罪业，死时就会对身体有嗔恨心，所以，自己对自己施予恩德很重要。

一、断除世法的贪嗔、行持微妙正法，实是自给自恩

所有凡夫，都有贪嗔痴等烦恼。烦恼产生时，我们很难控制。《俱舍论》中讲过，产生烦恼，需要三个条件。

第一，是烦恼的种子。每个人心里，都有烦恼的种子。没有生起烦恼时，这些种子也一直以潜在的方式存在着，只是不明显而已。彻底断除烦恼的潜在能力，是在菩萨第七地的末尾。到了第八地的时候，就已经从本质上断除了烦恼障，而只剩下所知障。在这之前，烦恼的潜在能力一直存在，即使是脾气非常好的人，也有这种潜在的能量。

第二，是遇到对境，即外在的因素。比如有人当面讲自己的坏话，或者有人剥夺了自己的权益等。如果没有外在因素，嗔恨心不一定产生。哪怕是在独自一个人的时候产生了嗔恨心，那也可能是因为想起了曾经发生过的事情。

第三，是不合理的作意或观念，即心里的颠倒观念。颠倒观念的根本，就是我执。本来没有我，却当作有我的存在，就叫作我执。在我执的基础上，还有对永恒、常有的执著等颠倒且不合理的见解。有了这些观念，就会产生烦恼。

对我们凡夫来说，以上三个因素中，最关键的就是第三个——颠倒作意。比如说，要控制嗔恨心，烦恼的种子暂时没有办法断除，外在的条件也不在自己掌控之中。但如果没有颠倒作意，则即使有人说自己的坏话，即使有烦恼的种子，烦恼还是不会产生。

但我们往往不是这样，只要有人说自己坏话，根本不观察这些话有没有道理，立即火冒三丈，这就是颠倒作意。我们都很执著自己，很在乎自己的一切，我执已经严重到根深蒂固的地步，不允许任何人说自己的坏话。三个条件一旦具备，烦恼就会产生，根本无法控制。

很多人说，这些道理都懂得。比如，不能生起烦恼，因为会有严重后果。嗔恨心会毁掉我们的善根，会堕地狱等等。但当烦恼生起时，明知自己不对，却无法控制。

烦恼的生起是一种自然规律。任何自然规律，只要具备产生它的所有因缘，就无法控制其结果的产生。在因缘都具备的情况下，企图控制结果的产生，是非常幼稚且愚昧的。要控制结果的产生，必须从因缘下手。破坏了因缘，就等于破坏了果。

如何控制烦恼?

第一，烦恼的种子，只能逐渐断除。真正的断除，是从菩萨第一地时开始，在第七地末尾彻底断除。在这之前，无论是闻思智慧，还是凡夫的初步证悟，都无法铲除烦恼种子，因为它早已积重难返。

第二，外境也不可控。别人诽谤、打骂、侮辱自己，或者偷自己的东西等，我们都无法避免。连佛陀都无法满足所有的众生，更何况我们凡夫？在没有被满足的众生中，一定会有一些人来攻击我们。

产生烦恼的三个因素中，我们能够控制的，唯有第三个——颠倒作意。观念转变后，颠倒作意受到了破坏，此时哪怕具有前两个条件，烦恼也不会有萌芽的机会。

如何转变观念呢？《入行论》“安忍品”中，讲了很多面对嗔恨心的方法。

比如，当有人说自己坏话时，我们不能不问青红皂白，立即翻脸不认人，继而恶言相向、怒目相视。而是要静下来，思考分析别人说的话有没有道理，之后有则改之、无则加勉。一般来说，冷静观察之后我们会发现，别人的大多数评判也不是空穴来风，还是有道理的。这样打开心扉，以前不允许任何人说自己、骂自己的观念就自然而然开始转变了。随之而来的，是烦恼的悄无踪影。

佛教不认为是造物主在操控我们的情绪，也不承认无因无缘、一切的发生都出于偶然，佛教承认因果，尊重因果规律。在产生烦恼的三个因缘中，介入新的因缘之后，结果就会发生变化。虽然烦恼的种子没有任何变化，外境上依然有人说自己，但因为我们的心态有所转变，这些言语就仅仅是一种声波，而不会让我们产生嗔恨，这叫作因果。

遗憾的是，现在我们听了很多佛法，懂得大量佛教理论，却没有对治烦恼的能力，这都是没有深入思考，没有打坐修行的缘故。我们懂的理论都很肤浅、很表面，根本无力转变我们的观念，只是懂得而已。体会到的境界和知道的知识二者，效力是有着云泥之别的。就像世间很多知法懂法的人也会犯法一样，知识不能解决问题。我们需要的，是把书本上的知识，理解转化为体会、体悟。

怎样把知识转化为体会呢？必须打坐修行。

往昔佛教在印度被外来宗教侵略消失的同时，佛教的很多思想也被其他宗教兼收并蓄。如今在书店里，会看到很多心理学、成功学、幸福学等方面的书籍，其中不少内容实际上是借鉴了佛教的理论和方法，只是以不同的方式表达出来而已。但如果失去了实际操作，就不能解决根本问题。

想控制嗔恨心，就必须静下来打坐修行，这样才能把知识转化为体会。虽然这还不是证悟，不能断除烦恼种子，但却有能力转变我们的观念。先把知识转化为体会，然后再把体会转化为智慧，这时的智慧，才是证悟。

比如说，许多人会觉得，人身难得、死亡无常等道理非常简单，没有什么可修的，一看就能全部理解。但假如忽略了这些最基础的修法，哪怕花很长的时间修大圆满、大手印，都不会有效果。最后我们会知道，基础才是最重要的，然后再回来规规矩矩地一步一步修，无端蹉跎了很多时光。

某些人总喜欢抱怨，说他学佛很长时间了，为什么没有进步云云。其实，我们所谓的学佛，无非是功利的烧香拜佛、临时抱佛脚而已。如果没有出离心、菩提心，烧香拜佛一辈子，烦恼也不会减少，只是有一些功德，比不信佛好点，能让我们下一世有一点点福报，不堕地狱、旁生、饿鬼道，投生到人间或者天界，就是最好的果报了。

真的想要控制烦恼，就要从闻思到修行，从知识到证悟。这是我们能够看得见、摸得着的自然规律。

一直以来我们都认为，烦恼源自于外在的客观因素，但事实上，它却来自于我们的颠倒作意。控制烦恼，放下世俗的爱憎，一心一意去修行，是我们一生最重要的工作，是对自己的最大恩惠。这样在离开这个世界时，我们会感觉到修行的价值，感觉到自己这辈子选的路没有错，这时就会有自给自恩的感觉。

如今，越来越多的现代人感觉不到幸福。很多人在问，幸福在哪里？这是现代的热门话题。为什么感觉不到幸福？就是因为我们自己的价值观有问题。现在很多人的价值取向存在着严重问题，所以他们的人生轨迹也与之相反，奋斗一辈子，在即将离开这个世界的时候，却极度不满意，对自己的生命、社会、家庭、生活、工作都不满意，并在这样的怨恨中，悲愤万分地离开了世界。这样的结果，大多是去了地狱或饿鬼道。不控制烦恼，注定会失败。不但今生不幸福，还有可能彻底毁掉来世的前程。所以，调整价值观，也就是前面所说的颠倒作意势在必行。

二、离开家眷与亲朋而依止圣贤上师，实是自给自恩

一说到远离家乡，远离亲戚朋友，远离家人，可能很多人并不理解，其实这没什么不能理解的。现在不少人为了学习，为了以后能更好地工作，赚

到更多的钱，也远涉重洋，去到地球另一端的美国、欧洲等地留学，三五年不回来，大家都认为应当应分。其实，佛教讲的远离家人也是这个意思。为了更好地学习，更好地修行，以后能利益更多的众生，暂时远离家乡，远离亲朋好友去学习和修行，又何尝不可呢？佛教并没有说要彻底远离家乡、远离父母啊！

当年米拉日巴尊者也是暂时离开家乡，离开母亲去求学和修行。修行成就之后，他也一样地回来度众生了！

佛陀认为，如果不寻求真理、不寻找解脱之路，一直都在红尘中守着自己的家人、父母，表面上是很孝顺，但实际上却没有什么意义。即使能够给予一些帮助，也是短暂且局限的。

如果真正地爱父母、爱自己的家人、朋友，就应该去闻思修行。这样不但能解决自己的问题，还可以帮助家人，帮助亲戚朋友。如果一辈子和亲人黏在一起，最后还是要分开。《入行论》“禅定品”中讲得很清楚，那时候我们既没有办法利益他们，他们也没有办法利益我们，双方都自身难保。

暂时远离父母家乡，依止善知识的目的，就是为了更好地利益无始以来的所有父母，为了更好地帮助、度化他们。当我们修学有所成就时，绝不会放弃他们，而是会回来更好地帮助他们。

佛法传到中国，已经有大约 1900 多年了。但世人，尤其是现代人对佛法仍然有很多误解。总觉得佛教徒很冷漠，没有人情味。有些儿女违背父母意愿选择了出家，社会上也有各种负面的议论和看法。但如果当事人真的想出家修行度众生，旁人就不应该说三道四。虽然暂时从表面上看，他没有履行家庭与社会责任，像是在逃避。离开时，父母、家人也会伤心、难过。但如果他真的能学有所成，日后反而能更好地帮助他们。当然，如果不是因为发菩提心而出家，只是因为不愿意面对现实，想逃避现实而出家，那就不在此范围内。

三、抛弃繁乱琐事而闻思修行，实是自给自恩

现在我们没有办法放下所有的散乱，每个人身上都有一大堆无法推卸的责任和压力，要面对现实生活。但有些没有必要的散乱，我们还是可以放下，尽量挤出时间去闻思修行。

如果根本不闻思修，所有的时间都用到工作和吃喝玩乐上，就是散乱。当走到生命尽头时往回看，即使是成功人士，也除了对某些人有少许生活上的利益以外，对解脱没有任何意义。

所以，尽量把散乱的时间压缩，挤出时间安排到闻思修行上，这样最终的受益者是我们自己，这才叫作自给自恩。

在现实生活中，每个人都会面临一些用钱也无法解决的问题。有了这些问题，内心若不坚强，就会有痛苦。无论多么有钱，多么有权，也感觉不到幸福。西方哲学讲，人的生存意义，是追求幸福。佛教也认为，我们的生存目标，应该是追求幸福。成佛，就是绝对、永久、究竟的幸福。然而，现在我们却追求不到幸福，以前认为可行的方法，也无法追求到幸福。大家都很茫然，根本不知道路在哪里，要怎么做。拥有的钱财根本不能解决问题，很多人变得异常急躁、忧郁和彷徨。

据中国疾控中心精神卫生中心数据显示：中国 14 亿多人口当中，各类精

神疾病患者已经超过了一亿，抑郁症患者已经超过 9000 万人。近年来出现的多起持刀杀人事件，伤害了很多无辜，大多与精神疾病有关。

因为我们的生存压力很大，为了挣钱而付出了沉重的代价。如果没有一个有效的控制情绪的方法，钱挣到了，我们却会失去幸福感。如今每个人的情绪都很浮躁，稍稍出现一点问题，就肆意发泄，进而出现各种不可挽回的悲剧。

环顾四周，我们身边的朋友当中，需要用钱、用物质去扶贫、帮助的人比较少，但需要精神帮助的人却比比皆是。为了缓解抑郁、焦虑、失眠的症状，为了发泄不良情绪，社会上出现了“哭吧”“发泄吧”、酒吧、KTV 等各种场所，这不但不能解决根本问题，反而让人更加浮躁、空虚和痛苦。

那么，这些问题该怎样解决？就是通过闻思修来解决。

21 世纪，用佛法服务大众，帮助天下人的时机已经成熟。无论是否信仰佛教，都可以得到不同程度的帮助。我们不能过度散乱，要尽量投入到闻思修行当中。在闻思修过程中，自己每取得一点点进步和感受，都要与其他人分享。让他们依靠这些方法修行，至少不造罪，这样就能过得轻松幸福一点。

缺乏精神上的依靠，和缺乏物质上的资源一样痛苦。过去的贫穷，往往是指物质上的贫穷。21 世纪诞生了大量的新贫穷族，他们不是物质上的贫穷，而是精神上的贫穷。过去的扶贫，是捐款捐物；今天的扶贫，不仅是财物扶贫，更是精神上的扶贫。

在精神扶贫方面，最能发挥作用的就是佛教，所以现代人越来越感觉到佛教的重要性。过去的某些人认为，经济发达以后，佛教等宗教都将自行消失，即使不消失也会过时，因为没有人需要这些。但事实告诉我们，现代人越来越需要佛教的帮助。每一个佛教徒都有责任学修佛法，这样不仅能让自己生活充实有意义，也可以帮助其他人，让更多的人感觉到生命的价值和意义。若能以这样的方式度过一生，真的是自给自恩。

四、远离城区与熟人独居静处，实是自给自恩

虽然在家修行人不能像出家人一样完全放下交际应酬，像米拉日巴尊者一样居于静处修行，但也可以适当地闹中取静，在喧嚣烦躁的都市里选择一个相对比较安静的地方，适当地远离一些朋友。尽管从做人的角度来说，这些朋友品德良好、富有素养，文化水平很高，和自己的关系也很亲近。但他们的人生目标只是吃喝玩乐，如果整日跟他们厮混在一起，把时间用在出国旅游、喝茶、喝酒、吃饭、唱歌上面，真的很可惜。我们可以适当地、有尺度地与他们接触，但不要混得太深，否则会浪费我们很多时间。

我们应该在忙碌的人群中，选择一些能够有时间安排闻思修行的道友。与他们在一起，自己的修行也会有进步。现在有很多学佛团体，大家在一起学习、共修，一方面可以相互监督、相互鼓励；另一方面也可以就一些不懂的佛教问题进行讨论。在某种程度上讲，这也叫作善知识、善友。这样安排自己的生活，对我们的一生都是很有意义的，所以是自给自恩。

五、斩断欲妙的牵绊，无贪安住，实是自给自恩。

就目前而言，虽然我们无法做到彻底放下对物质的欲望，超越红尘，无

欲无求地修行，但可以适当地放下，不过度地追求、贪图物质，不把大把的时间，都荒废到对物欲的追求上。

我们的生存压力为什么这么大？生活节奏为什么这么快？除了一些客观因素之外，更多的是和自己的欲望有关。如果我们的欲望没有那么严重，对生活水平的要求没有那么高，不攀比、不虚荣，则付出也不需要太多，这样生活节奏就不需要太快，生存压力也不会太大，就有时间用于闻思修行，做到物质与精神生活双丰收。

所以，适当地放下物欲，努力修行，也是自给自恩。

六、仅有简陋之物便知足，不贪图精美之物，实是自给自恩

很多人的车子、房子并不需要更换，服装、背包也足够了，但我们却停不下追逐的步伐。任何追逐，都需要付出代价。物欲的代价，就是时间、精力。为了一个大可不必的目标，我们总是把自己搞得筋疲力尽。这是为什么？因为我们不懂得知足。不知足的结果，就是没有多余的时间让自己轻松，更没有时间修行。所以，知足少欲本身，就是非常好的生活原则。懂得少欲知足，就是自给自恩。

七、独立自主，不寄托别人，誓愿坚定，实是自给自恩

自立自强，即坚韧不拔，不为任何人和物质所左右。

色界和无色界的生命可以不依靠物质生存，但人类生活在三界中的欲界，欲界众生无法不依赖物质生存。尽管如此，我们仍然可以尽量掌握好分寸，不过度依赖物质。

现代人往往忽略了精神的修养与训练，所有的问题，都试图用物质来解决。在过度依赖物质的过程中，有一个问题我们没有发现或没有考虑到，那就是：越依赖物质，我们的内心越脆弱，精神承受能力越差。总有一天，我们会看到物质的黔驴技穷。比如说，感情上的问题，身体上的病痛，都不能用钱解决。生病，我们可以去高档医院，但高档医院一定能治好所有的病吗？不可能。在物质不能搞定的重大问题上，内心的坚韧度就成了成败的关键，如果处理不好，就会精神崩溃，甚至罹患抑郁症。

现在的精神疾病患者越来越多，抑郁症、焦虑症、孤独症无处不在，这都与我们的生活方式有关。生活方式的选择，源于我们的价值观。价值观，又来源于我们所受的教育。因为没有学习儒释道等传统文化中关于调整心态的方法，才引发了这些问题。

所以，我们特别需要精神修养和训练，要意志坚定。现代商业社会中，真正靠得住的朋友越来越少，可以信任的人也越来越少。缺乏安全感，孤独、寂寞，正好是产生焦虑、抑郁的主因。我们高估了物质的价值，使得精神一片空白，无力面对任何折磨、坎坷，焦虑、抑郁、痛苦，成了大多数人的宿命。

真正的幸福不是用肉体去感觉，而是用精神去体会的。精神空虚了，就感觉不到幸福。钱不但不能让我们成佛解脱、往生西方极乐世界，也不能让我们今生获得幸福。

虽然目前的社会大环境就是如此，我们无力改变，但个人的生活方式还是能够自己安排。有些事情可以随着潮流走，但其他方面还是可以闹中取静、逆流而行。不依赖金钱，不依赖权力，这些都靠不住。唯有精神上的自立自强，才是最可靠的。现在很多女孩子总希望找个有钱人依靠一生，但有钱人不一定能找到，即使能找到，能依赖多长时间也说不定。哪怕离婚时得到对方一半的财产，但这些钱能否让自己幸福，还是很大的问题。

没有修行，没有内在的提升，一切外境都靠不住。佛陀很早以前就预言了物质的局限，那时人类的物质享受还没有达到现在的程度，除了极少数智慧卓越的人以外，当时的大多数人都不能理解。如今越来越多的人发觉，佛陀说的是千真万确的。

如何做到自立自强？就是要闻思修行。通过闻思修行，就能明白很多道理，然后才会有体悟，如此一来，精神就会很强壮。精神强壮的人无论面对成功还是失败，都会感觉到幸福，这才是真正的幸福。

八、无视今生暂时的安乐而修行永久安乐的菩提，实是自给自恩

没有信仰的人也会说类似的话，但实质内容却大不相同。佛教的长远之计不仅是这一世，还包括来世；佛教所说的暂时，也不仅是今天，而是这一世。

有些人说，佛教不关心今生，只关心来世，其实这种说法是错误的。大乘佛教关心的不是今生，也不是来世，而是超越轮回，利益众生，这才是佛教的真正目标。

从利益众生的角度来讲，佛教不仅看重这一世，也看重来世。不但今生要帮助众生，下一世也要利益众生。

此处的永久安乐，是走上解脱之路，是成佛。只要有了这个目标，权力、金钱方面的成败荣衰，都不会让我们绝望或失望，因为我们的生存目标不是这些。有着远大目标的人，永远都会活得很有希望、很有力量、很有活力。

九、永断实法的耽著而实修空性，实是自给自恩

前面的内容，是从少欲知足的角度来讲的。这一条，是从空性的角度来讲的。

权力、金钱，包括我们的生命，都是虚幻空性的，像梦境一样。但在没有真正证悟之前，这个空性在现实生活中是不起作用的。如果没有证悟，仅仅停留在理论文字上的空性，不能解决我们的烦恼。我们对空性的认知，还停留在理论和知识的阶段，甚至有些佛教徒连理论知识都没有，根本不知道什么叫作空性，这是很可惜的。我们的所有问题，最终必须以证悟空性的智慧来解决，所以必须要学修空性。学修空性的基础，是出离心和菩提心。

十、身语意不处于平庸状态而精勤圆满二资粮，实是自给自恩

身体的随意散乱，是指身体没有去行善，而是去吃喝玩乐，做一些没有意义的事情；语言的随意散乱，是指没有念咒、讲经说法，而是去聊八卦等；心的随意散乱，是指没有修心，也不考虑闻思修行，整天胡思乱想。杜绝以上身口意的随意散乱，尽量积累福慧二资粮，才是真正的自给自恩。

牺牲一些吃喝玩乐，在闻思修行、积累福慧二资粮上多下点功夫，多投入一点，这样在我们走到生命尽头时，一定会感谢自己。否则一定会抱怨自己，不原谅自己，但那时已经悔之晚矣。趁现在还有选择的机会，我们一定要做些有意义的事。

我们的要求不是很高，没有绝对制止吃喝玩乐，只是要适可而止。没有说完全不可以追求名利，只是要方法得当。没有说一定要苦行，只是要因人

而异。生活不要过得太奢侈、太随意，一定要挤出一些时间来闻思修行，要做临终时可以感谢自己的事情。在中阴身时，看到自己的身体，能心存感激，因为借助这个身体做了很多善事，获得了很多成就。拥有这种心态，才是真正的成功和自给自恩。

第二十，真正之十法

第二十个内容，是从见解、修行、行为的角度分别讲述十项正确的法。见解、修行、行为分别分为上、中、下三等，共九项。最后一项，是所有见修行的成果或标志。

佛教对上、中、下三等根机的区分，有不同的侧面。这里是从是否证悟的角度来区分的：明心见性、证悟了大圆满的，就是上等根机；没有证悟大圆满、没有明心见性，尤其是初学者，就是下等根机；介于两者之间的，就是中等根机。

一、诚信业因果，是下根者的正见

佛教见解的基础，就是深信因果轮回。世界上没有一个宗教能像佛教那样将因果和轮回阐述得如此完整，所以说因果和轮回是佛教独特的见解，也是佛教徒最基础的两个见解。

没学佛之前，很多人不相信因果轮回。学佛之后，才开始接受轮回与因果的存在，但有时还是会有各种疑问。即使信了很长时间，假如没有闻思、没有修行，有时也会产生疑问：轮回到底存不存在？自己现在走的路到底是对是错？坚持学下去有没有结果？所以，我们需要在刚进入佛门时就思考：

因果、轮回是否存在？如果都存在，六道在哪里？如果没有思考，这些问题也许只会在遇到争论之时才出现。假如始终没有消除疑惑，一直对因果和轮回半信半疑，就不会慎重取舍因果，也不会希求解脱轮回，等到临死的时候，才发现此生一无所获。那时再想补救，已经为时太晚。佛教的很多观念和实际行动，都建立在这两个见解的基础之上。如果无法解决这些问题，则我们对佛教的基本信心就会动摇。基础若不牢固，其他的见解、观念和行为皆会受到影响，学佛也会失去动力。

比如，长期坚持虔诚念佛固然很好，但如果没有闻思学习，念佛的人有时也会对西方极乐世界和地狱是否存在产生疑问，却找不到解决方法，继而有可能从中退失。

对因果轮回，佛教采用了直接阐述、间接说明或者推理的方式来证明。通过闻思，就能解决这些问题。若要进一步释疑，就需要学因明。因明是专门证明因果轮回等普通人无法直接感知的隐蔽事物和现象的学科。学习因明，就能让我们对佛法的信心更加坚定。

有些人认为，佛经中的很多观点与科学发现不一致，比如对地狱、宇宙的描述等。

虽然有些佛经说地狱在地下，但也有另外的佛经非常清楚地讲过，地狱其实不在地下，这只是为方便下等根机的人理解而说的。那么地狱在哪里呢？就如同我们现在看物体，只能看到长、宽、高的三维空间，事实上，还有我们看不到的其他维度空间，不同业力的众生，看到的维度深浅是不一样的。

关于这些问题，麦彭仁波切在《定解宝灯论》第七品中讲得非常清楚。比如，一张桌子，在我们看来是一个三维物体。但如果另外一种生命体也在看这张桌子，他看到的可能就不是桌子，而是另外一些我们看不见的东西。不同维度的物体，可以存在于同一位置，互不干扰、互不影响。人类感官对应的是三维空间，看到的就是桌子。其他生命看到的，是与他的感官对应的现象。

很多人对此根本不能理解，认为这是疯子的论调。但真理，往往掌握在少数人手里。曲高和寡，是社会的普遍规律。

玻尔曾经说过，如果你在公园里，和一个陌生人坐在一条长椅上，和他慢慢地、慢慢地讲量子力学。他如果没有把你当成一个疯子而恐惧地一点点挪开自己的身体，那他一定是根本没有听懂量子力学。因为见解高于常人，所以科学和佛经在传播之初，会有同样的尴尬遭遇。

人类历史上，因感官对事物的认知有限而犯下的错误可谓层出不穷，例如众所周知的地心说。两千多年前，有一位天文学家首次提出了日心说，但当时却没人相信他，认为他是信口雌黄、胡说八道。

同样，人们一直认为，从诞生到毁灭之间，桌子、房子等物体是静止、永恒、常住不灭的。两千五百年前，佛陀就说一切是无常，但只有佛教徒相信细微的无常。直到二十世纪，科学家发现了原子，人们才知道世上没有静止的东西，一切都是运动的，这是人类史上又一个被科学推翻了的错误常识。

其实，对生命的理解也是如此。因为我们只能看到一个人从诞生到死亡的过程，看不到诞生前和死亡后，所以就认为生命只是从诞生到死亡这一段，诞生前和死亡后都不存在。这都是像地心说以及物质静止论一样幼稚的错误。

因果也是如此。无论杀盗淫妄还是积德行善，我们只能看到善恶的行为，而看不到它的业果。或者可以感受到幸福和痛苦，却看不到产生幸福和痛苦的所有因缘。因为看不见真实的因果关系，所以会否认现在的幸福或痛苦与过去有关，只承认与当下的某些因素有关。

我们的理性思维，是依赖于感官获得的信息。而我们的感官，又非常有局限，由此而得出的结论，也必定会受限。我们不能错误地把感官的结论当成真理。尽管人类曾经犯下的错误有的已经被科学纠正了，但我们却不会将这些教训，联想到因果与生命轮回上。人们始终把虚幻世界当作是真实存在的，认为可以一直在虚幻世界中生存，并认为这是真理，但实际上却是错谬的，与真理相差十万八千里。很多人不相信因果轮回的唯一理由，是“没有看到”。时至今日，大家都非常清楚：眼睛看到的很多东西并不真实，眼睛没看到的很多事物也确凿无疑是存在的。

由于我们从小到大的教育，以及周边环境等因素的影响，很多人自幼就被灌输了因果轮回是迷信的概念。但事实证明，我们的很多所谓常识，可能都是错误的。所以，在面对与常识相悖的某些概念时，我们不能当即否认，而应深入观察研究。只有在仔细分辨剖析之后，才能断定是真是假。

当佛教徒和非佛教徒就因果轮回是否存在进行辩论时，佛教徒会回答说，因为没有看见，就否定因果轮回，是没有理由的。就像微粒的运动与宇宙中的各种波和射线我们也看不见，但并非不存在一样。

观点对立的两个人进行辩论时，即使能证明一方错了，也不能说明另一方一定是正确的，有可能两个人都错了。那么，佛教徒又如何进一步解释呢？

比如说，推翻桌子是静止的概念，证明它是运动的，不是人类长出了第二种眼睛或其他感官，而是因为显微镜的诞生。借助于更先进的新工具，就能推翻原有的错误观念，得出新的结论。同样，佛陀之所以能够发现因果轮回，是因为佛陀有远超众生的深妙智慧。这种智慧能够照见生命的前段和后段，能够通达什么样的因产生什么样的果。但如何证明佛陀有这样的智慧呢？

为了证明这一点，因明讲了很多理由，此处简单地介绍几个。

第一，在《律经》中规定，出家人用水时一定要过滤。因为印度天气炎热，水里有很多肉眼能看见的生物。

有一次，迦叶尊者用天眼观察水，感觉水没法喝了，因为每一滴水里，都有成千上万肉眼看不见也根本无法过滤掉的生命。他特意就此请教佛陀。佛陀告诉他，每一滴水里确实有成千上万条人类肉眼看不见的生命，但不需要过滤。因为不是所有的出家人都有神通，只要把肉眼能看见的生命过滤掉就可以了。佛陀制定戒律的一个原则，就是不会制定普通人做不到的规定。

我们今天在显微镜下，可以看到一滴水里有成千上万的微生物，那么，在没有显微镜的年代，迦叶尊者和释迦牟尼佛是怎么知道水里有很多微生物的呢？这充分说明，佛陀有着超越凡人感官的非凡智慧。

第二，在显宗经典《阿难入胎经》中，释迦牟尼佛讲了两个现象：

（一）人的身体内有八万四千个小虫子，这些小虫子都有自己的名字。当时没有显微镜，没人知道人的身体里存在这么多的生命。在显微镜诞生之后，人们才知道身体内的寄生虫和细菌都是有生命的。

（二）人类在怀胎期间，受精卵的各种分裂变异，各个阶段的形状、特征，经中描述的居然与现代医学在仪器下看到的人类怀胎过程完全一样。这些内容，在密法里讲得更为清楚。

这也充分说明，佛陀具有超凡的智慧。

除了佛陀以外，过去的有些密宗成就者对未来的预言也非常准确。修行比较好或者修行境界稍微高一点的上师都有这样的智慧，更何况佛陀呢？所以，用凡夫的感官结论来否定佛陀的观点是非常幼稚的。我们要相信，人的智慧是可以升级的。升级以后，就可以发现很多凡夫感官所看不见的东西。就像科学家的显微镜可以呈现微观世界的景象一样，佛陀的超凡智慧，也可以照见前世后世与因果规律。通过学习因明，就能获得更多的证据。但一般人不需要学那么复杂，简单几个例子，就可以一窥佛陀的超然智慧与远见卓识之一斑，并触类旁通，推断出佛陀所讲之法的殊胜与真实。

相信因果，对我们的生活与工作有着很大的帮助。比如说，一个深信因果的人，一般不会去做后果极其严重的恶业，即使偶尔会因烦恼而做一些不当的事情，也懂得忏悔、改正，这样也会逐渐改善今生来世的命运，并最终走向解脱。

我们于过去说“天不怕地不怕”，现在变成了什么都是很可怕的——水、食物、空气……人人都忧心忡忡，担心农残、担心污染……在餐厅吃饭，又会怀疑和害怕是不是用了地沟油、一滴香……好像没有一种食物可以让人放心食用。为什么会变成这样？就是因为大多数人缺乏对因果的敬畏。

人需要有一定程度上的约束，法律就是用来约束人的。试想，如果没有法律，这个世界会是什么样？结果可想而知。普通人没有约束是很可怕的，尤其是贪嗔痴炽盛的人，所以我们必须接受适当的约束，唯有到了佛菩萨的境界，才不需要约束。当然，法律只是一种外在的、强制的约束，还是有很多漏洞。如果用内在的约束——对因果的敬畏来规范我们的心行，则每一个人都会自觉自律，这对我们的生活会有很大帮助，整个世界也会变得和谐与平安。

试想，假如一个公司里的所有员工都深信因果，坚信善有善报、恶有恶报，那这家公司的管理、产品、企业文化会是什么样？假如一个村子里的所有人都坚信因果，那这个村会是什么样？假如整个社会的人都坚信因果，那会出现那么多的有毒食品吗？没有理由地否认因果，只是有百害而无一利。所以，即使认为因果不存在，也应该尊重因果学说，至少这样的理念对人类的今天和未来有很大的帮助。

虽然这是下等根机的见解，但并不意味着中等和上等根机不需要这些见解。相反，越是上等根机，越要具备下层的见解，并在此基础上，增加与自己相应的见解。

二、证悟外内一切法为现空双运、明空双运、乐空双运、觉空双运——四种双运，是中根者的正见

中等根机的正确见解，从显宗的角度而言，是了知万事万物都是虚幻、空性，如梦幻泡影；从密宗的角度而言，就是要证悟外在的物质、内在的精神等一切万法的四种双运。

现空双运。密宗四级灌顶中的第一级灌顶，叫作宝瓶灌顶。宝瓶灌顶的见解，叫作现空双运。我们所看到的现象，都是现而无实有，没有实质，如梦幻泡影一般虚幻。《慧灯之光》的《如何接受灌顶》这篇文章里，对此有具体解释。现空双运，是显宗也有的比较低层的见解。

明空双运。密宗四级灌顶中的第二级灌顶，叫作秘密灌顶。秘密灌顶的见解，是明空双运。“明”，指的是光明，即心的本性。证悟心的本性是空性，了知内在的精神和外在的物质，都是虚幻不实、如梦如幻，就是明空双运。

乐空双运。密宗四级灌顶中的第三级灌顶，叫作智慧灌顶。智慧灌顶的见解，是乐空双运。此处的“乐”，不是分别念的苦乐感受中的乐。之所以称之为“乐”，是因为如来藏光明已经远离了所有的轮回痛苦，所以叫作“乐”。

觉空双运。密宗四级灌顶中的第四级灌顶，叫作句义灌顶。句义灌顶的见解，是觉空双运。觉，即觉悟，是指明心见性的智慧。智慧本身也离不开空性，也是梦幻泡影。这属于大圆满的部分境界。

以上四个见解层层递进，后者比前者更为深入。

三、证悟所见、能见、见三者无别，是上根者的正见

所见、能见和见，叫作三轮。看、听、触等任何行为，都可以分为能见、所见和见。比如说，我们的视觉叫作能见，看到的物体叫作所见，视觉感知到物质叫作见。我们的触觉叫作能见，触碰到的物体叫作所见，触觉感知到物质叫作见。其他以此类推。能见，是我们的智慧。所见，即智慧的本性——空性。智慧证悟了空性、光明，明心见性，叫作见。事实上，最后的能见智慧、所见心性与证悟空性都融为一体。对从来没有证悟过的我们来说，这一点不好理解。唯有证悟了空性，才能领会其中的深意。

前面讲的见解，都没有超越所见和能见，唯有此处，才是真正的大手印或大圆满的见解。

《胜道宝鬘论》不是讲大圆满，而是讲大手印。它的最高见解，是大手印的见解。但大手印和大圆满的很多内容并没有太大区别。以上是三种见解。

四、安住于专注所缘的等持，是下根者的正修

比如，一心专注于无常、出离心、慈悲心、菩提心或空性，不掉举、不昏沉，是下等根机者的修行。也就是说，若能保持一直不散乱，没有任何杂念，虽然是很不错，但只是初学者的修行。

五、安住于现空、明空、乐空、觉空——四种双运的等持，是中根者的正修

在上述的四个双运中安住，是中等根机者的正确修行，也就是修生起次第和圆满次第。先要证悟四双运，然后再安住于所证悟的境界中。

六、安住于所修、能修、实修三者无别、不缘的境界，是上根者的正修

比如，修菩提心时，所修是菩提心，能修是自己的意识，实修是意识去思维菩提心。此处，所修是法界空性，能修是证悟的智慧，实修是智慧和法界融为一体。事实上所修、能修与实修三者，本来就是无二无别、无缘空性的，这是大手印和大圆满的修行。

先有见解，后去修行。将修行的内容落实到自己的生活、工作当中，叫作行为。下面是行为的三个层次：

七、如守眼珠般守护业因果，是下根者的正行

莲花生大师说得非常清楚："是故见比虚空高，取舍因果较粉细。"意思是说，虽然在证悟的见解中根本不存在善恶执著，像虚空一样高妙，但是在行为上、因果取舍上必须谨小慎微，必须按照世俗谛的游戏规则来行持。打坐时，应该有无上的见解。如果执著因果、善恶，修行就会受局限，导致无法证悟空性；回到现实生活中，则必须尊重因果，因为因果在虚幻的现实生活中是存在的。如果行为也像见解一样没有善恶取舍，就会乱套。首先，如果自己的修行境界不高，则蔑视因果会对自己极端不利。其次，即使自己境界很高，真的不受因果的影响，那也不能为所欲为。因为其他人会不理解你的行为，并因此而毁谤佛法、佛菩萨和修行人，最后因造罪而堕地狱，这也是对众生的伤害。所以，见解与行为二者，不能混为一谈。

虽然这里说的是下等根机者的行为，但哪怕是上等根机者，也要尊重和遵守因果规律。《入行论》"智慧品"中讲得很清楚："众缘聚合已，虽幻亦当生。"虽然在见解中善恶因果是虚幻的，但在因缘和合的时候，善恶果报一定会产生。

当然，凡夫初学者不可能永远都不违背因果，而且一定会做出很多违背因果的事情，所以必须要懂得忏悔。

不仅佛教徒，因果取舍对全人类来说都非常重要。如果全世界 70 多亿人都对因果深信不疑，那人类社会一定会安全、健康、良性地发展。就是因为世人不信因果，才会急功近利、鼠目寸光，只图眼前的蝇头小利，不考虑长

远的前途与结局，所以导致如今的人人自危、互不信任等很多问题。同时，对个人来说，如果能深信并尊重因果，则除了因前世违背因果而产生的果报以外，不会再有新的恶果降临，只会越来越安全。

善有善报、恶有恶报，是颠扑不破的自然规律。不但合理，也对人类的健康发展，对社会的和谐稳定有着重大的意义。无论是从学术还是从现实的角度来讲，我们都没有理由否定因果。尤其作为佛教徒，更应尽力取舍因果。如果有意无意，或者是在没有办法的情况下因无明烦恼而做出一些违背因果的事，也一定要懂得忏悔。

八、以如梦如幻的方式行持一切法，是中根者的正行

在面对世俗的财富、权力等一切时，就像对待梦里的事物一样。在世俗谛当中，视世界如梦幻般存在。在如幻如梦中，完成六度万行，这是中等的行为。

九、不行一切，是上根者的正行

因为已经证悟了三轮体空，所以从他们的境界来讲，不会有任何行为，善恶取舍等都不存在。如果有什么存在，就是为了度化众生。比如，佛陀不可能生病，但为了让更多的人相信因果，佛陀有时也会示现生病。但在佛陀的境界中，没有好和坏的行为。没有行为，才是最高境界的行为。只要稍稍有一点点因果取舍，包括比因果取舍还高一个级别的如幻如梦的境界，都不是最高境界。最高的境界，是不取不舍。

不取不舍是不是表示很随意呢？不会，因为证悟已经达到了很高的境界。一切所谓的取舍，都是因为有执著。在如幻如梦中，抛弃如幻如梦的罪业，领取如幻如梦的善业，这还是稍微有一点点取舍的执著，还不是最高境界。所有的执著烟消云散后，取什么？舍什么？没有取舍的境界，才是真正的高境界。

真正明心见性或证悟大圆满的境界时，行为与见解就能达到一致。刚证悟时，虽然见解上证悟了空性，但因为修行还不到位，行为还跟不上见解，还有一定的距离，还会有很多的执著、烦恼。彻底证悟以后，明明见解已经没有取舍，为什么还要故意制造取舍？明明知道因果不存在，为什么一定要执著？明明知道事物不存在，为什么还要相信呢？完全没有必要。当修行完全与见解并驾齐驱时，见解、修行、行为三者彻底融为一体、不可分割。如果修大圆满修得很好，上乘根机者即生就可以达到这种境界。

十、我执与所有烦恼越来越减少、越来越寂静，是上、中、下三种根基者的真正暖相

此论的原文中，将标志称为“暖相”。“暖”，即热量。证悟空性的智慧就像一把火，快要证悟时，就已经靠近智慧之火，虽然还没有接触到火，却能感知到火的热量，所以称之为“暖”。“相”，即标志。

我们应当扪心自问，学佛这么多年，烦恼我执有没有减少？

当然，可能由于学佛前接触的环境比较复杂，人也比较多，所以烦恼也汹涌不断。进入佛门后，接触的朋友圈和生活等各方面相对简单了一点，因此很多烦恼自然就消失了。但除此之外，真正因为修行而控制或者消灭了烦

恼的标志我们有没有？如果没有，则无论修行再长时间，念多少亿心咒，磕了多少头，烧了多少高香、头香，出了多少钱去放生、修庙，乃至有一些神通，也算不上是有什么成果。当然，这也不是白修，至少有一些功德，未来还是会产生作用。但何时起作用，就不得而知了。

学佛需要智慧，有了智慧，才能解决疑问和烦恼。我们千万不要把念了多少亿心咒，学了五部大论、听了大圆满、灌了多少顶等当成修行的成果。唯有烦恼和我执减少了，才说明修行有了成果。这是上、中、下三等根机者闻思修成就的统一标准。

第二十一，修行人之十迷乱

这里所说的修行人，是指已经进入佛门的人，不一定是指境界很高的成就者。进入佛门后，就应该闻思修。尽管修的程度参差不齐，也不能随意放弃。

那么，修行人容易有什么样的迷乱呢？作为凡夫，我们往往对自己的错误视若无睹，却对别人的举止吹毛求疵。所以，我们一定要高度重视修行人的十种迷乱，以便自查自纠。

一、不依止如理修行妙法的上师而跟随空口虚谈的骗子，极其迷乱

无论是藏传、汉传，密宗、显宗，学佛最关键和最重要的，是必须依止一位标准的、有资格的上师或善知识。因为学佛是一个学修的过程，自己看书虽然可以了解一些佛教常识，但具体的修行方法，却必须依靠上师。就像学生之所以愿意缴纳高昂的学费进入学校听课，是因为学校里有老师讲课。通过听课，可以学到书本里学不到的东西。如果仅仅闭门苦读就可以功成名就，想必没有人愿意挤破脑袋交学费进入校园。世间人之所以十年寒窗考名校，就是因为名校师资力量雄厚。严师出高徒，优秀教师容易带出优秀的学生。

在学佛的领域中，在修行的道路上，我们就像文盲一样一无所知，急需善知识的引导，所以，无论显宗密宗，都特别强调善知识的重要性。

善知识的标准，在华智仁波切的《大圆满前行·普贤上师言教》、无垢光尊者的《大圆满心性休息》与智悲光尊者的《功德藏》里面阐释得十分详尽。

首先，上师必须是如理如法的修行人。而空谈者只能纸上谈兵，实际修行却一塌糊涂。现在市面上的佛教书籍汗牛充栋，稍稍有点自学功底的人看看佛教典籍，都能说出一些道理，但落实到具体修行，空谈者就无能为力了。更严重的，是一些连佛教基本知识都没有的骗子，也装模作样地说自己是了不起的成就者、某某佛菩萨的化身等。

我们在依止上师时必须注意：解脱不需要依止名声远扬的上师，不需要依止像学者一样精通太多佛法的大德，更不需要依止有钱有势的人物，因为这些都与修行和解脱没有关系。我们要找的，就是严格、尽力按照佛陀要求，如理如法、踏踏实实修行的上师。跟随这样的上师去修行，就一定会有成就。如果跟错了人，不但今生修行无法提升，解脱的希望也将彻底化为乌有。

世间人的学历再高，官场上再得意，生意场上再聪明，但在解脱的领域中，很多人仍然非常愚昧，很容易被一些外相名称所吸引。不观察而盲目崇拜，佛教叫作依人不依法。其出发点，仅仅是个人感情等与解脱无关的世俗因缘。一旦认错了人，就有一个迷乱的开始。差之毫厘，谬以千里，以后会一路错下去，终究会离解脱越来越遥远。所以，为了保障自己的法身慧命，我们千万不要轻易听信这些人的谎言。

二、不寻觅获得成就的耳传教言而着力于无有意义的学问，极其迷乱

成就者，是指修行有成就的上师。标准的成就，是指一地以上。虽然也有修行非常好的一地以下的上师，但一般不叫成就者。

成就者的耳传，即从很早以前开始，上师对弟子口耳相传、一脉相承传下来的有文字和没有文字的窍诀。

大圆满的"上师心滴"等《四心滴》当中的一部分内容，就属于耳传部分。但因为考虑到年代久远，耳传会出现失误，从而导致后学者的偏差，故自龙钦巴（无垢光尊者）以后，大部分耳传诀窍也形成了文字。

这类口传诀窍是真实、具体的修行诀窍，不是一般的理论。如果放弃这些成就者的耳传，而去寻求一些理论上的佛教知识，就是彻彻底底的去本趋末。比如，有些大学教授一辈子研究佛法，却不相信佛法，因为他们研究的不是佛教的修法，而只是佛教的历史、文化、建筑学等类似于世间学科方面的内容。再比如，有些专家长期致力于学习、研究佛教语言文字，却并未学修佛经的内容。如果这只是工作，那没问题。但作为修行人，如果不抓重点、不去寻求耳传窍诀，就是迷乱的行为。

现在很多人认识上师之后，只是一味地跟随上师到处朝拜，去印度、去四大名山……或者是跟着上师一会儿火供，一会儿会供，跟了十年八年，都没有静下来修行过。弟子没有要求，上师也没传过什么耳传诀窍。这样依止上师，就是迷乱且没有意义的。

人生苦短，譬如朝露。我们没有太多时间，不能荒废于不着边际的表面

形式。依止上师后，必须听闻并修持耳传诀窍。修行人最关键的，是学修佛教的内在和骨髓。至于天文、地理、历史等佛教文化，都不是最重要的。

佛教的骨髓，就是耳传窍诀。非常遗憾的是，很多耳传窍诀，掌握在那些躲在山里，默默无闻、无人知晓的上师心中。很少有人知道他们，即使知道，也因为语言不通，而必须借助于翻译。如果翻译缺乏内在修证，上师说出来的内容与翻译出来的内容就成了两回事。所以，如果没有福报，想找到有修行的上师都难如登天，能听到并听懂成就者的口传诀窍，就更是难上加难。

三、对人生眼前遭遇的事情，尚且不能充分应对，却大造声势盘算永久大事，极其迷乱

所有我们认为真实无比的外在和内在现象，大到宇宙、太阳系，小到地球或我们的生存环境，包括我们的生命，都犹如一场梦。突然间来，又突然间走。因缘和合时会显现，因缘解散时会消失。就像彩虹，聚集一定的湿度、空气、光线与视觉时，就会出现。缺少其中一个条件，都无从生起。我们应该顺其自然、随遇而安，在任何境遇中都学会满足，遇到什么就接受什么。

如果一直不安于现状，抱着永存于世的打算。存折里有10万块钱的时候，想赚到20万；有20万的时候，想要有40万；40万以后，又想80万……一辈子不停地策划、追逐、奔波，仿佛自己能活一千年、一万年。其实，今生今世我们不是到人间来挣钱的！你们知道，死了以后，留下的钱财意味着什么吗？意味着平时从来不看父母，一年能看一两次都勉为其难的儿女，会在父母去世时，争先恐后地跑来争存款、争房子。

包括钱财、房子在内的所有东西，都是因缘和合的产物。因缘什么时候解散，谁都不清楚，所以，打着永留世间的盘算是没有用的。就像明明只有三个月的签证，到了国外以后，却做着三五年的规划，完全是愚蠢之举。在这个短暂得像梦一般的人生中，我们不必把生存方式搞得过于复杂。对任何事情，都不必太执著。有一个比较健康的身心，有一点自己可以支配的时间，才是我们现在最需要的。学会简单生活，懂得少欲知足，利用这些资源好好修行，才是当务之急。如果不知取舍，有一天因缘消散时，才发现将来用得上的修行和解脱却没有进展，那时就悔之晚矣。

我们不要过度地把生存条件提升到非常复杂的程度。因为一旦升级，就根本无法降级，甚至不能停留在一个级别，降级就会更难受、更痛苦。只有不断升级，才能获得短暂的满足，这完全是自讨苦吃的无义之举。所以，在梦幻般的世界里，不要做永久的计划。要调整心态，懂得主次。

四、尚且不能独自思维法义却在大庭广众中讲经说法，极其迷乱

刚进佛门的人，还没有能力弘法利生。当自己没有任何修证和成就时，最重要的不是讲经说法，而是静心修法。《饶益有情九观察》里讲得非常清楚，大乘佛教徒的目标，是利益众生。但帮助众生的前提，是自己要有帮助众生的能力。如果自己没有能力，却自不量力地要去帮助别人，则不仅帮不了别人，还会让自己的修行受到很大损失，最终一无所成。

佛教非常讲究次第，修行有修行的次第，讲经说法有讲经说法的次第。在时机不成熟时，讲经说法不是最好的选择。在证悟之前，最重要的是自己的修行。

例如，想当一名合格的老师，首先必须去读师范学校。师范没有毕业就去当老师是不行的，该读书时不好好读书，不但自己读书的时间错过了，教的内容也不一定正确，反而误人子弟，两边都有损失。如果先认真读书，毕业了分到学校以后再认真教书，才能成为一名有资格的老师，对学生也会有帮助。

讲经说法是很重要，但不能操之过急。急功近利的结果，就会有问题。等待万事齐备时再付诸实施，任何事情都一定会成功。若因缘不具备而勉强为之，结果是无法强求的。修到一定成就时再讲法，首先，因为自己很了解这条路，所以不会误导他人；其次，在讲经说法、利益众生的过程中，产生傲慢、贪财等烦恼的机率也比较小。如果自己有修证，依靠慈悲心、菩提心等修行的力量，就可以感染和帮助其他人。当自己什么境界都没有时，就像一个不能倒出水来的空壶，根本不可能饶益他众。反之，当自己各方面条件都具备的时候，就应该去讲经说法。那时若不去讲经说法，反而有过失。

佛教讲的因果不仅仅包括善有善报，恶有恶报。从广义的角度来讲，万事万物都在因果当中。机缘是否成熟，可以决定事情的成败。

五、不能将多余的受用上供下施，而以悭吝与欺诳积蓄财物，极其迷乱

对自己吃、穿、用以外的多余财产仍然十分吝啬、贪婪，不但不上供下施，而且还贪得无厌地利用不正当手段去赚钱，积累不必要的财产，是迷乱的行为。

三界当中，欲界众生的身体需要必须的生存条件。修行人也不例外，需

要有足够的基本生活条件，不能不顾后果，倾家荡产去布施。但有些人的财产几辈子都用不完，却仍然不择手段、不计后果地赚钱，对自己的钱财，也是无比地执著和吝啬，甚至比穷人还有过之而无不及。如果一个修行人是这种情况，那绝对是价值观出了问题。

作为修行人，在生存条件有了足够的保障之后，就要懂得上供下施，要不断地积累福报。要将所学到的理论，落实在实际生活当中。假如一个佛教徒天天都只是听无有穷尽的佛教理论课，却不做、不修，不将其用于实际，时常干着一些世间人品稍微好一点的人都不会做的丑事，道友之间相互不理解、不合和，傲慢、嫉妒、自私、狭隘……那我们学这么多理论是用来干什么的呢？

譬如，《入行论》的“忍辱品”从头到尾都是讲要理解别人。可我们不但不理解，只要别人对自己稍稍有点看法，或者话说得稍稍有点不顺耳，我们就立即怒目相向、火冒三丈，这样的事情在学佛团体中时常可见。学了这么多年，至少应该懂得反思。道友之间必须包容和理解，这是很重要的。

密宗续部里讲过，道友，尤其是密法道友，是生生世世乃至成佛之间的道友。一起灌了顶以后，因为灌顶的力量，所有人就像联网一样连在一起，乃至菩提间都无法分离。如果两个道友之间出现严重矛盾，那是要堕地狱的。即使稍稍有一点点看法、矛盾，不理解、不高兴，也会导致生生世世的隔阂。不但密法这样讲，从显宗的《百业经》里也可以看出来，今生有一点点冲突，在将来的生生世世，过去的悲剧都将反反复复上演，这叫作因果轮回。

我们很多人的学佛都是半路出家，每个人的社会习气都非常严重。在城市里长大的人，更没有乡下或偏僻地方长大的人那么单纯。因为我们从幼儿园开始，一直都在竞争、冷漠、充满压力、不懂得理解和关爱的环境中长大，每个人都缺乏良好的心态，遇到一点不顺，就想发泄或抱怨。

我们要学会剥开复杂的思想与积习，找到最自然、最单纯的状态，这还不是证悟本来面目，不是证悟空性，只是最基础的人性。然后在此基础上往上走，就可以回归到最原始的本性——佛性。

我们必须认识自我，要静下来好好思考、好好修行。我们都是凡夫俗子，都有积重难返的陋习。在陋习上面，又增加了半路学来的迷乱知识。只有扔掉迷乱知识、铲除陋习，才有生起出离心、菩提心的希望。

六、不如理守护誓言戒律，身语意三门放逸违犯，极其迷乱

作为修行人，至少应该守持密宗三昧耶、菩萨学处或别解脱戒中的部分或全部。如果不依戒条、放荡不羁，甚至声称自己是成就者，已经超越了戒律的约束等，就更严重了。假如自己有这些情况，必须懂得忏悔，改过迁善。

七、不修习证悟实相的真义，将人生浪费在无大意义、求此求彼的事情上，极其迷乱

没有证悟的时候，要通过忏悔罪业和积累福报等方法去证悟。证悟以后，唯一最重要的，就是放下一切去培养、保护证悟的智慧。除此之外的一切行为，都没有那么重要了。所以，我们一定要懂得抉择轻重缓急。

八、不调伏迷乱四起的自相续而调伏野蛮凡愚的他相续，极其迷乱

无始以来，我们的心已经串习了各种贪嗔痴烦恼。倘若不先调伏自己的心，而企图去调伏一个野蛮霸道的人，就是迷乱的，也是不可能的。

佛教的原则，是先调伏自己，再调整别人。唯有调整好自己的心以后，才有能力去改变别人。以这样的次第去做，利他才会成功。

刚进入佛门就想去帮助别人，调伏别人的烦恼，这种发心固然很好，但这只能代表发心，实际成果却不一定能称心如意。虽然发心贤善，做出来的事情无论有没有效果都是善事，但事与愿违的结果，往往会打击、摧残我们的菩提心苗芽。

比如，在一个家庭中，一个人学佛以后，其他人都极力反对。此时想说服家人学佛的想法是没有错，但因为我们刚学佛，自己还没有调整好，仅仅为一顿饭吃素吃荤的事情，都会与家人吵得冤冤不解，或者家人说两句不中听的话，自己不是用佛教的方法来对待，而是用吵架、离家出走等世俗方法来抗衡的时候，又何谈调伏家人？所以，初学佛者应该先调伏好自己的心，才有能力调伏、转变他人。

当然，在没有证悟，还没有调伏好内心的时候，如果有机会与他人分享自己懂得的知识与学佛的收获，好心劝别人行善、修心是没问题的。但一般来讲，先调伏自心，然后再投入到利益众生之中才是正道，颠倒而行很难有效果。

九、不护持相续中生起的觉受，而维护今生的荣耀，极其迷乱

无论修出离心、菩提心或空性等任何修法，都需要一个过程。一开始都很枯燥，用功很久也没什么感受。修到一定程度，才会有一点点觉受。从此以后，才开始有了修行的意乐。这是修行的必经之路。稍稍有一点感受时，就要培养和提升这些感受。如果不懂得提升和保护，浅尝辄止，转而为世俗的荣誉而忙碌，这些感受一定会消失，从此以后再也找不到了，这是彻头彻尾的迷乱。

十、当下缘起聚合时不发起精进，而喜欢懒散懈怠，极其迷乱

佛陀2500多年前出世，度化了无量的人天众生，但我们却没有得度。另外，三世十方诸佛，文殊菩萨、观世音菩萨等菩萨摩诃萨，小乘诸大阿罗汉，也度化了成千上万的生命，我们亦不在其中。后来的龙树菩萨、无著菩萨等高僧大德，也度化了无量众生，我们仍然没有得度，一直在轮回的阴暗角落中徘徊。但在没有福报的人当中，我们还算是有点福报的，因为我们现在终于有机会聆听到佛法了。

总体来说，这一生当中，我们修行、解脱、即生成佛的所有因缘都已具备。我们有暇满人身，有机会听到佛法，也懂得修行的方法，这是非常来之不易的。如果此时不懂得珍惜，不努力、精进修行，反而懒惰、散乱，这就是一个修行人最大的迷乱。

以上讲了修行人的十个迷乱，我们大家都要反思、反省。首先要认识到自己的迷乱，然后再想办法去解决和改正，这些都是很重要的。

第二十二，需要之十法

虽然在戒律、禅定、智慧，闻、思、修等各方面，修行人需要的不计其数，但最需要和不可缺少的，主要是以下几个内容。

一、最初需要有待宰的鹿从地牢逃出般深深畏惧生死的信心

学佛修行的初期阶段，最需要的是畏惧生死的正信。

人类有各种信仰。比如，生病时相信医生可以治病，相信民间各种鬼神可以解决现实生活的一些问题，或者带来一些利益，比如身体健康、工作顺利等，这些都是信仰。同时，现代人对科学家、哲学家的信任，在某种程度上也是一种信仰。除了对人、动物、鬼神等有情的信任以外，也有对无情物的信任。比如，相信有些药物能够治病，这也是一种信仰，只不过对境不一样而已。有些人相信佛菩萨的保佑，可以给自己解决生活上的困难，带来一些方便，让儿女顺利考上名校等，所以大年三十去寺院烧香求佛祖，这也是一种信仰。以上所述，都是比较普通的信仰。

此处所说的正信，是因对生死的恐惧而产生的信仰。当我们还没什么修行境界时，会很害怕死亡，也害怕面对投生。了解六道轮回的人都知道，如果投生到地狱、饿鬼道、旁生道中，是很悲惨的。没有宗教信仰的人虽

然没有死后再投生的概念，但他们更害怕死亡。无论如何，所有人面对生死，都有非常大的恐惧。

我们必须认真对待死亡，必须坚持不懈地寻找一个能解决生死问题的应对方法。在寻找方法的过程中我们发现，无论医学、科学、哲学等任何世俗学科，都没有行之有效的脱离生死轮回的办法。最后，我们将信任的目光投向了佛陀。通过学习，我们知道并相信，佛不仅能给我们带来一些生活上的方便和现世的利益，而且可以让我们从轮回中获得解脱。这是一种正信，我们需要这样坚定不移的高度信任，这个信仰比其他任何信仰都重要。

在各种各样的信仰中，能找到高标准的正信是很重要的，这与对某一个物体或鬼神的信心完全不一样。

比如，一个判了死刑的罪犯会想尽办法自己脱罪，否则他很快就会被押赴刑场。因为对死亡有着极大的恐惧，他一定会拼命设法逃罪，以寻找一条活路。同样，我们从轮回中寻找出路时，也要有这样的急切心态。

世间人因为担心老时没人养，或者生活、经济、身体等出现问题，都会花大价钱去买保险，想方设法地多攒钱，以备不时之需，但其中的大部分担忧，却不一定会发生。我们在不一定发生的问题上过于执著、纠结，却忽略了生死这个唯一全世界每个人都一定无法摆脱的宿命。面对死亡，很多人采取了掩耳盗铃的方式，愚昧地抱持着所谓的“淡定”态度，根本不去想，更不去做任何准备，这是多么的无知啊！

我们需要的，是深信佛陀能教会我们从轮回中完全脱离的高级信仰。对生死的恐惧，就是这种信仰的前提，也是我们以后修行的源动力。如果对生死没有恐惧，是不会主动去修行的。其实，在这个世界上，除了证悟的圣者以外，没有一个人不恐惧死亡，可大家都自欺欺人地觉得死亡离自己很远，故而不做任何准备，这是非常幼稚的想法。

请大家自我审视，自己对三宝的信仰到底是什么级别的？如果自己的信仰仅仅停留在类似于鬼神崇拜的阶段，那就需要作些调整了。

比如，如果当年米拉日巴大师没有那么强烈地恐惧死亡，日后就不会有不可思议的精进和成就。正因为他深知自己依靠咒术降冰雹杀死了很多生命，害怕死后堕入地狱，所以才能放下所有，不顾一切地去修行。他开始时的发心，不是为了度化众生，没有强大、猛烈的慈悲心，只是害怕在没有证悟之前死去会堕地狱。对死亡的恐惧，就是他不可思议的修行源动力。

但我们往往对死亡麻木不仁，或者因为不敢想，就故意掩耳盗铃。平时也不看这方面的书，不去探讨、思索，甚至不愿意听闻，实际上内心却非常恐惧和排斥。尽管如此，每一天、每一个小时、每一分钟甚至每一秒，死亡之魔都在向我们靠近，谁都无法逃避和拒绝。

我们都自认为很聪明，会赚钱、会投机、会争名夺利……但在面对生死的问题上，我们却相当无知和愚昧。很多人宣称自己天不怕、地不怕，因此不择手段、不计后果，最后导致吃的、喝的、穿的，甚至呼吸的空气都变得糟糕透顶。如果时刻保持害怕死亡、畏惧因果报应的心态，至少在因果取舍上会小心翼翼，能分清什么该做和不该做，这样身边的一切才不会变得如此可怕。

不怕死亡的心态，就像小孩不怕火，初生牛犊不怕虎一样，是很愚昧的“勇敢”。有了对死亡的恐惧，才能让我们去思考轮回痛苦、因果不虚等。如果对生死没有恐惧，就不会有出离心。我们虽然不知道自己上一世做了什么，而这一生所做的杀盗淫妄，是必定会有果报的。既然反省到自己做了无以计数的下地狱的罪业，就能让我们懂得去害怕轮回。

对轮回有了恐惧以后，我们就会放下一部分执著，用多出来的时间进行闻思修行，以便更好地面对生死。

四个外加行中的后两个——因果不虚和轮回痛苦，就是为了让我们对生死产生恐惧，所以这两个修法特别重要。

对生死有了恐惧，我们才会有出离心，继而产生菩提心。因为这么多的生命都别无选择，都一样地贪生怕死。即使暂时没有意识到死亡的可怕，终究要面对，在真正面对的时候，都一样手足无措。懂得换位思考，就能生起菩提心——不但要解决自己的生死问题，而且要解决所有生命的生死问题。这一切，都源于前期对生死的恐惧。

如果不把生死当作一回事，对生死的恐惧不如对眼前生活的恐惧，我们在修行上是不会有什么成就的。

二、中间需要有农夫辛勤耕耘般死也不悔的精进

学佛修行的中期阶段，最需要的是死而无悔的努力。

因为进入佛门之后，该做的闻思修、戒定慧等各方面，都已经非常努力地做了，所以即使死了也不后悔。

就像农夫种地，如果该做的播种、施肥、浇水、除草等都做了，则即使没有丰收，那也不是自身没有做好，而是自然灾害等其他超越了自己能力范

围的原因造成的，就只能随缘，而无需后悔了。

可我们多数人却没有做到以上两点，之前对生死没有恐惧；现在死去，也不可能死而无悔，而是带着无数的遗憾和抱怨，悔恨交加地离世。本来我们有时间去修行、去行善，但为了一点钱财，而消耗了一辈子的生命，以致耽误了最重要的修行。

当然，为了生存，在家人必须工作。但对生活品质的要求，却决定了我们的幸福程度。虽然从外表上看，城市与乡下的生活水平差距悬殊。很多乡下人不了解城市生活的艰辛内幕，往往十分羡慕城市生活。实际上，城里人为了表面风光，背后付出了许多代价，也承受了很多压力，自己可支配的时间越来越少。在城市生活时间长了以后，城里人反而更喜欢比较安静、轻松的乡下。如果找不到释放的通道，过多的生存与竞争压力，会导致严重的心理问题。绝大多数白领的身体因此而逐渐变成了亚健康，身体又反过来影响心态。恶性循环的结果，就是使人始终感觉不到幸福。

如果想拥有多一点的可支配时间，我们只能把生活要求相对降低一点。不攀比、不虚荣，过自己的生活，自己满意就可以了。人家开什么车、住什么房子、当什么官、做什么生意，都跟自己没什么关系。攀比、虚荣的结果，就是没有时间去修行。如果真正要修行，世俗方面还是需要牺牲一点，不可能两全其美。世俗生活和解脱修行哪一个更重要？由自己的价值观来判定。不学佛的人当然认为没有什么比现实生活更重要。有信仰的人也需要现实生活，但可以把握一个度，对世俗生活不要有过分的要求。然后在自己的能力范围内，努力为解脱而奋斗。这样即使最终没有解脱，也没什么后悔和遗憾。

三、最后需要有完成大事之人般无有死亡的安心

学佛修行的后期阶段，最需要的是证悟空性，通达无死无生，达到彻底的安然、悠然、怡然、坦然。让生死畏惧，都烟消云散。就像一个人完成了一件非常伟大的事业，该做的事情都做完了，就会如释重负般地安心与放心一样。

米拉日巴大师的道歌里就是这样描述的，刚开始自己因为害怕死亡，而去寻找解决的方法。最后通达生死真相，从而无惧生死。对世俗凡夫来说，有生有死；但对米拉日巴大师来说，已经超越生死，抵达没有生死的境界。

目前我们许多人离这三个阶段的不同境界都有一定的距离，所以一定要迎头赶上。

四、最初需要像箭射中人的要害般了知无暇

在学佛修行的初期，我们要有万法无常，一切都快来不及了，一天都不能拖延修行的心态。

就像一个人的身体要害部位中了箭，生命危在旦夕，那他一定会放下所有的事情，首先把箭拔出来，并赶快治疗伤口。如果不及时采取措施，那就真的来不及了。

无常，是修行的源动力。外四加行中让我们修无常，就是为了达到这样的标准。我们要意识到四加行的重要性。达到无生无死最高境界的源动力，是对生死的恐惧，是对无常的认知，所以必须修无常。

五、中间需要像死去独子的母亲般修行无散乱

在学佛修行的中期，要一心专注不散乱地修行。就像朗日塘巴尊者修轮回过患的时候，从头到尾专注于轮回的痛苦，几乎都不曾有过笑脸。

但我们对生死的态度却非常轻率，既不认真思维，更不加以重视。对生命的变化无常，也是视若无睹。缺乏这些源动力，不会有什么修行结果。

通过观修轮回过患和因果不虚，就能让我们重新认识生命，从而对生死产生恐惧。通过观修无常，就会强烈感觉到真的来不及了，任何与解脱有关的闻思修都坚决不能拖延，这就是精进的动力。

六、最后需要像牛群被冤家赶走的牧童般了知无作

在学佛修行的后期，要达到无事可做的境界。就像牧童面前的牲畜都被强盗抢走以后，牧童便无事可做一般。

有了前面第四、第五条所讲的两个因，就能产生此时的果。大乘佛教的无事可做，是绝对的无事可做。该做的都已做完，是最高的境界，也就是佛。而小乘佛教的无事可做，则是暂时、相对的无事可做，是阿罗汉的境界。

我们对生命、对无常的认知非常欠缺，大多是理论上的一点知识，还没有落实到体悟中。我们首先要把书上的所有东西转化为内心的体悟，接下来是将所有的体悟变成行动。

七、最初需要像饥饿之人遇到美食般对正法生起定解

在学佛修行的初期，要有对修行的强烈的渴望和定解。

此处的“定解”，是指对佛法的确信，这是很重要的。

如果信仰只是迷信或半信半疑，就会缺乏动力，无法进步。确信，来自于闻思。当我们懂得并坚定不移地确信佛教的道理以后，一定会认真修行。

比如，好几天都没吃饭的人突然遇到美食，因为有强烈的体会，所以毫不迟疑地相信美食可以充饥。同样，如果深信佛法和修行可以解决我们的生老病死和烦恼，就一定会像饥饿的人寻找美食一样去修行。

十七八岁的青春时代，我们不知道人生的真相，高估了物质的价值。以幼稚的心态面对世界，充满了美好的幻想。人人都做着发财成名的美梦，汲汲于功名利禄，谁都不愿意在闻思修行上花工夫。随着年龄的增长，过去的美好梦想一个个化为泡影，整个世界逐渐退失了颜色，变得灰蒙黯淡。不修行的人最后的结果，很多是悲观、消极，没有任何追求。

如今，我们很多人的人生，已经过去了一大半。为了生活，我们付出了沉重的代价，却仍然面临着生老病死和各种各样的内心痛苦。人生剩下来的时间已经不多，身体和精神等各方面都在走下坡路。如果能把剩下的时间投入于修行，就算今生没有成佛也应该可以开悟。即使没有开悟，那下一世也肯定不需要担忧。但我们什么都没有去做，这是多么大的遗憾啊！

我们需要有对佛法、世界和生命的正确认知，如果一开始就走错了路，后面的一切努力都将白费。对生命的态度不仅可以决定人的一生，更会牵动生命的下一世乃至多世累劫。今生今世，是千载难逢的唯一机会。即使这辈子没有修任何其他法都没关系，只要四加行修到位，走上解脱道是毫无疑问的。所以，我们一定要从最基础的四加行开始，脚踏实地地修行，这样才能对佛法产生正确的定解。

八、中间需要像得到大力士之宝般对自心生起定解

在学佛修行的中期，要清楚地认识自心的本性。在修行的道路上，懂不懂天文、地理、医学、哲学、艺术等都没关系，但在修行的中期阶段，必须要认识自己的心到底是什么。从佛教的角度来讲，视觉、听觉、触觉所感知的一切，不是造物主在操纵，而是我们的心在创造、在主宰。认识心的本性，实际上就是开悟、就是明心见性。

第三转法轮的佛经讲到：两个大力士举行摔跤比赛，其中一位的额头上有一个钻石装饰。比赛时因为头相互碰撞，钻石嵌入了皮肤。由于大力士很胖、肌肉太厚，所以没有感觉。他一直认为钻石在摔跤的过程中丢失了，所以在场地的里里外外久久寻觅。后来才发现钻石并没有丢，而是藏在自己的皮肤下面了。钻石在此比喻佛性，皮肤比喻包括阿赖耶识在内的八识。

识心，即证悟心的本性是空性和光明。

九、最后需要像虚伪的骗子被揭穿般对无二生起定解

在学佛修行的后期，就能对轮回和涅槃、光明和空性无二无别生起坚定不移的确信。没有证悟之前，我们一直把轮回和涅槃割裂开来。认为我们目前的状态是六道轮回，是痛苦、无常、不清净的业力现象，一定要远离。而解脱、涅槃，则是另一个高高在上的境界，是清净的佛智，是我们多世累劫修行的结果。

其实，最后证悟的时候我们才认识到，原来没什么不清净的，也没什么可以摆脱的，轮回就是涅槃，涅槃也就是轮回，一切都是佛的坛城，二者没

有任何区别。轮回和涅槃之间的区别，只是我们自己创造的幻觉。因为幻觉而产生了错误观点，又用错误观点去断定幻觉的存在。

在修行后期，我们要有无二无别的密宗见解，这也是很高的境界。

十、需要像从船头飞起的乌鸦般断定真如

真如即胜义谛心的本性。对真如产生定解，即彻底地了解、洞见心的本性。简单地说，第十个“需要”，实际上就是彻底证悟空性。

比如，一地菩萨彻底地证悟了他能证悟的法界、空性，以自己的智慧对亲身感受到的法界产生了定解或确信。因为经历了，所以能产生定解。

远古时代，还没有雷达信号。船只远洋航行时，为避免遇到礁石、冰山、蓝鲸而翻船，就会在船上饲养鸽子。航行过程中，不断把鸽子放出去，如果鸽子没有返回，就说明不远处有礁石、冰山或者蓝鲸，鸽子停在上面了，因为鸽子不会飞很远。遇到这种情况，就不能继续前行，一定要停下来或采取措施。如果鸽子转一圈很快就返回，这说明它无法找到落脚的地方，只能回到船上，此时就可以放心前行。

同样，证悟空性以后，就可以安然无忧了。因为体会到了心的本性空性，所以没有任何犹豫。不管别人说什么样的词汇，自己都知道是怎么回事，可以放心、安心地前行。

我们现在与这十个“需要”都有一定的距离，但如果知难而退，一直不往前走，就意味着永远无法证悟、解脱。所以，我们还是要勇往直前，尽量向这些高境界靠拢。

虽然最后一个“需要”最重要，但再急也只能一步一步地走，中间任何一个环节都无法跨越。普通人想跨越前行去修行，基本上只能修到寂止的修法，再也无法往上走，更没有办法证悟。

在我们身边，每天都有人离开这个世界。学佛的、不学佛的，无一例外。临终的时候，除了佛法，没有什么可以帮助到他们，将来我们自己走的时候也是这样。所以，以上的十项需要对我们非常重要。

第二十三，不需之十法

一、如果证悟了心性为空性，就不需要闻思

所有的闻思，都是为了证悟心的本性。因为我们有各种各样的执著，显宗中观就把外在的物质与内在的心一个个去观察，最后告诉我们，这些都是虚幻、空性的。为了方便我们了解空性，中观宗将空性分成了四种、十四种、十八种等很多类别。其实不需要像中观宗这样一个个地解析、破斥，只需打破对自心的执著，就能解决所有问题。因为所有我们看到的、听到的、能够感触到的，都是我们内心的反射。内心的问题解决了，外面的一切都不会成为问题。

关于外境是内心的反射，佛经中讲到：普通众生和八地菩萨看到的世界是不一样的。八地菩萨看到的，是佛的坛城；人类看到的，是人间；地狱众生看到的，是地狱；天人看到的，就是所谓的天堂……坛城、天堂与地狱的区别，不是外在物质世界的区别，而是内心变化的差异。

内心决定外境。普通人感到无比痛苦的事情，对修行人来说不但不会痛苦，反而会感到快乐。因为从失败中可以汲取营养，促己修心、助己成长，对轮回也能有更深入的了解，所以法喜充满，这叫作痛苦转为道用。

现实生活中的无数事例证明，幸福与否，不是由外在的物质来操纵，而是由我们的心境来决定的。换个视角看问题，结论大不相同。

若把范围扩大到眼耳鼻舌身等感官，则显得相对比较稳定。比如，今天看到一栋楼的颜色是什么样，明天、后天乃至过几年以后，楼房仍然是这种颜色。但如果我们的感官、精神世界发生了变化，感官所感知到的对境也会随之而改变。

一切都是内心的反射、投影，我们不需要观察外面的世界是真实还是虚幻。只要证悟了心的本性，只要懂得精神是空性，所有问题都迎刃而解。

当我们回头去看到底什么是心的时候，如果前行等基础修法修得非常扎实，就会恍然发现，在我们非常浮躁的内心最深处，隐藏着一个永远没有任何时空概念的全新世界。用语言来讲，只能叫作世界，但它不是常人思维所能理解的世界。在这个世界中，所有的时间和空间都消失了。消失以后，可以亲身感受到自我的不存在，体会到《金刚经》里的“过去心不可得，现在心不可得，未来心不可得”。在世俗中，这叫作初步的证悟。之后，我们才能真正放下大部分的自我。

比如，雨水存在于空气中，空气存在于虚空中，而虚空则无需依赖任何而存在。同样，我们的烦恼，存在于心；心，存在于佛性之中，而佛性则无需依赖任何法而存在。一切万法，原本一无所依。

心来自于佛性光明，在这个境界中，没有时间和空间。哪怕是在我们内心烦躁不安、焦虑重重时，如果能深层次地认识它，则所有的负面情绪都会一扫而空，平静、安详到时间和空间都消失无踪，这叫作心的本性。

若能有一两次亲身体会到这种绝对纯净、没有任何烦恼和自我的状态，就体悟到了自我的不存在，则不会有自我的执著了。

人生短暂，我们没有多余的时间去追求形式上的东西。我们必须找到佛教的核心价值与核心思想。所以首先要闻思，闻思的目的，是证悟。在证悟以后，就不需要再闻思，直接去修就可以了。

此处讲的不需要，是相对的，而不是绝对的。在证悟以后，也不是什么闻思都不需要。只是像中观等空性无我方面的闻思不需要，因为已经很清楚地体会到了。就像在没有看见莲花之前，需要通过言语去描述莲花的颜色、形状等，亲眼看到以后，就不再需要别人的描述一样。但除了涉及心的本性空性以外的禅定、利益众生的方法等内容，仍然需要我们去学。佛经中说，已经证悟到很高层次的三地菩萨，都要为了闻思而赴汤蹈火。

另外，由于初步证悟的境界还不是太高，证悟智慧洞见的内容不是很清晰，所以还需要一步一步地修，让证悟的智慧逐步提升，继而消灭执著、烦恼等各种负能量。当烦恼、障碍都被消灭以后，就叫作成佛。

我们要珍惜暇满人身，不要白白空耗。在解决了基本的生存问题以后，就不要继续去纵容虚荣心、攀比心等有害无利的心念，留点时间去探索生命的本相、心的本性，这才是最完美的人生。

二、如果认识了无垢觉性，就不需要净罪

证悟空性、明心见性，是所有忏悔中最好的忏悔。如果有一天我们能亲身体会到光明如来藏，所有的烦恼、罪业当下消失，从此再不需要忏悔。其实，

抵达不需要忏悔的境界本身，就是最上乘的忏悔。

若没有证悟心的本性是光明，就需要通过金刚萨埵修法来忏悔，从而清净罪业，并以此逐渐接近心的本性。修金刚萨埵或其他忏悔方式，叫作世俗的忏悔方式。证悟心的本性，叫作胜义的忏悔方式。

因为没有证悟，所以有各种各样的罪业影响、障碍我们，无论闻思修行，还是做任何事情，都举步维艰、进展缓慢。但如果有一天证悟了，则所有事情都会水到渠成。所以，我们要想尽一切办法去证悟。

没证悟的时候，看到众生面临生老病死的痛苦而生起慈悲心，发心利益众生等，都是很值得赞叹随喜的，但实际上却很不现实，不但无法实施，搞不好还会把自己仅有的一点菩提心或慈悲心扼杀了。所以，佛陀不怎么提倡让没有能力的人去度众生，因为风险太大，一般也难以成功。

有些人对此次第不太理解：大乘佛教不是要度众生吗？六度中的第一个，就是布施。公益、慈善等都是布施，是佛教徒应该做的事情，为什么佛教徒如此着重个人的修行？佛教徒着重自己的修行，不是为了利己，而是为了更好地利他。要做到真正的公益、慈善，必须放下自己的感受，根本不把别人的侮辱、欺负当成一回事，这样才有资格和心量去利益众生。

就像一个没有任何医学知识，不知道怎样治病的人看见病人的痛苦，即使再慈悲，再想帮助病人解决病痛，也无能为力。此时任何的付出，都有可能弄巧成拙。他的当务之急，是去学医，学成之后，再去治病，才是合理的安排。

在利益众生的过程中，会有很多人让我们失望，因为我们现在还没有放下自我、自私，还会把自己的感受看得非常重，不会把帮助别人作为头等大事，会对别人有要求。当对方的言行不符合自己的想法和要求，当对方辜负了自己的栽培和帮助时，就会不满、抱怨。所以，先修空性与慈悲心，当慈悲心与空性智慧发展到一定程度，能放下自我，无条件地利益众生时，就能轻松自如甚至如如不动地应对众生的侮辱、欺负或刁难，那就是利益众生的时机已经成熟。可知，证悟以后再去利益众生，才是最合理的安排。

菩萨的利他，是绝对的利他。初学者不可能做到，但也要适当地放下自我去利益众生。如果发生自然灾害或突发事件，尽管还放不下自我，也应尽己所能地帮助他人。

三、如果安住于本性道，就不需要积资

此处所说的“本性”，是指自然、原始的意思。资粮道、加行道、见道、修道等四道，都不是自然、原始的，而是人为的。此时发菩提心，也不是无为的。无为之法，唯有心的本性光明如来藏。安住本性道，就是安住于如来藏，实际上就是完全的证悟。

禅宗就是遵循此见解的典型宗派。禅宗不太强调积累资粮与忏悔，而是想尽一切办法证悟。因为在证悟当中，已经包含了忏悔罪过与积累资粮，闻思修行的目的已经达到了。

就像没过河时，必须依靠船只桥梁，过河以后，就可以弃船而行一样，没有证悟的时候，需要广泛闻思，需要反反复复地修十万遍金刚萨埵忏悔罪业，修七支供、曼荼罗积累资粮。我们多数人是下等根机，不像六祖惠能大

师那样根机已经非常成熟，一下子就能证悟。我们需要依靠四加行、五加行等各种力量逐步把我们推到证悟边缘，逐渐靠近心的本性。最后经上师稍加提点，就能立即证悟。没有证悟时，闻思、忏悔、积资都很重要，证悟以后，一切都可以适当减少。

四、如果护持本来的境界，就不需要修方便道

证悟了本来清净的心性之后，就不再需要修气脉明点等其他修法。

最高级别的大手印、大圆满中讲，证悟后什么都不修，是无上之修。没有学佛之前什么都没修过的状态，也叫作什么都不修，但文字相同意义不同。当突破了小范围内建立起来的世俗相对观念，超越了狭窄的感官视野，在没有时空的状态中时，我们所建立的所有对立、观待的概念，都不会有一席之地。任何凡夫认为不可能的都有可能，而所有可能的都不可能。当真正证悟了无有可修，并在此境界中安住，就叫作修。此时的修和不修实际上是一个意思，只是一种不同的表达方式而已。因为我们看不懂，所以会搞不清到底修还是不修，这就需要上师的诀窍。当我们渐渐理解以后，就能领会文字背后的深刻含义。

证悟就是要达到没有修和不修之分别的境界，但从另外一个角度来讲，证悟以后的持续安住，叫作修，也叫作什么都不修。没证悟之前，我们看来是矛盾的。证悟以后，文字上的矛盾，都不再是矛盾。

五、如果认识了分别念是法性，就不需要修无分别

无分别念有两种情况：一种是证悟空性的境界，因为没有分别念，所以叫作无念；另外一种，是没有证悟的世俗禅定，即四禅八定，安住在比较平静的没有什么念头的状态，也叫作无念。

对证悟的人来说，有念无念都无所谓。对没有证悟的人来说，念头是禅定的障碍。打坐的时候不能有念头，因为念头会打破内心的平静状态，会让自己走神，即掉举。

证悟以后，无论有没有念头，都同样可以进入空性的境界，所以不需要着重强调无念的禅定。但如果没有证悟，仅仅因为理论上对空性稍微有一点概念，就妄说自己已经证悟，不需要闻思修行了，有念无念都无所谓，就陷入了误区。

六、如果认识了烦恼远离根本，就不需要依靠对治

烦恼产生时，若能看到它的本性空性，认知到烦恼无根源，并达到一定的修行境界时，它就会像耳边的一阵轻风，不留任何痕迹，没有任何影响。这时候的烦恼，就不需要对治。不像我们现在连一个小小的烦恼都像龙卷风一样危害无穷，所以必须对治。

那时虽然还没有成佛，仍然会有贪心、嗔心、傲慢、嫉妒等烦恼，因为往昔久远的串习，我们不能立即断除这些烦恼，但烦恼已经不会影响到情绪，更不会影响到语言和行为。心里知道产生了一个烦恼，但烦恼一冒出来，就

立即知道是无根源的空性，只是一种现象，它就会像流星般飘过，没有什么实质性的力量，不会留下任何痕迹，所以也不会造业。

如果努力修行，我们即生完全可以达到这样的修行境界。不需要花太多时间，更不需要显宗所讲的三个无数大劫。

就本性而言，凡夫和圣者产生的是同样的烦恼，都是无根源的。但二者对烦恼的态度和认知却有着天渊之别。对我们来说，烦恼有根、有实质、有力量，就像台风一样会卷走我们的理智，摧毁我们的宁静与安乐；但对圣者来说，烦恼没有根源，表面、虚幻，不起作用、没有影响。而烦恼是否有根，取决于我们的智慧。

七、如果认识了见闻是虚幻，就不需要遮破、建立

遮破是否定，建立是肯定。平时我们会否定罪业与不善，肯定善业与善报。破立也是取舍，行善就是取，断恶就是舍。

若能通达万法如梦，则所有的破立、取舍，肯定和否定都大可不必。但我们目前还是需要行善、断恶，不能随意造罪。因为造罪会给众生带来痛苦。在证悟者的境界中，这些是平等的。但在众生的世界中，还是有分别、不平等的。大乘行人要随顺众生，不能做伤害众生的事情。

八、如果认识了痛苦是悉地，就不需要寻觅安乐

“悉地”是外来词，即梵文 siddhi 的汉文音译，意思是成就。

《般若波罗蜜多经》里讲，行持般若波罗蜜多的人，会遇到痛苦、困难

和不顺。但因有行持般若波罗蜜多的功德威力加持，这些痛苦中的哪怕一个小小的头疼，都能消除下一世堕地狱的罪业。也即是说，仅仅以短暂的细微痛苦，都可以替代未来长时间的巨大恐惧与痛楚，这就是佛菩萨赐给我们的悉地。

普通人很容易得意忘形，稍微有一点社会地位和物质财富，就会无视或忘却生命轮回中的丑陋与痛苦，完全沉浸在眼前的小小成功之中，洋洋自得、自以为是。为了提醒、警告这种人，轮回并非我们所想象的那样美满，佛菩萨也会让我们稍微感受一下不顺和痛苦。虽然表面上看是痛苦，其本质却是悉地。对一个合格的修行人而言，痛苦也会变成快乐，更能成为积极向上、永不退失的能量。

九、如果证悟了自心无生，就不需要超度法

在临终之际，将意识迁移到西方极乐世界的方法，叫破瓦法。

证悟了心的本性是空性，即法身的破瓦。《大圆满前行引导文·普贤上师言教》中讲过，若能证悟心识不生不灭，则中阴时的意识根本无需迁移，就能直接与法界、法身融为一体，这是至高无上的破瓦，远远超过了普通的破瓦法。

十、如果所行均是利他，就不需要成办自利

我们一般会认为，帮助别人是付出，是牺牲自我，成全他众，是别人享受，自己受苦，所以不会幸福。但我们不明白，其实付出者就是享受者。做利他

的事情，可以消除无边的痛苦与焦虑，甚至抑郁症，可以产生无穷的快乐与幸福，这是在吃喝玩乐中根本感受不到的。因为利他本身，已经包含了无上的利己。

或许有人会提出疑问：那服侍别人的服务员岂不是最幸福了？未必，那要看服务员为什么服务。如果是为了钱，那最终还是为了自己，所以不一定幸福。如果为了利他，则服务员的工作就是幸福的。大乘菩萨，就是为了众生，而甘当不求任何回报的服务员。在利益众生的工作中，自然能得到今生来世所希求的一切。利他就是利己，而且是无与伦比的、永久性的利己。但无始以来，我们却非常重视自己的感受，从来都把利他和利己分得清清楚楚，不愿利他，专门利己。结果越是这样，利己的事情越不成功。越看重自己的感受，就越没有好的感受。

以上十个“不需要”，都是菩萨的修行方法。其中第八和第十条我们现在随时都可以运用。

还没证悟的时候，放下自己很难。现实生活中，我们经常会用各种借口，来掩盖、解释自己的错误，希望把错误合理化。但如果这个错误是发生在其他人身上，我们就会吹毛求疵，将错误广为传播。所以，学会感同身受，学会稍微把别人的感受与自己的感受相换，哪怕达不到菩提心修法中所讲的自他相换，但至少可以扩展自己的心胸。我们过去的生活方式和理念都非常狭隘，这都是由我们先天非常严重的自私心带来的，以致让我们感觉不到轻松、自在与自由。如果能平等对待自己的利益和别人的利益、自己的感受和别人的感受，我们一定会找到另一种更有意义的生存方式。

第二十四，超胜之十法

一、所有六道众生之中唯有暇满的人身最超胜

六道轮回的无数生命中，最殊胜的，就是暇满人身。不管是什么样的社会地位、社会角色，但凡有机会学佛、修行，就叫作暇满人身。暇满，分为十八种。

很多普通人没有因果轮回的概念，认为世界是物质的、真实的，所以对世俗名利垂涎三尺。认为有钱、有权、有名最殊胜，根本不知道与证悟、成佛、解脱相比，世俗的权利、地位等是多么的微不足道、不值一提。

无论汉传佛教还是藏传佛教，一切修行都要从基础开始。所谓基础，就是出离心。修出离心，就要从人身难得开始修。我们必须明白自己的生命价值，明白这次获得的人身，与任何一世的身体都不一样，因为我们可以有更多的选择：成佛、解脱、往生西方极乐世界都可以，这是地狱、旁生、饿鬼道众生想都不敢想的好事。

尽管从环境、寿命、受用、身体的形象和功能等各方面来讲，欲界天人和非天已经超越了人类，但在整个六道轮回里，天人所占的比例非常微少，就像从外太空遥望地球上一大片沙漠里的一粒沙。而且因为他们过于快乐，

要发起出离心非常不容易。除非前世在人间已经打好了出离心和菩提心的基础，否则不会有修行的愿望。因为他们活着时不知道什么叫作痛苦，所以也从没想过出离痛苦，更不想做任何准备。时间飞驰而过，等到享尽福报、死期临头时，才发现投生的去处将由过去的因来决定。一般情况下，天界福报享尽后，往往紧接着会成熟一些罪恶的果报。因为天人有神通，当观察到自己的去处是地狱、饿鬼、旁生道时，就会非常痛苦，但一切都已经为时晚矣。

无色界和色界众生虽然比人类高出好几个层次，但在面对生老病死的时候，也是无力自救。

无色界生命的身体，是一种非常细微的物质，就像暗物质一样，肉眼根本觉察不到。他们的身体不占空间，也不能沟通。一投生就立即进入禅定状态，不需要吃喝，没有其他生活，心一直很平稳，感觉不到痛苦，也感觉不到幸福，更不能做任何事情，就像人进入深度睡眠一样，直到死亡为止，寿命却比欲界天人还长，因此菩萨都不愿意投生到这个世界中。因为无法沟通，不能度化众生，所以无色界也是一个没有意义的地方。

色界介于欲界和无色界的中间地带。色界众生的身体也是非常细微的物质，不占空间，可以穿越欲界的固体物质，不会衰老、生病，也不会发出离心和菩提心，更不可能思维空性。因为有声音，所以可以听闻。却无法思考，因为心非常平静，还没有来得及思考就进入禅定了，所以无法通达佛法的教证和理证。除非在人间已经有了修行的基础，投生色界后才可以继续修行。

可见，色界、无色界的天人只有寂止禅定的禅悦，禅悦享受完毕之后，也像我们凡夫一样有可能堕入地狱。

从学佛或提升生命、心灵的角度来讲，人类才是最优越、最殊胜的。唯有人类，才知道什么叫作痛苦，才有摆脱痛苦的想法。不但自己要摆脱，而且要让更多的生命从痛苦中摆脱。我们需要痛苦的警告和暗示：轮回潜藏着很多问题！顺利的时候，我们会贪恋眼前的一点快乐，沉迷其中，不愿去深入思考背后的轮回真相。只有遇到痛苦时，才发现轮回痛苦的真相，才开始思考并探索解决痛苦的方法。

在无数的生命当中，有福报修持佛法，是非常幸运的。很多不懂得缘起、因果、轮回道理的人，会将痛苦的因怪罪于别人，更会将解决痛苦的答案寄托于外境。要知道，我们今生所面临的生老病死之苦，不是出于偶然，而是自作自受。想彻底解决这些问题，唯有依靠自己。因此，我们要珍惜生命、净化心灵，培养慈悲和智慧，提升心灵境界，并最终彻底消灭内心的贪嗔痴慢疑等烦恼，这就是在修炼自己的生命价值。

因为不了解生命的真相和价值，所以不懂得珍惜生命，目光狭窄，缺乏远见，很多人经常会被家庭琐事或工作上的鸡毛蒜皮所困扰，怨天尤人、不懂自省，焦虑、孤独，最后导致抑郁。所以，佛陀告诉我们，眼光不要狭窄，要有长远的规划、开阔的心胸、高尚的目标，学会高瞻远瞩，这样才会增长智慧，发现前所未知的领域，从而知道前方的路该如何走。

二、所有不具佛法的俗人中，唯独具有佛法的行人最超胜

在不懂行善的芸芸众生中，懂得行善的人是最殊胜的。

为了自己的利益，不懂行善的人会做出很多伤天害理、危害其他生命的

事情。稍微懂得一点行善的人，就会有所自律，所以，行善之人是最超胜的。

此处的行善，不仅仅是指佛教徒的行善，包括基督教、天主教以及没有宗教信仰的好人好事等，都是行善。佛教从来不会因为对方不相信佛，不是佛陀的弟子，就说对方做的事情没有意义。善有善报，是自然规律，与信仰、国籍、生命类型完全无关。

三、所有道乘中，精华义的此密乘最超胜

在世俗谛中，奉劝大家行善断恶的法门，都属于因乘。出离心、菩提心等法门涉及因果取舍，却没有触及到密法的修法，故而属于因乘。

“果”，即佛的境界，已经超越了善与不善，不属于世俗善恶的范围，没有善恶之分。为了方便表述，佛性如来藏也叫作善。密法的大手印、大圆满等修法，是超越所有世俗因果的深奥空性修法，因为离果已经很近，所以叫作果乘。

世俗的行善断恶等因果取舍虽然很重要，却不是最究竟的行善。因为都是意识产生的分别念，是感官世界里的错觉。最终极的行善，是没有善恶的空性境界。

以上因乘和果乘都还处于修道，所以又叫作道乘。所有的乘中，大圆满和大手印的修法是最优越的，因为它比所有道乘都更接近于佛果。

虽然大圆满和大手印是最殊胜的，但修的时候依然需要从前行开始。

前行，是我们进入因乘、果乘，乃至佛果的动力。就像宇宙飞船或人造卫星需要火箭将其推送到没有地心引力的宇宙空间之后，才能进入自己的轨

道一样，没有证悟，没有达到大圆满和大手印等最高境界时，需要出离心与菩提心的动力。

但我们也不能一直原地踏步，始终停留在修出离心、菩提心的层面，否则永远无法触碰最高的境界，那就太可惜了。出离心和菩提心是非常重要的基础，但毕竟属于世俗，与空性如来藏没有关系。要从轮回中解脱，要度化一切众生，就要修果乘法门。

就像医生给病人开药时，先要试探对方的药物过敏反应。如果没什么异常反应，才能放心大胆地用药。学法也是一样，先要观察对方的根机，再传以相应的法门。假如不观察是否适合，就授以高深法门，就有失妥当，甚至会耽误众生的解脱。

四、与所有闻所生慧、思所生慧相比，一刹那的修所生慧更超胜

智慧分三种：闻所得智慧、思所得智慧与修所得智慧。听课所获得的智慧，叫作闻所得智慧；通过思考获得的智慧，叫作思所得智慧；依靠修行所得的智慧，叫作修所得智慧。三种智慧中，修所得智慧最殊胜。长期闻思所得的智慧，不如瞬间的修所得智慧。

为什么很多人明明知道有些事情不能做，却控制不住自己，这就是修行不到位造成的。所以，闻思修当中，修行最重要。

经常有些人会问，为什么学佛很久了，还是放不下？其实这很正常，如果没有真正闻思，只是烧香、拜佛和念经，那当然放不下。烧香、拜佛只是对佛陀表达恭敬心，不是真正的学佛。

21 世纪，物质上的许多问题解决了，各种心灵疾病却日趋严重。为了解决心病的困扰，大家开始信佛、学佛。但因为没有受过系统的教育，很多佛教徒根本不知道怎样学佛才是对的。本来寺庙是教授大众闻思修的场所，可现在很多寺院的功能，只是让人烧香拜佛。功德箱和捐钱的地方比比皆是，赐予慈悲与智慧的地方却寥寥无几。有些人去了一趟寺庙回来，钱包空了，内心更空。极度的空虚无处排解，只会更不开心。大部分人的烧香、拜佛，也是临时抱佛脚或病急乱投医，缺乏应有的恭敬与信心，缺乏不谋私利的慈悲，更缺乏证悟实相的智慧。即使在号称学佛的人当中，真正能静下来认认真真学修的人也很少。

真正的佛教徒，不能停留在烧香、拜佛的阶段，要去闻思；然后也不能停留在闻思的阶段，要去修；修也不能一直停留在四前行的阶段，要去修智慧。对没有把佛教当作生活的调味品，而是真正想解脱的初学者来说，这个次第特别重要。

五、与行持所有有为善法相比，一刹那的无为善法更超胜

所有的有为法，都不如一瞬间的无为法。一刹那无为法的善，超越了无数有为法的殊胜。

凡是有因有果的法，都叫作有为法。有为法分两类：一是指我们看得见、摸得着的，现实生活中所发生的善与恶；另一类是我们看不见、听不到，却仍然有因有果的事物。

此处所讲的无为，不是大自然的因缘所造之法，而是指物质的本来面目，

即佛性，心的本性光明如来藏。

有为法的善，包括了烧香、拜佛、念经、闻思以及修出离心、菩提心等；无为的善，就是修空性。就像要渡过一条没有桥的河，必须先把船只准备好，过河之后，就不再需要船只一样，要朝无为善的目的地出发，必须依靠出离心、菩提心，以及烧香拜佛之类的船筏。一旦证达无为的境界，就不再需要有为善法。尽管相比于有为法，无为法更重要。但如果不修前行等基础法门，就永远无法企及无为法的彼岸。

六、与修所有有缘等持相比，一刹那的无缘等持更超胜

成千上万的有缘等持，都不如一瞬间的无缘等持。

有缘等持，是指修人身难得、寿命无常、出离心与菩提心等证悟空性以外的禅定，包括没有思考的寂止和有思考的各种禅定。

无缘等持，则是指念头全部放下，没有任何思维的禅定。

无缘等持分两种：一是四禅八定，即内心非常平静，就像深度睡眠一样不想任何事情，却没有证悟的等持。这种等持不是绝对的无缘，还有意识的波动，还属于有缘的范畴。二是真正的无缘等持，即没有造作的，安住于证悟智慧的等持。就像冰块经过升温而慢慢融化，最后完全融入于水的过程。冰块，好比是我们现在根本不听使唤的心。升温的过程，即禅修训练。液体的水，也即证悟的心、智慧、光明。冰块融化成液体的过程，即经过禅修，而使凡夫心转化为智慧的过程。当所证悟的空性和证悟的心融为一体、无二无别，心就成了智慧，这就是无缘的等持。

七、与享受一切有漏安乐相比，一刹那的无漏安乐更超胜

一刹那的无漏善根，超越了成千上万的世俗享乐。

关于有漏与无漏，在佛教里有很多定义。

比如，如果装液体的容器底部是破的，水就会从下面漏出来，这叫作有漏。凡是有执著的善根，都能让我们的心漏到轮回中而无法解脱，故而属于有漏的善根。在没有证悟空性的前提下所做的一切善事，都有执著，跟空性没有关系，所以叫作有漏法。反之，如果证悟了空性，就不会有执著，空性的智慧会让我们得到解脱，不会让我们漏到轮回中，所以叫作无漏法。

我们要尽快行持无漏之善，但前提是要从有漏开始，不修有漏而直接修无漏，是行不通的。

八、与相续中生起所有觉受安乐相比，显现一刹那的证悟更超胜

一瞬间的证悟，比无数的觉受安乐更为殊胜。

证悟，即证悟空性、无我、光明如来藏的本性。

觉受，则有很多种：

修行打坐时，因为内心非常平静，所以感觉时间概念似乎消失了，本来打了五个小时的坐，却感觉只有五分钟。像是进入了证悟空性的状态，其实这不是证悟，只是觉受而已。

还有一种觉受，是在打坐时会产生一种语言无法形容的喜悦与快感，这叫做觉受安乐。

另外一种觉受，是在打坐时会出现很多神通。眼睛就像显微镜一样，无意中会看到桌面里原子、分子的运动，还可能会发现几百公里之外发生的事情，或者发现房子、围墙都变得透明起来。很多人走到这一步，就以为自己境界很高了。其实这只是觉受，是感官功能稍微开发了一点点而已，并不是真正的开悟。

在佛陀住世的年代，婆罗门教出来的很多信徒禅定功夫都非常厉害。他们的最终目标，就是这些神通和快感。虽然在他们的禅定中，内心十分平静或快乐，但都离证悟的境界相距甚远。

所以，我们在打坐时，如果有一些类似的感受，不要去在乎、更不能执著。如果执著，我们的种种觉受就会变成修行的障碍。

我们必须知道，觉受与证悟空性的智慧完全没有关系。修行必须要有经验的上师引领，千万不能自己盲修瞎练。那种自己看点密法书籍就开始独自修行的做法，是很危险的。如果不专注，也就是浪费一点时间，危害还不大；但如果特别专注，就很容易出问题。心灵的旅途，是我们从未探知过的陌生领地。想在心灵中开拓新天地，必须要有经验丰富的人带路。修行没有那么简单，但纵然再复杂、再有挑战性，也必须修下去，否则就没有解脱的机会。

九、与行持所有刻意作的善行相比，一刹那无刻意的行为更超胜

仅仅一刹那间从证悟境界中流露出来的不刻意、不造作的行为，都比成千上万造作的善行更为殊胜。

对初学者来说，刻意或造作的行为是很重要的。在没有证悟之前，必须

要有刻意的行为。不该做的要刻意回避，该做的要尽力行持。但如果永远是这样，那就变成执著了。在证悟以后，就应该超越刻意的阶段，进入没有善恶取舍，说话、行为都很随意的阶段。

但佛教要求，在大众面前，修行人要按照大众常规游戏规则行事。如果太出格，引起别人不解，就会给佛教带来邪见、诽谤等负面影响。但在自己的境界中，可以很随意，无需刻意和执著。

众所周知，释迦牟尼佛已经超越了所有的执著，但他当年在公众面前，也是示现了一个普通出家人的样子。为了引导大众，他从来不会做可能引起公众反感或误会的事情。

比如，对绝大多数人来说，成就者们的某些行为，就超出了大众的约束标准。但如果自己没有证悟，却为了个人的某种利益，而仿效成就者们的某些行为，并对自己的随意癫狂，寻找到一个冠冕堂皇的解释，就是典型的自欺欺人。

如何判定自己可以不刻意了呢？我们可以做一个简单的试验，用一根针去刺手，如果因为修证的力量而真的没有感觉了，那就可以不用约束自己；如果还有刺痛的感觉，就必须按规矩行事。

十、与所有发放财布施相比，不执一切事物更超胜

证悟的不执著，超越了成千上万有执著的物质布施。

很多人会说，我先要赚很多钱，然后供养三宝，等资粮积攒够了，再去修行。

其实，虽然布施、供养都很好，但若能安住于不执著的境界，已经超越

了成千上万的上供下施。当然，这是从自己修行的角度来讲的，如果从受施者的角度来讲，对许多人来说，物质上的帮助也很有必要。所以，如果有条件，还是应该去做利他的事情。

以上十个殊胜中，除了最前面的两个，后面讲的都是让我们尽快去修空性，不要一直停留在世俗修行的层面。世俗范围内的所有善法，都不能解决最终极的问题。要解决最终极的问题，必须修持超越世俗之深法——空性光明。

第二十五，如何皆好之十法

本论的最后几个主题，主要是讲比较高级的空性境界，是修行到了一定高度以后才可以应用的法。否则，在我们的现阶段，不可能如何皆好。只有彻底证悟，非常清楚地体会到任何好与不好都不成立，并放下所有执著以后，才能真正地自由自在。

尽管如此，当年释迦牟尼佛度众生时，大多数时候还是像一个普通比丘一样生活。佛这么做，都是为了顺应众生的心。普通凡夫都有执著，心里对上师、道友设立了很多标准。一旦佛陀说话、行事不符合自己的要求，就会对佛法产生怀疑，从而影响学佛的兴趣。

在比丘的二百五十三条戒律中，除了杀盗淫妄等违背因果的言行以外，很多戒律的内容并未针对本质上的大问题。比如，戒律中规定的吃饭、走路的方式等，都是按照印度当时的风俗习惯制定的。因为如果出家人的言行不符合当时当地的民风民俗，很多人就会说佛教徒的过失，大家也不愿意学佛了。

倘若修行已达到一定程度，从自己的修行境界来讲，就怎么样都可以了。但为了符合更多人的价值观，修行人表面上还是要规规矩矩，不能太不拘小节。

说话、走路、吃饭等，都要按照大多数人的标准去做，这也是一种度化众生的方便。

如今有些人到处宣称自己是境界高妙的成就者，可以不受因果的限制。虽然我们无法判断对方的境界，但成就者不应该是这样的表现。真正修行达到一定高度时，会为了护持众生的心，而不会恣意妄为。所以，对自我吹嘘者，我们要高度怀疑。

一、心融入正法的行者，舍弃所作很好，不舍所作也很好

舍弃所作，即出家，舍弃世俗；不舍弃所作，即有工作、家庭、事业等。佛法融入内心的人，放不放弃事业都无关紧要。

什么算是佛法融入内心呢？所谓佛法，即出离心、菩提心与空性见。当有了真实不虚的出离心、菩提心与空性见时，才能将佛法融入内心。

在没有修好这些法之前，我们只是理论上了解而已，始终与出离心和菩提心有着相当远的距离，此时也无法将佛法融入内心。

对普通人而言，物质享受太有吸引力，一旦沉醉其中，谁都无力自拔。比如，现在很多人都是手机控，早上起来第一件事，是与手机互道早安；晚上临睡之前，也是和手机依依不舍。我们对物质的追求和依赖，超过了以往的任何时代。本来每个人的内心，都潜藏着欲望的种子。如果不去激活，它还不会泛滥成灾。但如今，社会上充斥着五花八门的诱惑，除了证悟者，谁都无法抵御欲望的牵掣。

欲望增生的结果，是对物质财富的过度追求。而物质的丰厚，又会反过来激活、长养我们的欲望。没完没了的恶性循环，怎能让我们生起出离心？

实际上，我们的生存所需并不多，只是因为要满足虚荣心和欲望，所以

才感觉自己什么都需要，什么都匮乏，恨不得拥有全世界所有的资源。心理上的不知足，让我们不愿分享，每个人都是物质的奴隶、拜金主义者与功利主义者，极度自私、狭隘。在如此的心态下，菩提心更是遥不可及！

相对而言，古人面临的诱惑要少得多，所以能清心寡欲、淡泊宁静地生活，能静下来思考，并获得源源不断的智慧与精神粮食，为后人创造出辉煌的精神成果。而现代人为了满足欲望，整天都过着忙碌混乱的生活，根本没时间去思考什么是世界的本质。

没有出离心、菩提心与空性智慧，我们的心与佛法永远相隔遥远，又何谈融入呢？

当然，作为修行人，若能放下繁琐的世俗事务，放下家庭与事业去出家，或者到比较安静的地方去专心修行，那再好不过。修行速度会更快，修行效率也会很高。即使暂时放不下，也没问题。只要有了出离心、菩提心与空性见，所有的工作和生活，都可以变成修行的因素。

举一个例子，当我们在生活中受到欺负、侮辱时，如果佛法没有融入内心，就会产生烦恼，甚至会打人、骂人等等，造作更严重的罪业。不但今生自他受害，进医院、进监狱，来世也会堕入地狱。反之，如果有修行，佛法融入了内心，就可以修忍辱、修自他相换，不但不会产生嗔恨心，而且更有利于慈悲心的增长。如此一来，侮辱、欺负等不但不会阻碍修行，反而成为激励修行的动力。

二、心中已断增益的行者，修行很好，不修也很好

增益就是执著。解决了所有执著和疑问，即彻底证悟了心的本性。学习和修行，就是为了彻证心的本性。真正证悟了，就达到目的了。但如果证悟指的是一地菩萨的境界，那也不是绝对不需要修，只是不需要像之前那样注重形式地修而已。这时如果修，会快速成佛。即使不修，也不会退失、淡化已经证得的智慧，不会堕入轮回，更不会堕入地狱、饿鬼等三恶道，所以不修也可以。但真正的不需要修，是指成佛的时候。

三、斩断欲妙牵绊的行者，无贪而行很好，无贪不行也很好

当一个人真正地断除了对物质的贪心或欲望以后，是不是无贪的身份都无所谓，无论在家或出家都可以。

有贪和无贪，是佛教术语，意即有贪心和没有贪心。此处的没有贪心，并不是完全没有贪心，只是相对而言没有贪心。

比如，释迦牟尼佛是出家人的形象，佛经里称为无贪的形象。而文殊菩萨、金刚萨埵等佛菩萨，却身着在家服装，佩戴金银珠宝等装饰，这叫作有贪的形象。当然，这并不意味着文殊菩萨有贪心，而仅仅是外表的显现。

在家人也可以分为无贪和有贪。虽然是在家人，却断除了对物质的欲望，生活简单清朴，在某种程度上也是一种无贪；如果在家人绞尽脑汁去赚钱，千方百计积累财产等等，就是有贪。

当然，如果内心对物质没有欲望和贪求，则无论生活简单与否都无可厚非。假如赚钱和做事业的目的不是为了自己，而是为了利益众生，则外表有贪和无贪都未尝不可。

当年米拉日巴的上师玛尔巴到印度求学时，也是带了很多黄金作供养，才求到殊胜的法与灌顶。本来印度的成就者们都是长期住在山洞里的修行人，他们什么都不需要。对他们来说，黄金与砖头完全等同。但为了显示佛法的珍贵价值，就需要这样的缘起。虽然玛尔巴非常有钱，但他的钱不是自己用的，而是用来求法的。

米拉日巴过着完全与世隔绝的无贪生活，玛尔巴大师表面上有贪，财富丰足。但两人都完全从本质上铲除了对金钱的执著。所以，无论米拉日巴的没钱，还是玛尔巴大师的有钱，都只是一种显现而已。

如果真的断除了对金钱的执著，则不管有钱没钱，都不会堕落或影响修行。此时有钱可以去做更广大的利生事业，没钱则可以自己修行。

四、现量证悟法性的行者，住在空空的山洞很好，作为群体之首也很好

证悟了法性的人，既可以独自在山洞里修行，过着轻松寂静的生活，也可以深入人群，担当住持、方丈、领袖之类的人物。

“法性”，是指万事万物的本体空性，即宇宙人生的真理或本质。比如，六祖惠能大师证悟以后，曾与猎人一起在山上生活了很长时间，后来回到寺院住持传法。从他个人修行的角度来讲，两种生活方式对他都不会有任何影响。

但在没有证悟时，如果有机会和条件，能在山里或比较安静的环境中修行当然是最理想的，普通人还是要以个人的修行为主。

五、了知显现虚幻的行者，独居深山很好，云游四方也很好

证悟空性，通达一切显现如幻如梦的人，无论独自居住在山上，还是像过去的云游僧一样到处朝拜、云游、参禅或周游全世界，都是至善至美的。

我们的感官所能感受到的光与声波等，都不是万法的本质与本来面目，佛教称之为“显现”。通达或证悟一切显现是如幻如梦，实际上就是证悟空性。

过去很多上师一辈子住在一个地方修行，从来没有离开，并获得了极大的成就。有些上师证悟以后，又会四方游历，穿梭于遍及亚洲各地的圣山、丛林，藏传佛教与汉传佛教都有这样的行者。

对证悟者而言，所有的事物都是如幻如梦，没有什么能干扰自己的修行。无论栖山而居，还是四处飘荡，都不但不会让自己造罪堕落，反而有利于智慧的增长，所以无论怎样都很好。

六、心得自在的行者，断除欲妙很好，享受欲妙也很好

内心获得自由的证悟者，既可以相对地远离奢华优裕的生活，选择朴素清简的生活；也可以享受豪华优越的生活。

这里讲的是“心得自在”，前面第二条讲的是“心中已断增益”，第三条讲的是“斩断欲妙牵绊”，第四条讲的是“现量证悟法性”，第五条讲的是“了知显现虚幻”，其实都指的是已经证悟空性。

没有证悟时，即使我们所处的环境非常自由，但内心却没有获得真正的自由。因为贪嗔痴慢疑等烦恼缠缚着我们，让我们始终不能感受到幸福、安宁与自由。

佛教最重视的，是内心世界。如果获得了内心世界的自由，则对待生活的态度，会有颠转乾坤的转变。在物质世界中，也获得了相当的自由。此时无论贫穷还是富裕，艰苦还是顺利，都非常满足和幸福。

七、具有菩提心的行者，在静处修行很好，在众会中利他也很好

有着真实无伪菩提心的人，可以独自居住在偏僻的山洞或森林里，在菩提心的基础上好好修行，增长自己的智慧，暂时先不去利益众生。本来增长智慧就是在给自己充电，充好电以后再去利益众生，力量更强，效果更好。

如果不在静处独自修行，而是选择在人群当中去利益众生也很好，因为有了菩提心，所以在面对各类人事物时，不但不会生起自私和欲望，反而会因别人的烦恼、痛苦而增长自己的慈悲心和菩提心。

第七个“如何皆好”，与证悟空性没有关系。即使没有证悟空性，只要有真实不虚的菩提心，则无论住在山洞或者到人群中去利他都可以。如果没有菩提心，则独自居住山洞并没有太大意义，身处人群，也是平增烦恼。所以，菩提心非常重要。有了菩提心，怎么样都可以。

佛教讲的所有约束，都是针对我们这样的初学者而言的。刚刚起步的我们，烦恼纷呈不断，负能量此消彼长。只有依靠这些约束，才能抑制负面影响，避免不良现象的出现。再加上内在修行的推波助澜，就能尽快断除烦恼，铲除负面能量，最终到达没有任何约束的境界。到那个时候，内在全部都是正能量，释放出来只会有利于众生，所以没有必要再加以约束。

八、恭敬心、信解心持之以恒的行者，住在上师前很好，不住在上师前也很好

如果对自己的上师有着坚定不移、永不改变的信心，则无论在上师身边或不在上师身边都很好。

刚开始学佛的时候，我们必须依止上师，学习如何修行。学成之后，则跟不跟随上师都可以。

过去米拉日巴大师就是这样，依止玛尔巴大师期间，经历了常人无法想象的磨难，最后终于得到了玛尔巴大师的灌顶和窍诀。之后离开上师，一辈子再也没有见面。但上师却永远住于他的心间，无论他有任何需要，上师都会以不同的身份出现。

如果对上师没有信心，则即使与上师形影不离，也不但不会增上修行，反而会因内心的不清净而吹毛求疵，寻找上师的各种问题，从而退失信心。凡夫的信心时有时无，根本靠不住。如果上师的表现符合自己的标准，就有稍许肤浅皮毛的信心。一旦上师的行为有一点点不符合自己的标准，信心立即退失得无影无踪。

若对上师有信心，即使身体与上师天各一方，但如果在修行、见解等方面出现任何问题，或在中阴身的时候，上师一定会以不同的形式出现。关于这一点，看看过去传承上师们的传记就可见一斑。

九、具有多闻、解义的行者，现前成就很好，遭遇违缘也很好

对广闻博学，深入了解佛经内涵的修行人来说，无论是获得成就还是遭

遇逆境都很好。成就有可能是平安、健康、发财、修行进步等令人开心的顺缘，逆境有可能是罹患疾病、工作不顺、内心痛苦等。不管什么遭遇，都知道这一切是令自己成长、进步的契机，并懂得将其转化为修行的助缘，使修行境界快速增长。

第九个“如何皆好”，不一定要证悟空性，没有证悟空性的人也可以参照此理进行思维。

十、获得殊胜证悟的行者，出现成就相很好，没出现成就相也很好

此处所讲的“殊胜证悟”，是指证悟空性；“成就相”，即共同成就相，是指神通、神变等。

通过禅定的力量，我们的感官结构会发生一些变化，从而产生一些新功能。比如，可以看到更远的东西；或者视线不会受到山体、建筑物的障碍，包括周围的墙体，都会变成透明的；几千公里以外的声音，能听得清清楚楚；走路的速度，快得像汽车一样，可以日行几百甚至几千公里。佛教认为，这些都是普通成就，即共同的小成就。

如果没有证悟，就会对任何东西都非常执著。当自己看到或知道太多，反而会焦躁不安、痛苦不堪。更有甚者，有人还会利用神通造作恶业。试想，如果当年提婆达多没有神通，就无法说服国王，并利用国王的权势，而造作两个五无间罪。他的神通给他带来的结果，就是下地狱。所以，对没有证悟的人来说，有神通不一定是好事。

但证悟者有了神通，却既不会困扰自己，更不会让自己造恶业，同时，利用这些功能，还可以做一些弘法利生的事情。不过，即使证悟者没有神通，但因为已经证悟，有了更好的境界，所以怎么样都好。

第二十六，正法之十种功德

一、十善、六度、空性、诸菩提分法、四圣谛、四禅定、四无色定以及密宗能成熟的灌顶与能解脱的教言等出现于世，是正法的功德

如果没有佛法，就没有十善的概念。虽然十善不是佛陀制定的，无论释迦牟尼佛和佛法有没有出世，善恶因果都是始终存在的自然规律。但完整、深入、正确无误的因果学说，却是佛陀创建的。有了佛陀的智慧，才有了因果学说。没有佛法，我们无法全面了解善恶因果，更不懂如何取舍。

同样，有了佛法以后，才有了大乘六波罗蜜多的概念和修法。六波罗蜜多，即六度。其中的“度”，是指依靠布施、持戒、忍辱、禅定等，引领众生顺利渡过轮回苦海到达彼岸。佛法还未出世的时候，虽然也有给予、不杀生、不偷盗的理念，但不够全面深入，不能让我们获得解脱，所以不叫六波罗蜜多。

佛陀成佛之前，也曾在有些印度外道禅师那里学过禅定，后来放弃了四禅八定去修空性，最后因证悟空性而解脱。另外，佛陀当年曾苦行六年，每月只吃一粒米、喝一滴水。之后放弃苦行，喝了牧羊女供养的乳糜，并最终获得了成就。佛陀如此示现，就是为了告诉大家，四禅八定不是最终极的选

择，不能获得真正的解脱。苦行只是对肉体的无谓折磨，也不能获得解脱。所有问题的关键，是内心。唯有证悟空性的智慧，才能让我们解脱。这些都是佛陀度化众生的方便法门，因为是以身体的举止来教育大家，故称为身教。这与佛陀成佛后以讲法来度化众生的言教，同为教化众生的方便。

唯物主义者认为，宗教都是建立在恐慌的基础之上的，因为古人不了解大自然的现象，无法征服大自然，所以建立了五花八门的宗教来安慰自己。但佛教却区别于建立在恐慌基础之上的宗教，而是建立在慈悲心的基础之上。

关于这一点，佛经讲得很清楚：

第一，释迦牟尼佛还没有开始修行的时候，曾堕入地狱受苦，因为对同伴生起了悲心，才开始发心修学。在此基础上，逐步修行成道。

第二，2500 多年前，释迦牟尼佛以王子的形象在印度出现。因为一次在城外看到了生老病死的痛苦，意识到自己的人生使命，是要帮助受苦的生命解决痛苦，所以放弃了太子的生活，从皇宫逃出，到偏僻的地方去求法、修行。这一切，都是源于慈悲心，所以，佛教是建立在慈悲心的基础上的。

佛陀出世前的印度，有非常多的宗教门派。其中有些门派甚至比佛教的持戒还严格，也有禅定，但都没上升到度过轮回苦海而解脱的程度。佛经描述的外道行为见解中，也有一些善行或禅定，但都是世间的、有漏的，没有一个是出世间的。

如果没有佛法，就无法全面理解空性。一切有为法本来空性，这不是佛陀创造的，而是万法的真相。但当时的人们还不懂得真正的空性。虽然外道典籍中讲到了空性，但只是表面、浅层的理解，不是把抽象概念的我执描述成不可思议的自我，并称之为“大我”，就是把抽象化的自我和梵天、帝释或某一类神连接在一起，都没有证悟究竟的无我。西方哲学、科学和宗教，最终似乎都要找到一个可以抓住的东西才感觉踏实。

佛法告诉我们，从感官的角度来讲，物质和精神等所有的一切都存在，但如果深究其本质，或从超越感官的最高境界的角度来讲，则物质和精神都不存在，这叫作空性。所有哲学、科学和其他宗教，都有所保留，没有像佛教这样否定一切。有了佛法以后，才阐释了这样的空性见解。

菩提分法也叫作三十七道品，包含了从加行道到最后的无学道之间五道十地所修的所有内容，归纳为四念处等三十七种不同修法。另外，包括四圣谛，与空性无我结合在一起的大乘与小乘的四禅八定，都是在佛法诞生之前所没有的，所以这些都是佛法特有的功德。

密法的灌顶和密法的诀窍。通过灌顶奠定根基，再通过诀窍去解决烦恼。密法的灌顶和诀窍，也是有了佛法才出现的。虽然在佛法诞生之前，印度教等外道的经典中也出现过“空性”“永恒”“清净”之类的词汇，但其本质却与佛教讲的截然不同。就像外道也修气脉明点，但修行实质却与密宗修法迥然各异一样。外道最终都会建立一个“不可思不可言的自我”，但外道所谓的“不可思议的自我”，也与佛教所讲的“不可思不可言”相差十万八千里。佛教讲的是真正的空性，没有意识所创造的戏论，打破了所有执著，所以叫“不可思不可言”，而外道的“不可思议的自我”，本身就是一种我执。

综上所述，在佛法出世之前，所有的哲学、宗教，都没有以上概念。我们不能因为自己闻思不够、眼光狭窄，就断章取义地将外道与佛教类似的词句视为等同。

这一条，是从出世间方面讲的佛法功德。

二、人中高贵的国王种姓、高贵的婆罗门种姓、高贵的施主种姓、四大天王等六欲天、色界十七天、无色界四天出现于世，是正法的功德

在人类历史上，有过高贵的长者，有权有势的王族，有钱有福报的贵族以及智力超群的智者等。他们中的很多人有智慧、有福报、有慈悲心，又有高尚的品德和思想，是真正的大富大贵之人，并非“富而不贵”，就像今天所讲的那种“穷得只剩下钱”的土豪和贪官。从世间方面来讲，人间福报第一的，就是这些阶层的人群。他们能获得如此人身，都是过去行善积德的福报所致。而福报的源头，就是佛法。虽然在释迦牟尼佛的正法诞生之前，这个世界上也有高贵阶层，他们过去的行善不一定来自于释迦牟尼佛的佛法，但有可能是因过去佛的教化而行善积德，并在佛陀时代成熟了善报。

还有，四大天王天等欲界天人，色界的十七种天人以及无色界的四种天人的投生，都是因为过去行善积德和修持禅定的结果。虽然这些禅定是世间的四禅八定，不包含空性的成分，但也是佛陀度化众生的一种方便。

其实，全世界的很多宗教都与佛有关，外道宗教里也有佛的化身。因为众生的根机高低不一，若一开始就对有些人讲四圣谛，他们不一定能够接受。只有依靠外道津梁的接引，才能让他们逐渐进入解脱道。所以，佛陀要求众弟子不能诽谤外道，其中也包含了这些密意。

所有的禅定，都直接或间接与正法有关。虽然某些正法显现上不是释迦

牟尼佛的佛法，而是诸如阿弥陀佛、药师佛的佛法，但所有的佛实际上都是一体的，是为了度化不同众生而显现出的不同身份。实际上，千尊佛所讲的都是佛法，尤其是空性方面的内容，更是别无二致。

可见，天界不同生命层次的出现，也是仰仗佛法的功德。

三、预流圣者、一来圣者、不来圣者、阿罗汉、独觉、遍知佛陀出现于世，是正法的功德

小乘佛教的第一个果位，称为预流果。预流也叫作入流，即小乘佛教的见道。在此之前的凡夫，都是各走各路，但预流果以后，虽然没有证悟大乘佛教的空性，却证悟了人无我的空性。从此之后，就仿佛进入了一条河流，只会顺流而行，朝着阿罗汉的方向走。

一来果，已经断除了欲界的大部分烦恼，只需再投生一次欲界，把剩下的烦恼全部斩草除根，从此不再流转轮回，所以叫作一来。

不来果，即断除了欲界烦恼，无需重返欲界，而是投生于色界继续修行。欲界烦恼，是指六道轮回中欲界众生的烦恼，不是三界所有的烦恼。

阿罗汉，小乘佛教修成的最终果位，就是阿罗汉。自此之后无需再流转轮回。

以上所讲，为小乘佛教的四个果位。

还有独觉或辟支佛，没有佛法的时候，辟支佛就会出现。但他们不会讲经说法，而是以神通、神变等方式，让有缘人生起信心，之后积累资粮，令相续逐步成熟，当下一尊佛出世时，立即可以证悟。在《百业经》《贤愚经》

等经典里，可以看到诸多此类例子。

小乘行人投生轮回的因素，都是烦恼，所以他们会励力断除烦恼。大乘行人的投生因素不一定是烦恼，也有愿力。投生到能够度化众生的地方，或者是需要的地方，是大乘菩萨的愿力。

另外，佛的果位，佛出世转法轮，佛陀的化身和报身，也都是佛教修行的结果。没有佛法，就不可能有这些结果，这些都是正法的功德。

四、以发心力及愿力大悲自现的二色身乃至轮回未空之间任运利益众生，是正法的功德

佛法诞生之前，曾经历过无数次生死的人们只知道慈悲心，这是人类和所有动物一直都存在的一种高尚的心灵反应。但有了佛陀的教育以后，慈悲心才上升到菩提心的高度。因为佛陀的菩提心和愿力，才应化出各种佛的报身和化身来度化众生。

金刚萨埵、阿弥陀佛等圆满身相，都称为佛的报身。证悟一地以上的菩萨，才能看到佛的报身。

2500 多年前，佛陀住世期间的人们非常有福报，能看到释迦牟尼佛的真身。如今，虽然释迦牟尼佛已经圆寂了，却并不代表佛陀不存在。我们这些凡夫现在能看到的，是佛陀的化身。佛的化身有各种不同的形式——佛经、上师、善知识，甚至是社会最底层的人。另外，动物、植物、桥梁、船只、药物，甚至能使我们生起某一个善念的因缘，都有可能是佛的事业。只要众生与轮回存在，这些化身就存在。他们的事业任运自成，永不间断。

五、众生维生应有尽有的一切资具是以菩萨们的愿力形成，因此是正法的功德

仰仗成千上万的佛菩萨自无始以来的发愿成就，众生才得以享用各种福报。

譬如，西方极乐世界没有痛苦，它的优美环境，极乐世界中的美丽身体以及种种幸福，就是承蒙阿弥陀佛的愿力与极乐世界众生往昔所积之福德而化现。

我们的感官能够享受的许多美好，一方面与佛菩萨的愿力有关，同时也与我们的业力有关；世界的形成也不完全依靠佛的愿力，还与众生的业力息息相关。愿力和业力的结合，就有了世界。不过，因为地狱众生造业太严重，以致超过了佛的愿力，所以暂时会出现十八地狱等极度痛苦的世界。但三恶趣的众生最终也会在人天世界中，依靠正法成佛。人天世界的鲜花、水果、庄稼、药物、大自然等无数美好，都与佛菩萨的愿力有关。

六、恶趣与无暇处也有暂时的少许安乐，那些也都是由善妙福德所形成，因此是正法的功德

除了人天善趣以外，旁生、饿鬼等恶趣众生，偶尔也会有一些相对短暂的快乐，只有地狱众生没有丝毫快乐可言。所有这些幸福快乐，都是行善积德所感召的。行善积德本来就是正法，所以饿鬼道和旁生道偶尔感受到的快乐，也是正法的功德。只是这些善法和功德是有漏的，属于人天乘的一部分。但无论如何，如果没有正法，这一切都不存在。

七、所有恶人也会心向正法而住于圣贤种姓中，成为众人顶戴处，这是正法的功德

历史上有很多这样的例子，坏人遇到佛法以后，改过迁善、重新做人，一下子变成令所有人尊敬的贤者。只有佛法，才有如此强大的力量，所以当然是佛法的功德。

八、以往恣意造不善罪业积累地狱柴之因者也会心向正法，从而触及善趣与解脱的安乐，这是正法的功德

学佛之前，放逸散乱、肆意妄为，制造了众多堕地狱的因素，但学佛以后，通过忏悔，不但不会堕地狱，而且可以享受人天福报，甚至可以解脱。

佛教认为，如果造了严重的罪业，以后又没有忏悔等其他因缘的改变，就一定会有果报，这就是定业。但如果其间发生了一些变化，遇到了一些因缘，果报的成熟时间、程度与方式也会发生相应的改变。可见，世上并没有什么命中注定。

这就像农民种庄稼，若耕田、选种、播种、浇水、施肥、除草等所有的事情都做得尽善尽美，又没有发生干旱、洪涝等自然灾害，就注定会丰收。但如果发生了自然灾害等意外，结果就会有所变化。所以，命运完全是可以改变的。

我们造罪以后，如果不忏悔，就一定会有恶果。假使情节非常严重，就一定会堕地狱。但如果努力忏悔，结果完全可以改变。无论外在的因缘，还是善恶因果等内在的因缘，都是一样的道理。

《贤愚经》《百业经》等经典中，有大量类似公案。譬如指鬘王的故事，就是典型的改邪归正、转恶向善，从黑暗走向光明的事例。

指鬘王有一个邪恶的师父，他告诉指鬘王："如果你能杀掉 1000 个人，然后把这 1000 个人的大拇指割下来做成一个项链——指鬘，那么当你戴上指鬘之后，就一定会解脱。"指鬘王信以为真，就一口气杀了 999 个人。最后在准备杀掉应化而至的释迦牟尼佛时，得到了佛陀的救度。当他知道自己身犯重罪、行将堕落后，尽力依照佛陀的教言真心忏悔。之后不但没有堕入地狱，而且现世获得了阿罗汉果位。杀掉 999 个人的大罪人，都可以依靠忏悔即生解脱，成为阿罗汉，这都是佛法的巨大功德。

九、对于正法，仅信仰者、仅信受者、仅喜爱者或仅持装束者也会成为众人欢喜与恭敬处，这是正法的功德

对佛法仅仅有一点信仰，或感兴趣，或心生欢喜，或穿戴佛教修行人装束的人，都被很多人所喜欢和尊敬，这也是佛法的功德。

如果大家知道某人是一位真正的佛教修行者，是持有佛教慈悲心与智慧的人，就会对其心生尊重和崇拜，这也是佛法的功德，而不是个人的功德。

十、舍弃所拥有的一切事物，弃俗出家并隐居诸深山静处，而生活资具样样齐全，这也是正法的功德

放弃所有世俗的物质财富与社会地位，前往清静、偏僻的地方去修行，仍然可以过上满意的生活。

大家会认为，佛教所讲的慈悲心、智慧、平等都超然卓绝。放下一切专心修持的人，生活自然不会有问题，因为人们会认可他是真正的修行人，所以会供养他，这也是佛法的功德。

众所周知，很多世俗人即使辛辛苦苦奋斗一辈子，仍然吃不饱穿不暖，远远不及那些不为生计操心的修行人，这都是佛法智慧与慈悲心功德的具体体现。

第二十七，虚名之十法

我们学习虚名十法之前，先需要了解一下基道果和二谛。

1. 基道果

佛陀在第三转法轮的经典，以及无上密法的续部里，经常会用从矿石中提炼矿物质来比喻说明基道果。开采、加工、冶炼矿石的过程，与基道果十分相似。基，相当于矿石，矿石里含有相当比例的矿物质，具有开采价值；道，相当于加工的过程或者方法；果，相当于矿石加工以后，提炼出来的铁、银、黄金等矿物质。

世俗生活中虽然没有基道果的说法，但基道果的关系却无处不在。其中材料是基；把材料加工或提炼为成品的过程和技术，就是道；加工成的产品，就是果。

譬如，基道果也像做衣服。被加工的面料，就是基；加工的过程或者方法，就是道；面料通过加工变成的衣服，就是果。

同样，初学佛时，每个人都是没有被开采的有开采价值的矿石。被加工的基，就是隐含着如来藏的精神；加工的技术与过程，就是修持显宗和密宗修法的历程，即道。意识中的烦恼、无明、错觉、杂念等，都是不需要的矿渣。真正要提取的精粹，就是我们的佛性如来藏。最后如来藏彻底现前，众生成了佛，这就是果。

如果岩石里不含矿物质，则再怎么加工也不会有结果；或者虽然含有矿物质，但如果不加工，内在精华就会被其他物质遮盖，矿石永远只是石头，不会起到本应有的作用。如果没有面料，就不可能有衣服；仅有面料，如果不加工，也不会有衣服。同理，如果内心不存在佛性，众生不可能成佛。内心虽然有佛性，但仍然需要学佛、修行。如果不修行，也永远不能成佛。

关于这些内容，在大乘《宝性论》《赞法界颂》等经论中都讲得很清楚。

2. 二谛

《中论》《入中论》《中观庄严论》等中观论典中，用了大量的笔墨来宣说二谛，将二谛阐释得非常复杂，采用了各种逻辑推理，引用了大量佛经。

其实，了知世俗谛和胜义谛，有一个非常简单的方法：

比如，在桌子上放一个鹅卵石，右眼用自己的肉眼来看它，左眼用显微镜来看它，因为眼睛与显微镜的准确度与灵敏度不同，所以就有两种不同的结论。但无论如何，都是同一事物的两面。其中右眼的结论非常表面、肤浅，就是世俗谛；左眼因为借助了工具，所以结论稍微真实一点，叫作胜义谛。

佛教的胜义谛和世俗谛也与此相仿。普通人用先天、自然的感官去感受外在世界，会得到一个自己的结论。以佛菩萨的智慧去洞彻这个世界，结论就大相径庭。同样一个世界，因感知主体精确度的不同，而会有不同的结论。即是说，世俗谛就是相对的假相，胜义谛就是相对的真相。但从感官的角度来讲，假的这部分也是真实不虚的，所以在“世俗”的后面加了一个“谛”字，叫世俗谛。当然，从佛智的角度来讲，一切都是假的，都没有实质。

胜义谛与世俗谛不是绝对的，而有着很多层次。低层次的胜义谛，是高层次的世俗谛，就这样层层递进，而形成了不同层次的真真假假。简单地说，世俗谛就是众生感官感知到的结论，胜义谛是佛的智慧的结论。

因为不相信肉眼看见的是真相，科学家研制了光学显微镜、电子显微镜、普通天文望远镜、哈勃望远镜等越来越高级的工具，用以观测宏观和微观世界，并颠覆了肉眼的所有结论。同样，佛更不相信凡夫感官的结论，认为众生感知到的一切都是假的，所以通过修行，挖掘出深藏于内心的另一种认知世界准确度更高的工具，那就是智慧。智慧这个工具的准确度，远远超过了所有的显微镜和望远镜。

十项虚名之法的意思表示，仅仅只有一个名称而已，实际上没有任何实质。

一、基实相无所宣说，因此基是虚名

此处所谓的“基”，指佛性如来藏。虽然我们可以谈论、想象基道果，但真实的“基”，却只是一个名称，实际上并不是一个实有的东西。

从世俗谛的角度来讲，被加工的原料，加工的技术和过程，通过加工最终获得的成果三者，都是存在的。但从胜义谛的角度来讲，这些都不存在，都是一种错觉。就像梦境一般虚无，或像幻师幻变出来的飞机、汽车、楼房一样飘渺。从真实本质的视角出发，所谓的基，不可思不可言。因为语言是随着思维而创立的，而思维的深度，也永远达不到本性的深度，这二者都无法表达、形容和想象本性，所以《六祖坛经》里也讲“不可思、不可议”。

要彻底了解什么是“基”，就要去修行，依照出离心、菩提心的次第，一步一步地修。当证悟大圆满、明心见性的时候，虽然语言无法表达，却自明自知。

佛教，尤其是密法中，经常会用聋哑人吃糖果来比喻证悟的境界。聋哑人自己清楚糖果的味道，却说不出来。同时因为听不见，也不知道人类是用什么语言来形容糖果。证悟者也是一样，自己清楚了知，却无法表达，所以“不可思不可言”。

如果说世界是虚幻的，那就离它的本质近一点；如果说世界是真实的，那就离它的本质远一点，但这都是从世俗的角度来讲的。实际上，所谓的有、无，真实、虚幻，空与不空，都不是真实的，都在意识的范围当中。唯有放下所有的清净不清净、空与不空、轮回涅槃、众生和佛、烦恼和智慧、解脱和束缚等二元对立，才是远离一切戏论的真实。

禅宗经常讲放下，但在成佛之前，所有人的放下只是相对的放下，绝对的放下唯有佛才能做到。从进入佛门的那一天开始，我们就要学着相对地放下。先放下杀盗淫妄、贪欲、自私等世俗公众价值所认为的恶的执著，却不能放下出离心、菩提心等善的执著，否则就没有任何学佛的动力了。随着修行境界的提升，执著也一点点放下。先把心灵或精神提升到智慧，再把智慧提升到巅峰，当抵达至高无上的佛智层面时，就知道世界的本质是什么。到那时，就可以绝对地放下了。

世俗谛中能讲的，都只是一个个名字。比如，在现实生活中，桌子是可以被使用的很真实的家具。我们用感官来看桌子，就是一张长方形或圆形的物件。但如果用显微镜来看，则根本没有什么长方形，唯有一堆堆的分子、原子……此时，长方形的桌子仅仅是一个名称，没有任何实质，所以叫作虚名或唯名。当感官的精确度逐渐提升时，原有的真实就越来越虚幻。最后进入佛的境界时，包括众生所见的不清净世界，以及八地菩萨所看到的清净世界在内的所有一切都不复存在，都成了一个名称而已，所以叫虚名。

人类的思维，永远都不会超越有、无、非有非无、既有既无的四边，但这四边都不是真实的。“基”，远离了四边八戏的坐标与框架，所有的表达和形容，都无法表述“基”，所以基是虚名。

二、道无有所往能往，因此道是虚名

“二取”，即所取和能取，是佛经的一对术语。佛经里经常会提到“所”和“能”的概念。比如，行走在道路上，所走的道路，叫作所行；行走的人或者行驶的车辆，叫作能行。再比如，视觉所看到的、感知到的物体，叫作所见或者所取；视觉，即感受者，叫作能见或者能取。

此处要讲的“道”，就是所行，即佛教所讲的五道十地——资粮道、加行道、见道、修道和无学道。五个不同的阶段，包含了从初学者的智慧逐步提升到佛的境界的过程。其中每一个阶段，就叫一个道。但从胜义谛的角度来讲，心的本质从来没有变化过，众生和佛在本质上没有任何区别，所以，行走的道是不存在的，道路也不存在提升的过程。因为所行和能行都不存在，所以二取是不存在的，是徒有虚名。

这就像用肉眼、普通显微镜、高倍电子显微镜分别看同一个鹅卵石，就会得出不同的结论一样。但鹅卵石永远只有一个本质。所有结论的变化，与观察者的认知度有关，与被观察者本身无关。

所以，从本性如来藏的角度来讲，五道十地是不存在的，如来藏始终没有变化，故道也是虚名。

道可以再分为：见、修、行。对修行人来说，见解、修行、行为三者非常重要。首先必须要有见解，之后必须修行。修到一定程度，行为就会有所变化。但是，见解、修行、行为也是虚名之法。

三、实相无有所见能见，因此证悟是虚名

见解，即证悟空性的见解，非常确定地认知到世界是空性，所见是法性光明如来藏。

但空性见也是虚名，因为见与不见，所见和能见都不是实有的，都是世俗谛中的相对概念。凡是相对的东西，其中一个不存在，另一个永远无法存在。就像左和右，如果左不存在，右也永远不会存在。观待而立的概念，都是抽象、假立、虚幻的。凡是能描述的，就不是真相。法性光明如来藏，我们也没有办法用语言来描述。

当初达摩祖师即将返回印度的时候，让所有弟子前来考试。这种考试，不是问卷、辩论或答辩，而是真实修行的印证。其他人的印证结果，分别得到了“皮肤”“肌肉”等的判定。慧可法师来到达摩祖师面前，默默无语地站了一会儿，什么都没有说就走了。不料达摩祖师却说，你得到了我的“骨髓”！

真正证悟了本性精华的见解就应该是这样，什么都无法说，一说就是错。实际上，在大圆满里也有类似于达摩祖师当年所用的，非常高级的考试方法。

综上所述，在真正的见解里，所见、能见都不存在，也没有什么可说的。所以，见也是虚名。

四、本位无有所修能修，因此觉受是虚名

本位就是心的本性。因为在本性中，所修和能修都不存在，所以修也是虚名之法。

凡夫心中，总是烦恼纷纭不断。依靠修行，就能逐渐转化烦恼，最后变成佛的智慧。这个越来越接近于真相的智慧，就是所修。慈悲心、菩提心、空性见等既是所修也是能修，所以能修也就是所修的一部分。

就像观察鹅卵石，因为怀疑肉眼看到的不是本性，所以发明了显微镜，看到了相对的真实。但我们知道这也不是终极答案，所以只有让显微镜的精度不断提升，我们所了解的，也越来越精确。这种认知不断提高，从表象到本质逐渐了解鹅卵石的过程，就相当于修行。所修，是自己对鹅卵石的认知。能修，就是诸如肉眼、显微镜等用于观察鹅卵石的工具。鹅卵石的本性永远没有变化，变化的是观察者认知度的提升。

同样，心的本性从未改变，所以没有所修能修。所有的修行，只是一个名称。在世俗谛中是存在的、真实的，但从胜义谛的角度来讲，全都是虚幻不实的。

五、本性无有所行能行，因此行为是虚名

当修行境界还没有提升到一定高度时，我们的行为必须谨小慎微。此时只能跟普通人一样，不能高谈放下。如果要放下，那也是要放下杀盗淫妄等

恶业，重视因果取舍。因为放不下所有的贪嗔痴，所以只能放下这些比较严重的贪嗔痴。

当证悟境界提高以后，就能了知万法如幻如梦，对于现实生活和梦境，可以平等对待，毫不执著。比如，戒律可以约束有执著的人，但没有执著的人，则不需要约束，也没有办法约束，因为他们知道一切都如幻如梦，所以无所谓约束与否。

佛陀度化众生的方法，就是教育。教育必须沟通，必须得到对方的认可。只有身份平等的众生之间，才最容易沟通。

比如，为了度化某些众生，即使是一地以上的菩萨，有时也会示现生病，或者在有贪心的人面前示现贪婪的面孔等，这都是为了符合所化对象的要求，为了引导、帮助对方而示现的，这叫做“事业游舞”。如果我们执著这些表演，就永远无法解脱。

密法认为，针对六道轮回，有六种不同的导师。密宗之所以被称为方便乘，就是因为密宗度化众生的方法很多。

但是，在证悟者的境界中，见解、行为以及前面所讲的能所二取都不存在。

六、实际无有所护能护，因此誓言是虚名

没有证悟之前，犯了密乘戒就会有很大过失，这是一种约束。没有证悟或者是稍微有一点初步证悟，却没有达到一地菩萨证悟境界的人，都必须遵守这些戒律。该做的和不该做的，必须分得清清楚楚。无论别解脱戒、菩萨戒还是密乘戒都是一样。

但对证悟境界非常高的人来说，受不受戒，约不约束都不存在，都是平等的，这叫作法性三摩耶，即胜义谛的戒律。

密宗的十四条根本戒，是世俗谛的戒律，是我们目前最需要的誓言。但修行人不可能永远都不进步，而且学佛的人也不可能都是一个档次，每个人的根机都不一样。但为了度化众生，不使他们对佛教产生误解，佛菩萨的行为也要与大众尽量保持一致。在公众面前的行为，要由社会大众的价值观来决定，这就是佛陀度化众生的善巧方便。

但我们现在离这些境界还很远，我们目前还很需要执著、踏实地取舍。如果做了一些不该做的事情，违反了戒律，一定要执著，这样才会后悔，后悔以后，才会努力修行来清净罪业。

一般来说，不执著有两种情况：一是不相信因果，无知者最无畏，这是最危险的心态；另外一种，就是真的证悟了。证悟本身，就是最殊胜的忏悔。证悟以后，所有的罪业当下清净，所有的问题烟消云散。所有的戒律誓言，都仅仅是一个名称而已。

七、实际无有所积能积，因此二资是虚名

积累资粮，包括了所积和能积。所积，即我们所积累的福资粮和慧资粮；能积，即是积累功德的修行人。从世俗层面来讲，这两个都是真实存在的，所以我们要尽量地积累资粮，比如五加行里的供曼扎等。福慧资粮是成佛的资源，只有积累、增长了福慧资粮，最终才能成佛。

但从胜义谛本质的角度来讲，能积和所积也都是虚幻、虚名或唯名的。

无论所积累的资粮、积累资粮者自己还是积累资粮的行为三者，都是空性，这叫作三轮体空。我们每次行善，无论忏悔或积累资粮，最好能以三轮体空的方式来修。若能每次都通达三者的如幻如梦，就是最上乘的资粮。

虽然大部分人现在还没有证悟，没有那么高的境界。但若能依靠中观的逻辑思维方式，至少可以确定一切万法都像《金刚经》里所讲的“一切有为法，如梦幻泡影，如露亦如电”，从而在内心保持如幻如梦的观念。

当然，尽管积累资粮仅仅是名称，但我们也不能因此而放弃积累资粮。同时，在每次行善时，都应随时以三轮体空提醒自己。这样积累的所有资粮，都比较接近于无漏资粮。

八、实际无有所净能净，因此二障是虚名

忏悔包括了所净与能净。所净，即罪过；能净，即四个对治力。但就本质而言，二者都是不存在的，都是虚名。从密法的角度来讲更是如此，不但罪过不存在，而且所有烦恼的当下就是智慧。烦恼与智慧的唯一区别，就是能否觉知。有觉知，叫作智慧；没有觉知，就是烦恼。

从未证者的角度来讲，所忏的罪过和能忏的四对治力都是存在的。因为我们的业障很深重，所以在修五加行时，特别强调忏悔。但在每次忏悔完毕之后，我们要提醒自己，这也是虚名之法，其本质是如幻如梦的。一旦觉醒，罪过是空性的，也不需要忏悔。但因为我们现在还深陷轮回大梦之中而无法醒来，还在做着颠倒迷乱之梦，所以需要励力忏悔。如果梦到罪业清净的验相，或许才能在世俗中不堕恶趣。

九、实际无有所断能断，因此轮回是虚名

断除轮回和轮回之因——烦恼，包括了所断和能断。但所断和能断都是虚名，其理由同上。

十、实际无有所得能得，因此果是虚名

从世俗的角度来讲，我们是凡夫，要学习才能最后成佛。从心的本质的角度来讲，我们从来就不是凡夫。就像矿石里的矿物质，其本质始终存在，没有变化。所谓的变化，只是去除了矿物质成分以外的矿渣。所以，所得和能得都是虚名之法，是不存在的。

以上十项虚名之法的内容非常深奥，无论学习中观、因明等任何论典，都无法让我们真正了解其真实内涵。如果想真正通达，就必须证悟。证悟的途径，就是从四加行开始修。凡是不打好基础，没有按照次第从四加行开始修的人，都不容易证悟。

第二十八，大乐任运自成之十法

“大乐任运自成”中的“大乐”

我们对快乐的认识和定义，是以感官接触外在世界而产生的感受来界定的。凡夫的感受，分为痛苦、快乐和无记三种。快乐，是源自于感官的舒适、安逸等；与之相反的，则是痛苦；无记，就是既不痛苦也不快乐的感受。

佛教中的“大乐”，则超越了一切世俗感觉，指的是心的本性光明如来藏，即佛性或佛的坛城。

密法里有一种本尊和修法，叫“胜乐金刚”。“胜乐”，即非常殊胜的快乐，其实与“大乐”是一个意思。

大乐有三种不同的意思：

第一，它远离了世俗、痛苦、有漏。凡是有漏的，就是世俗，它能导致轮回。在我执基础上所做的一切，无论善恶，都叫做有漏，有漏与证悟空性没有关系。

第二，它远离了所有的轮回之法。佛性如来藏不存在任何世俗、红尘、因果、轮回之类的概念。因为它远离了轮回，所以叫做大乐。

第三，心的本性如来藏是永恒的，它远离了所有的无常，所以叫做大乐。

远离轮回、远离有漏、远离无常的心的本性，是基道果里面的基。在密宗里，叫做“基续”。密宗认为，众生和佛的本质是一体的，不同的只是外表形式上的差异。众生即是佛，佛即是众生。所以，密宗的基道果，都会加一个“续”字。包括密宗的经典，也叫做续部。在密法中，大乐就是基续。

在显宗第二转法轮的佛经中，基续被称为“空性”；在第三转法轮的佛经中，基续被称为“佛性”“如来藏”等。不同的词汇，表达的是同样的意思。

为什么“大乐任运自成”？因为佛性不需要重新获得，而是无始以来本自具备的，只是我们自己没有发现而已，所以大乐任运自成。

随着科技的日渐发达，我们懂得的越来越多，不但知道地球上的事情，还知道太阳系、宇宙中的很多知识，真可谓上知天文、下知地理。但唯一的盲点，就是自己心的本性。

而轮回间所有问题的根源，就是不懂心的本性。因为没有解决最根本的问题，所以演化出贪嗔痴等无数烦恼。因为烦恼，让我们感觉不到幸福。无论再有钱、有权、有名，无论外表上再成功，都不会幸福。不仅仅是这一世不幸福，而且生生世世都是这样的宿命——投生的时候一无所有，走的时候两手空空。唯有证悟自己心的本性，才能自己度自己，才能超离轮回间的所有痛苦。

禅宗五祖弘忍大师在《最上乘论》中讲道：“众生识心自度，佛不能度众生。”任何众生，只要认识了自己的心，不需要佛来救度，自己就能救度自己。

认识自己的心，就是证悟。佛因为证悟了，所以成了佛；不认识自己的心，就是迷乱，就是众生。众生因为不认识自己的心，所以一直都在轮回中受苦。密宗的大圆满、大手印，都是讲心的本性。

心，是所有烦恼的根源。佛说的八万四千烦恼中的“八万四千”，不是一个具体的数字，而是无数的意思。无数的烦恼，都是从我们心里产生的，这也是众生之所以成为凡夫的原因，可见认识自心是很重要的。修出离心、菩提心的目的，就是为了认识自心。衡量学佛有没有进步的标准，是看自己放下了什么，获得了什么，改变了什么，而不是看自己读了多少书，磕了多少头。虽然我们目前离识心还有些距离，但至少可让离证悟稍微近一点的事情持续发生。

“佛不能度众生”，是佛教与其他宗教最大的不同。佛经云：“吾为汝说解脱法，解脱依己当精进。”佛陀的作用，是教导我们怎样认识心的本性，而无法直接让我们变成佛。当我们掌握好方法以后，剩下来的所有事情，都只能自己去完成、去精进。

心的本性，可以分成两个方面：第一是法身光明的部分，第二是空性的部分。

一、一切有情的心自性安住于法身中，因此大乐任运自成

所有众生，包括有钱的、没钱的，有知识的、没有知识的人，以及天人、动物、地狱众生、饿鬼道众生等六道中所有正在受苦的众生，其心的本性都是一样的。

禅宗五祖弘忍禅师的《最上乘论》中讲：

“问曰，何知自心本来清净”，怎么知道自己的心是本来清净的呢？

“答曰《十地经》云：众生身中有金刚佛性”，在众生的心中，有金刚佛性。

“犹如日轮，体明圆满，广大无边。”无论空中乌云密布还是晴朗无云，

无论是白天夜晚，无论我们能否看见，太阳永远在天际朗朗而住。同样，心的本性永远在我们心中，永远是本体光明、圆满无缺、广大无边的。

“只为五蕴黑云之所覆。”只是被五蕴的乌云所遮盖，所以让我们看不见它的本性，而平生无数烦恼。

为什么心的本性是广大的呢？因为它远离了所有大小的分别，所以称为广大。证悟空性的时候就能发现，心的本性犹如虚空，无处不在，这就是广大。

太空无处不在、广大无边，因为它没有具体的物质、形状、颜色，你找不到它，可又能感知它的存在。心的本性也是如此，没有形状和颜色，而且也找不到它，却能感觉到它，所以它也是无处不在、广大无边。

比如，在四周是大海，上面是蓝蓝的天空，周围看不见任何山峰和树木的海天一色中，如果有一个人或一个动物坐在一条小船上漂泊，对漂泊者来说，没有任何大海和蓝天的边际，没有任何局限，一切都是无边无际。因为没有任何边际，所以用“广大”两个字来表达。

“如瓶内灯光不能照辉。”就像放在不透明的瓶子或容器里的灯，不可能照亮外面的世界，从外面也看不到灯光一样，五蕴的本质，是心。万事万物的本质，也是心。心的本质，就是光明。因为有了五蕴客尘的遮挡，所以看不见内在的光明本性。

“譬如世间云雾，八方俱起，天下阴暗，日岂烂也。何故无光，光元不坏，只为云雾所覆。”就像云雾八方俱起的时候，天下一片阴暗。这时的太阳，怎么可能灿烂夺目？不可能。为什么没有光？作为光源的太阳并没有坏，只是光芒被乌云覆盖，所以看不见而已。

“一切众生清净之心，亦复如是。只为攀缘，妄念烦恼诸见黑云所覆。”一切众生清净之心，即佛性如来藏也是这样。因为我们在世俗中攀缘，妄念、烦恼以及各种各样的邪见像黑云一样遮蔽了如来藏，所以我们无法看见。

“但能凝然守心，妄念不生，涅槃法自然显现。故知自心本来清净。”如果能静下来观察自己的心，则妄念不生，大乐涅槃之法也会自然显现、任运自成，由此可知，自心的本性是清净的。

第三转法轮所讲的内容非常深奥，若能听到而不排斥，并能欣然接受，即使没有证悟，也一定会有很大福报。这种人即使在生活中遇到一点点生病之类的痛苦，也能遣除多世累劫中堕地狱的罪业。关于这一点，在第三转法轮的显宗经论中讲得非常清楚。

绝大多数佛教徒认为，所有的精神和物质，都是不清净的。只有断除了不清净的烦恼，才会重新诞生一个佛果。只有少数的大乘佛教徒，才有福报接受第三转法轮最顶级的见解。

二、基法性界中无有相状戏论，因此大乐任运自成

法界或法性，其实是一个意思。法界也是一切法的本性，虽然“法界”这个词，多数是讲空性的部分，但也不一定。比如《赞法界论》里的“法界”，讲的就是心的本性光明佛性，而不仅是空性。

空性和光明，是从两个不同的角度去描述心的本性，就像一个硬币的两面，实际上是一回事。

所有的无上密宗，都在讲心的本性。尤其是藏传佛教里大家认为最殊胜

的《时轮金刚》和大圆满续部，更是清楚、透彻地诠释了佛性如来藏或心的本性。本来正法没有殊胜与否的区别，但因为其内容的表达方式、清晰度、程度与深度的不同，于是就有了续部的高低之分。

“无有相状戏论。”“戏论”，是指语言所表达的以及意识所思维的一切事物。

禅宗达摩祖师在《血脉论》中讲道：“佛者亦名法身”，佛也叫法身。佛有三身：法身、报身和化身。其中真正的佛，是法身。就像《金刚经》中所讲的一样：“若以色见我，以音声求我，是人行邪道，不能见如来。”颜色、形状、声音都不是佛，真正的佛，是法身。报身和化身，是佛陀为了度化众生，而从法身中显现出来的、有形有相的身体。

“亦名本心，此心无形相，无因果，无筋骨，犹如虚空，取不得。”佛也叫本心。没有任何形状、颜色，超越了所有因果的范围，没有骨头，也没有肌肉。犹如虚空，没有办法抓取和执著。

只有证悟的人才知道，这是最究竟、最彻底的。没有证悟的人认为，禅宗属于显宗，大圆满属于密法，所以认为大圆满、大手印比禅宗更殊胜、更深奥。其实禅宗与密宗在描述心的本性方面几乎一样，唯一的不同，是方法的差异。密宗有很多方法，所以叫方便乘。因为密宗强调的，是众生心中有金刚佛性，所以也叫金刚乘。它不认为佛是断除烦恼后换了一个新的东西，而认为佛永远在我们心中，只不过是我们没有发现而已。

在密宗的《上师心滴》、法王如意宝的《文殊静修大圆满》等所有大圆满法中，也是这样描述心的本性。

“若见性即是佛，不见性即是众生。若离众生性，别有佛性可得者，佛今在何处？即众生性，即是佛性也。”如果证悟，现见本性，就是佛；如果没有证悟，没有见性，就是众生，这就是众生与佛的区别。如果远离了众生的本性，而另外还有一个佛性可得，请问佛在哪里呢？众生心的本性，就是佛性，所以说佛在心中。

《达摩悟性论》中讲道：“迷时六识五阴，皆是烦恼生死法；悟时六识五阴，皆是涅槃无生死法。”迷乱的时候，眼耳鼻舌身意六识，与色受想行识五蕴，都是烦恼生死之无常法；开悟的时候，眼耳鼻舌身意六识，与色受想行识五蕴，都是超离生死的涅槃之法。清净和不清净的世界，烦恼和佛的智慧，都源于迷和悟的区别。

密法修生起次第的时候，要求把自己观想为金刚萨埵等佛陀。按照普通显宗的见解，永远都无法理解为什么要把自己观想为佛。但密宗或介于显密之间的禅宗，却完全可以理解。从禅宗的高深见解来看，显密都是一样的。众生和佛，只有迷和悟的区别。区别不在外面，而在自己心里。证悟以后，众生就是金刚萨埵等本尊，这是真实情况。虽然我们现在这个身体是有漏的、不真实的，但修行时，却应该按照真实情况来修，而不是根据不真实的错觉去修。建立在真实见解下的修行，都有助于境界的迅速提升。

“无妄想时，一心是一佛国，有妄想时，一心是一地狱。”没有妄想执著的时候，也就是证悟自己心的本性的时候，每一个念头都是佛国，都是像西方极乐世界等清净刹土那样的佛刹，就像八地菩萨彻底断除烦恼障后看到的清净世界一样。有妄想执著的时候，每一个念头，每一刹那的心，都是地狱，都是不清净的世界。此处的“地狱”，表示与佛刹相对立的不清净现象。

“众生造作妄想，以心生心，故常在地狱。”众生造作了各种各样的妄想执著，因此以心生心，妄念不断产生，故常在地狱等不清净的世界中。

“菩萨观察妄想，不以心生心，常在佛国。”菩萨观心证悟以后，心融入法界，变成了智慧，不会以心生心，所以时常安住佛国净土。

“若不以心生心，则心心入空，念念归静，从一佛国至一佛国。”妄想不再“以心生心”时，则在每一个念头生起的时候，当下自行解脱，变成了智慧。“心心入空”，每一个念头都证悟空性。“念念归静”，每一个念头都回归最寂静的状态。这个寂静，不是四禅八定的寂止，而是心的本来面目。从一个佛国走到另外一个佛国，始终在清净佛国中遨游。

在无垢光尊者的《三自解脱》中所讲的大圆满自解脱，就是这个意思。在第一刹那，妄想消失而证悟，这与“心心入空”完全一样。

“若以心生心，则心心不静，念念归动，从一地狱历一地狱。”如果以心生心，则每一个念头，都无法平静，心潮澎湃、杂念横飞，就会从一个地狱游历到另一个地狱。所以，清净和不清净，都不在于外境，而在于自己的内心。

这些观点，都是密法最顶尖的见解。我们在理论上明白后，就要一步步修行，力求体会这种境界。想“心心入空，念念归静”，就要先修出离心、菩提心，这样才能证悟。

如果放弃闻思修行，遇到困难就临时抱佛脚，是无法从根本上解决问题的。有些人虽然开始闻思修行，却不安于一处系统修学，东奔西走，最后无人知道该如何引导。就像一个病人找了几十上百位医生开治病的处方，最后使医生无所适从，不知该如何为他治病一样。

过去真正的佛教徒，都是一心一意修学一个法，并最终获得了成就。只要没有走错路，并能专心投入，最终绝对会有收获，绝对会证悟的。而我们学佛，却三心二意，三分钟热度，最后或许能减少一些罪业，积累一点资粮，培育一点福报，却很难获得解脱。

过去的上师们往往是给弟子传一个很简单的法，并看他如何去修。如果弟子非常珍惜上师传的法，然后精勤用功地修，上师就知道这个弟子是有根机的，就会把高深的诀窍传给他。假如传讲了出离心、菩提心给弟子，弟子不懂得珍惜，觊觎于更高的法门，上师就知道，即使传更高的法门给他，他也不会珍惜，所以不会再传。

佛陀转法轮的内容，不是由佛陀的境界决定的，而是由众生自己的根机决定。佛陀三转法轮，就是因为众生的根机有差别。

如果真的想利益众生，想让一个人在佛法上有一点进步，就要针对这个人的根机，一步步地讲解引导，这样才能使对方有所收获。

学佛是有方法的。如果方法正确，加之稍许的用功，绝对会有很大收获。为什么有些人学佛这么多年却没有收获？就是因为方法不对，或学佛不专心，从来没有专心去修一个法，到处灌顶、朝圣。最终一个法都没有专心地修，这样的结果，当然不会有任何进步。如果想证悟，就不需要太着重于形式，而是专注地修自己的心，从人身难得开始，一步一步地修，最后一定会有丰厚的回报。

三、离边超心的证悟中无有偏颇戏论，因此大乐任运自成

“离边”，即远离有、无、非有非无、亦有亦无等一切边缘。“超心”，即超越所有的思考、思维。正如《六祖坛经》所讲：“不可思也，不可议也。”

在大圆满、大手印等藏传佛教的无上密法里，也经常出现“离边”“超心”的词句。因为证悟大圆满、大手印与明心见性的境界，是远离一切戏论，远离所有执著的空性。不堕于任何思维的一边或任何一方，所以也叫“无偏”。离边超心的觉受，超越了偏堕的戏论，所以大乐任运自成。

其实，无论空与不空，都是戏论。所有思维与所有语言都失去了功能，此刻，才稍微离本性靠近了一点点。密法的生起次第、圆满次第，包括念咒、手印等方法，也是为了让我们逐渐靠近这个见解，最后获得证悟。

我们可以去阅读一下禅师们的语录，达摩祖师在《达摩血脉论》中讲道：“若欲觅佛，须是见性，见性即是佛。若不见性，念佛、诵经、持斋、持戒亦无益处。”如果想寻找佛、想成佛，必须现见自己心的本性。若能见性即是佛，若不能证悟见性，则无论念佛、诵经、持斋、持戒，都没有太大的利益。

“念佛得因果，诵经得聪明，持戒得生天，布施得福报，觅佛终不得也。”念佛可以清净自己的罪过，可以积累福报，种下一些善的因果；诵经可以让自己下一世变得聪明一些；持戒可以让自己下一世升天，或者再次做人；布施可以积累福报。但所有这些，都属于轮回，与解脱没有关系。如果想通过这些方法来寻找佛，即获得解脱，将永远达不到目的。

达摩祖师的这段教言，是从空性的角度来说的。但从另外一个层面来讲，依靠持戒、诵经或者修五加行，也可以让我们逐渐证悟，所以还是有必要的。

证悟的方法，分为渐悟和顿悟。

渐悟：即渐渐地证悟。这对每个人都比较适合。

顿悟：不修前面的法，只学直指心性的这一部分。在这种情况下能够证悟的人，必须是像六祖惠能大师那样根机非常成熟的人，普通人试图依此证悟，纯粹是痴心妄想。

世人都喜欢以神秀大师与惠能大师各自所写的偈子，来判断二者的境界。神秀大师所讲的，就是渐悟的修行方式。从禅宗顿悟的角度来讲，可能有一点不究竟。但渐悟的修行方式，却非常保险。所以，我们不能低估了神秀，因为渐悟法门，更适合于大多数人。

大圆满、大手印的正行部分都是顿悟法门，但藏传佛教为了契合多数人的根机，前面加了前行的修法。先修出离心，放下对轮回的贪欲；然后修慈悲心，放下严重的自私心；再修禅定，放下不平静等各种杂念，最后才能顿悟。

“若自己不明了，须参善知识，了却生死根本。若不见性，即不名善知识。”如果自己不能证悟空性，就要去寻找、参访善知识，即依止上师，以了却、断除生死根本。如果没有见性开悟，就不能称为善知识，这就是禅宗的上师标准。因为禅宗不立文字，是以心传心、直指人心的法门。凡是直指人心的法门，必须有开悟的上师引导、印证。密宗金刚上师的标准，也是自己必须证悟。

现在很多寺院在打禅七、修禅，如果真正有开悟的禅师引导，那当然非常好。如果没有证悟的禅师引导，顶多就是一种寂止的状态而已。寂止修得再好，也无法超越轮回，无法得到解脱。

四、无有作意的觉受中无有所缘戏论，因此大乐任运自成

“作意”，即第六意识思维、思考某件事情。比如，修人身难得时的思考，就是作意。

“无有作意”，证悟之后，空与不空、光明与黑暗、无常与永恒等所有概念，都在禅定的境界中消失了，没有什么东西可以思考、思维。凡是有思维的修行，都属于前行。越是往后，越是接近于正行，就越没有什么可以思维。

比如，修出离心、菩提心的时候，大多是观想、观察或思维。禅定分为有相和无相，修有相禅定的时候，基本上没有思维。修无相寂止的时候，更没有思维。大圆满、大手印等正行修法，就彻底没有思维了。

六祖惠能大师说：“不思善，不思恶，正与么时，那个是明上座本来面目。”修空性的时候，为什么不能思考善呢？因为意识活动范围内的善，也属于轮回。任何感官的思考、观察，永远都属于轮回的一部分，因为感官本身，就是轮回的一部分。要超越轮回，意识活动必须完全停止，否则就会对我们的禅定构成障碍。

第六意识的活动完全停止，叫做“无所作意”。大家一定要特别注意：不思善，不思恶，所有念头都停止的那个时刻就是本来面目吗？不一定！因为无念寂止也是不思善、不思恶的状态。更重要的是，此时需要另一种智慧体验，即超越无念的寂止，进入智慧的境界当中。这句话非常关键，千万不可简单粗暴地理解，必须要有善知识的引导。切记！切记！

初步证悟的时候，从感觉上来说，似乎是没有意识的，实际上还有细微的意识，所以初步的证悟没有完全远离意识进入智慧，而只是与智慧的境界

比较相似。无论如何，这时就跨越了五道里的资粮道，而进入了加行道。大圆满的证悟，就是这样的。六祖惠能大师的初步证悟，也许是这个阶段。但别人的境界，我们无法准确判断。到八地菩萨的时候，意识完全消失，禅定都变成了智慧。虽然此时意识的活动都停止了，但对空性的感受、体会或者证悟是存在的。谁去证悟呢？就是智慧。

禅宗与藏传佛教都有顿门与渐门之分。修加行是有所作意，通过思维、观察，逐渐进入无所作为的状态，之后在某种看似偶然的情况下的恍然大悟，叫顿门或顿悟。

禅宗所讲的“不思善，不思恶”，并不是仅仅什么都不想，也不是普通的四禅八定，而是证悟以后，深深地体会到无所作意，并远离了一切所缘。

所缘或所缘境，是佛教的术语。我们思考某件事情的时候，思考的对象，叫所缘或所缘境。比如，修无常的时候，思维无常是我们意识的活动。万事万物的变化不是思维，而是外在的客观事实，佛教称之为所缘。证悟的时候，所缘境不是有或无，才是真正的不可思不可言的境界。无所作意的觉受，是没有所缘的。因为没有任何所缘与戏论，所以任运自成。但为了方便大家理解，语言上可以说它的所缘是空性或光明。

五、离作无勤作的行为中无有取舍戏论，因此大乐任运自成

“离作”即无可所作，“无勤作”即任何行为都不刻意、不造作地进行，都处于无可无不可的状态。

没有证悟的时候，我们要用心地行善断恶，刻意地以别解脱戒、菩萨戒、

密乘戒等各种戒条来约束自己。因为内心没有获得真正的自由，所以很执著。遇到外境的时候，自然会产生烦恼。不管我们是否愿意，只要因缘具足，烦恼就会不由自主地产生。

证悟之后，没有可做不可做的事情，不需要再刻意取舍，不需要刻意去做什么，包括持戒、念佛等世俗善法。一切行为，都非常随意，都是离作无勤作的。此时应该像《印度八十四位大成就者传》里所描述的一样，行为不受任何约束。因为他们的内心，已经达到了绝对平等的高深境界。没有执著，没有清净与不清净等分别，也没有取舍希忧。只是为了随顺众生的根机，为了度化某些人，而显现上接受一些约束而已。

以上的见解、修行、行为三者属于道，第六条以后，基本上是讲基道果里面的果。

六、法界与本智无别的法身中无有所取能取戏论，因此大乐任运自成

所有的大乘佛教，都在讲佛的三身：法身、报身和化身。小乘佛教只讲佛的二身：法身和化身，而不承认报身。

法界和本来智慧的无二无别，是佛的法身，即如来藏。因为远离所取和能取的戏论，所以大乐任运自成。法界和光明这两个词放在一起的时候，法界多半指的是空性；法界和智慧在一起的时候，法界指的也是空性，智慧指的是光明。

七、大悲自生的报身中无有生死迁变的戏论，因此大乐任运自成

大乘佛教修大悲心，是为了度化众生。为了度化众生，就有了报身。佛的报身，是因大悲而自生的。

金刚萨埵、五方佛等，叫报身佛，是一地到十地的菩萨能看到的佛的色身。

因为佛的报身是从大悲心中出现的，远离了生死变化，所以大乐任运自成。

八、大悲自现的化身中无有二现行的戏论，因此大乐任运自成

化身的来源，是大悲报身。就像人在照镜子的时候，镜面映照出人的影子。人脸，相当于报身。而镜面的影子，则相当于化身，所以说化身叫“大悲自现”。

当众生机缘成熟的时候，在佛的报身中，自然会显现出佛的化身。当众生福报稍微欠缺的时候，佛的化身就会示现圆寂。但会留下舍利子和佛经，以度化相应的众生。其实佛的圆寂并不是彻底的消失，而是换了另外一种方式去继续度化有缘的众生。佛度化众生的事业，永远都不会停止。众生的福报不一样，所以有不同的化身。

在密法里讲了六种导师，针对六道轮回的每一道，都有不同的导师。这些导师会示现六道中的不同形象去度众生，但他们都没有二现执著。

“二现”，是佛教术语。普通人对内在精神世界和外在物质世界，即两种不同现象的实有执著，叫二现。

虽然从外表上看，佛的化身像是一个人，但他没有二现执著，所以大乐任运自成。

关于以上所讲的佛的三身，在《达摩悟性论》中也讲：“一佛尚无，何

得有三？此谓三身者，但据人智也。”从空性的角度来讲，一尊佛都不存在，怎么会有三尊佛？此处所说的三身，是依靠人的智慧而安立的。

人的根机，有上中下的区别，所以佛身也就出现了上中下三种。上等的，是彻底觉悟者，也就是佛，他们看到的，是佛的法身；中等的，是一地到十地的菩萨，他们看到的，是佛的报身；下等的，是根机非常成熟的普通众生，他们看到的，是佛的化身。

九、佛教法轮中无有我见相状的戏论，因此大乐任运自成

佛转了三次法轮。第一转法轮讲了人无我，即空性的一部分；第二转法轮的内容是空性，即般若波罗蜜多；第三转法轮的核心内容，是如来藏。空性和如来藏都远离了我执戏论，是专门用来打破我执和相状的。“相状”即所有是非、有无、好坏、男女、时空等事物或观念。

佛教否定了所有的大我小我，不建立任何自我。佛法的核心内容是本净空性，所以是大乐任运自成。

十、悲无量的事业中无有偏向偏堕，因此大乐任运自成

小乘阿罗汉虽然也有悲心，但不是无量的。一地到十地菩萨也有大悲心，但也不是无量的。只有佛的智慧和大悲，才是无量的。因为没有任何局限，所以佛陀的智慧叫做无量的智慧。

佛陀度化众生的事业没有偏向，不存在任何的不均和偏袒，所以是普度。佛不仅仅度化人类，也度化所有的众生。六道轮回的每一道，都有佛陀度化

众生的事业。佛度化众生，不需要思考，完全是自动化的，所以是大乐任运自成。

佛在多世累劫中，积累了无量的福慧二资粮，因此在成佛以后，就累积了巨大的能量。只要任何众生祈祷佛，都会得到佛的加持。佛的加持永远存在。

如果问：前面讲到，弘忍大师在《最上乘论》中说："众生识心自度，佛不能度众生。"既然佛不能度众生，是众生自己证悟，自己度自己，那佛的加持到底存不存在呢？

当然存在。佛的加持，能帮助我们证悟。可是，证悟最终需要我们自己去完成，而不是佛无条件地给予我们。比如，五加行中的上师瑜伽，是证悟空性的重要因素，但上师无法替我们证悟。只有依靠上师与佛的加持，自己去证悟、解脱、成佛。

只要众生福报足够，随时随地都会出现佛的化身。佛陀度化众生的事业永远都不会失误，哪里有根机成熟的众生，佛的事业就会在哪里出现。显现什么样的身份，需要什么样的方法，都是任运自成的。

尾 义

此《胜道宝鬘论》，是将自己于噶当派诸位大恩上师前所聆听具无漏智诸上师、至尊度母等诸本尊授权予北方雪域开显佛法的具德阿底峡父子之无垢言传法脉教言，印度圣境如日月般闻名的大德那若巴、美哲巴二位尊者以及受持南岩玛尔巴等诸成就者心髓之至尊王米拉日巴秉持的无垢言传汇集而成，受持噶当派及大手印（噶举派）教授藏地达波冈波巴索南仁钦撰著圆满。愿此成为吉祥福泽赡部洲庄严。

冈波巴亲言：“祈愿未来对我有信心、想见我的一切行者，得见我所著的《胜道宝鬘论》及《解脱庄严论》等诸论，与亲见我无有差别。”

敬请对冈波巴尊者有信心的诸有缘者精进实修此等法为盼。

尾义介绍了本论的大概内容与作者。

冈波巴大师有两种传承：一个是噶当派阿底峡尊者的传承和诀窍；另一个是来自噶举派的米拉日巴和玛尔巴大师的传承和诀窍。

阿底峡尊者，是由具足无漏智慧的上师和度母亲自摄受的。

阿底峡尊者当年对是否去藏地举棋不定的时候，便去询问印度菩提迦耶的度母。度母回答说：如果你去藏地，可以度化很多众生，但你的寿命只能到 70 多岁。如果你继续住在印度，就可以活到 90 多岁。

阿底峡尊者心想：只要能度化众生，我自己的寿命减少20年也无关紧要，我还是应该去藏地。

由此可知，尊者在藏地的弘法利生事业，是度母亲自授记的。

关于第二个传承，就要提到在印度像日月一样闻名遐迩的大师，那就是那若巴尊者和美哲巴尊者，他们两位的弟子玛尔巴大师，也是米拉日巴大师的上师。米拉日巴大师，又将所有窍诀倾囊相授。冈波巴大师将两个宗派传承上师们的教诲汇集在一起，写成了《胜道宝鬘论》。

《胜道宝鬘论》的前面，是讲出离心和菩提心，后面讲的是大手印。

本文由噶当派及大手印（噶举派）传承与诀窍宝藏的持有者——达波冈波巴索南仁钦撰著圆满。愿以此功德，而令一切吉祥圆满、威光照耀，并庄严各方世界。

冈波巴大师曾经说过：未来如果有谁因没有见到他而觉得遗憾，就可以去看《解脱庄严论》与《胜道宝鬘论》等尊者的著作，则与见到他本人别无二致。

（此《胜道宝鬘论》之广释——《宝鬘庄严论》，由慈诚罗珠撰著于2019年3月。）